社会学で考える ライフ&キャリア

西村純子・池田心豪 編著

中央経済社

はじめに

　社会学を勉強しておくと，卒業後の人生を歩んでいく上で大いに役にたちますよ，これが本書のメッセージです。そのための実例として，本書は「キャリア」を取り上げています。

　本書は，キャリアについて学ぶための教科書ですが，仕事上のキャリアつまり職業キャリアだけでなく，結婚や子育て，介護といった仕事以外の生活にも目を向けています。職業キャリアは，仕事以外の生活の影響を受けることがあるからです。たとえば，独身のうちは早朝から深夜まで仕事をしても良いと思っていても，子どもが生まれたら，そうはいきません。もちろん子どもを持たないという人生の選択もあります。しかし，親が年老いたら介護が必要になる可能性は，独身か否かを問いません。このように仕事以外の生活との関係で職業キャリアを考えるという趣旨で，本書のタイトルに「ライフ＆キャリア」という言葉を入れました。社会学は，職業を持って働くという行為を，職業以外の様々な生活との関係で研究しています。その知見は，読者の皆さんの進路選択に大いに活用できると思います。

　また，個人の職業キャリアの選択を，マクロな社会の変化との関係で理解する視点を示していることも，本書の特徴です。社会学は，ミクロなレベルで行う個人の行為をマクロな社会のしくみとの関係で捉えます。企業や家族はその中間に位置するメゾレベルの中間集団という位置づけになります。

　そのマクロな社会のしくみとして，第二次世界大戦後の日本では，製造業の大企業が経済成長を牽引し，企業に雇われて働く人が増えました。企業への就職先が豊富な都市に人が集まり，故郷を離れて家族をつくる人が増えました。このような変化を，社会学では，工業化，都市化，核家族化と呼びますが，これらは相互に深く結びついて，安定した職業生活の基盤を形成しています。

　しかし，現代では，製造業で働く人は減っており，サービス業で働く人が増えています。正社員だけでなく，パートやアルバイト，派遣社員といった就業形態で働く人も目立ちます。結婚をしない人が増えていますし，結婚をしても

離婚が珍しくなくなっています。地方に住む若者が都市に出て行かない地元志向も指摘されています。一言で言えば，人々の生き方と働き方が多様化しています。しかし，この多様化に対応して新しい職業生活の基盤となる社会のしくみはまだできていません。

　つまり，現代の日本は，2つの大きな時代の端境期にあるといえます。個人の進路選択を時代の変化の中に位置づけるということは，時代が変われば正しい選択も変わるということです。したがって，正しい選択を指南するようなことは本書ではしていません。しかし，じっくりと考えて，後悔のない進路を選択する手助けはできると思います。本書が進路選択のヒントとなる新しい気づきを得る機会になりましたら幸いです。

　最後に，本書を企画してくださった中央経済社の市田由紀子氏に心から感謝を申し上げます。学術的な社会学の知識をもとに実践的な進路選択の考え方を示すという本書の試みが成功しているとしたら，それは市田氏のおかげだと言っても過言ではないと思います。また，ライフ＆キャリアの問題を扱う社会学の分野は1つではなく，本書は，産業・労働社会学，社会階層論，家族社会学，地域社会学の知見をもとにしています。それぞれ別々の学説史をもつ諸分野の知見を統合して一冊にまとめるという，社会学の教科書としても新しい試みが成功しているとしたら，これも市田氏のご尽力によるところが大きいです。

　本書が，社会学はもとより，経済学や経営学，心理学等，職業キャリアにかかわる様々な専攻の方にとって役に立つものになっていたら幸いです。

2023年7月

池田心豪・西村純子

目　次

| 第5章 | 異動や昇進はしなくてはいけないのか | 佐野嘉秀 |

| 第6章 | 転職・独立という選択肢 | 福井康貴 |

| 第7章 | ずっとパート・アルバイトではいけないのか | 佐野嘉秀 |

第8章　**なぜ貧困は生きづらさにつながるのか**　　森山智彦

第9章　**地域に密着して働くことは楽しい？**　　土居洋平

◀第3部　「普通の人生」はあるのか▶

第13章　**ひとり親として日本社会をどう生きるか**　　藤間公太

第14章　**働きながら親の介護をすること**　　池田心豪

エピローグ　ライフ&キャリアはいつまで続くのか

池田心豪
西村純子

プロローグ

やりたいことが見つからない？

💻💬 **イントロダクション**

　子どものとき，大きくなったら何になりたいかよく聞かれた。小学生の時に職業体験ができるテーマパークに行ったこともある。中学では職業について学ぶ時間があり，授業で職業体験にも行った。高校の進路指導では，将来やりたいことができる進学先を選ぶようにといわれた。

　でも，私にはやりたいことがない。多少の興味があることはある。でも，興味がある仕事についたとしても，収入が低く，不安定だったら，結婚して子どもを育てることは無理だろう。実家から通えないところで就職したら，親が病気になったり，介護が必要になったりしたときにどうしたらいいだろう。そもそも，結婚するかも今は分からない。介護だって今は実感がわかない。友達はフリーターでもいいからやりたいことをするといっている。でも，将来のことをいろいろ考えると，私には，そこまでしてやりたいことはないように思う。

　それだったら，とにかく就職活動をがんばって，少しでも大きな会社に正社員で就職して，少しでも高い収入と安定した暮らしを手に入れるために努力したほうがよいのではないかと思う。でも，そんな人生はつまらないかなと思う自分もいる。どうしていいのか分からない。でも…，でも…，でも…。

1　今という時代を生きる

　やりたいことが見つからないなら，見つからなくてもいいと思います。しかし，それでも食べていかないといけませんし，生きていかないといけません。そして，好むと好まざるとにかかわらず，人とのかかわりを通じて社会というものに巻き込まれていきます。

　社会学は文字通り社会について研究する学問です。社会学の知識にもとづいて今この時代の日本社会に目を向けると，周りの大人がいうほど人生の選択は簡単ではなく，迷うほうが当たり前だと思えてくるでしょう。そして，逆説的ですが，簡単に選択できないということを理解するからこそ，自分の生き方を慎重かつ大胆に考えて，後悔のない選択ができるようになると思います。

　では，なぜ今の日本では人生を選ぶことが簡単ではないのでしょうか。それは，これまでの「安定した」暮らしを支えてきた社会の仕組みがゆらいでいるにもかかわらず，それに代わるような新しい生き方を支える社会のしくみが，まだできあがっていないからです。進路指導やキャリア教育において皆さんが目にする進路の選択肢は，平面的な地図上の道のようにみえますが，実は時代の流れを一時停止したものです。イントロダクションの相談にある，高い収入と安定した暮らしを保障する社会のしくみは過去につくられたから今あるのです。反対に，やりがいがあっても収入の保障がなく不安定な人生になる可能性がある選択は生活保障のしくみがまだないことを意味します。ですが，それはまだないというだけで，これからできる可能性もあります。

　我々の人生の選択はすでにある道を歩むことだけでなく，我々が歩むことで道ができるという側面もあるのです。イギリスの理論社会学者アンソニー・ギデンズ（Anthony Giddens）は，人々の社会生活の営み（社会的行為といいます）が社会のしくみ（社会構造といいます）を維持する側面と社会構造をつくる側面があることを，自身の構造化理論という理論枠組みで，以下のような例を用いて説明しています。

　　　あなたは，たとえばカフェに出掛けていって，コーヒーをブラックで飲むかミルクを入れて飲むかを選択する。あなたが他の何百万人の人たちとともに，そうした選択をおこなえば，あなたはコーヒー市場を形成し，地球の反対側のおそらく何千マイルも離れたところで暮らすコーヒー生産者の生活に影響を及ぼすことになる。(Giddens 2006=2009 ; 23)

　今日の安定した暮らしを支えるしくみは第二次世界大戦後の大きな社会の流れの中でつくられました。その一方で，今の日本社会には自由で多様なライフ

＆キャリアを模索する新しい社会の流れが生まれつつあります。やりたいこと
をやろうというメッセージは，この自由と多様性を大事にしようという意味を
含んでいますが，同時に，まだ不安定な面をもっています。安定か自由か，そ
の選択の背景にある社会の諸相を各章で解説していきますが，まずその骨格を
以下に示しておきます。

2　産業化の帰結
―安定型ライフ＆キャリアの社会的背景

　我々の職業と人生にとって，まず最も大きな影響をもつ社会のしくみは，企
業に雇われて働き，雇い主から支払われる給与で生活することが広く一般化し
ていることです。今日の日本では就業者の9割が雇用就業者です。

　これは産業化（英語はindustrialization）という社会の変化の結果ですが，
産業化は働き方だけでなく生活様式も変えました。その前は農林漁業であれ商
工業であれ，今でいう自営業が大多数でしたが，雇われて働くようになると働
く場所と住む場所が別々になります。これを職住分離といいます。

　働く場所と住む場所が別々になると，主に家の外で職業につく人と主に家の
中で家事をする人に役割が分かれ，「男性は仕事，女性は家庭」という性別役
割分業が広がりました。また，雇われて働く場合は就職先を探さないといけま
せん。そのため，就職先がたくさんある都市に若者が大量に流入する「都市
化」が起きます。そして，故郷から離れた若者が結婚して夫婦を単位とする家
族をつくる「核家族化」が進みます。

　雇用就業の拡大は，個人の人生が雇い主に大きく左右されるようになること
を意味します。高い収入を安定して得るためには，公務員や大企業の正社員に
なるのがよいというキャリア観は，雇用が就業の大多数を占める雇用社会を前
提にしています。企業による生活保障は賃金だけでなく，年金や健康保険のよ
うな社会保障にも及び，大企業の正社員は手厚い保障を受けることができます。

　正社員として安定した収入を得ることは，結婚や育児という家族形成とも密
接に結びついています。男性正社員の長期雇用と年功賃金は住宅ローンや子ど
もの教育費という形で，家族の豊かな生活を支えてきました（間［1996］）。ま

た社会保障制度において，収入のない女性は配偶者の年金や健康保険の扶養家族になることで，その給付を受けることができます。つまり，「男性は仕事，女性は家庭」という性別役割分業は価値観の問題だけでなく，経済的なメリットがあるように社会制度がつくられています。

このように人々に安定したライフ＆キャリアを保障する社会のしくみは主に戦後の昭和時代に形成されたものですが，一方で法律や制度として，他方では人々の価値意識や生活習慣として，今も日本社会に根づいています。

大企業に就職して幸せな結婚をする，そのような人生はつまらないでしょうか。確かにありきたりな人生に思えます。もちろん大企業の正社員にもいろいろな人がいて様々な人生があります。しかし，それでも平凡に思えるのは，産業化に働き方や生き方を画一化していく力があるからです。経済成長によって企業は大規模になり，職住分離によって核家族化し，都市に人口が集中します。典型的・標準的なライフ＆キャリアをイメージできますので，何となく予想がつくという意味で，つまらなく感じてしまうこともよく理解できます。

3　多様化の模索—ライフ＆キャリアのニューウェーブ

産業化の帰結として日本社会の定番となったライフ＆キャリアはつまらない？　実はそのような問いは，昭和の高度成長期の終わり頃からあり，その問いが原動力となって新しい社会のあり方を模索する動きが広がってきました。

経済的な豊かさより心の豊かさという言葉を聞いたことがある人もいると思いますが，かりに経済的な面で恵まれていなくても，やりがいのある仕事をしたい，もっと良い職場を求めて転職したい，女性だからといって家事・育児にしばられるのではなく自由な生き方をしたい，冷めた夫婦関係を我慢して続ける必要はないのではないか，都会より田舎暮らしほうが本当は豊かではないか等々，新しいライフ＆キャリアを模索する人々の選択を社会階層論，産業・労働社会学，家族社会学，教育社会学，都市社会学等々，様々な分野の社会学が研究してきました。その問題関心は，多様性という言葉に集約されます。

たとえば，ベティー・フリーダン［1963＝2004］は経済的に豊かな専業主婦の女性が実はあまり幸福を感じていない実態を明らかにし，フェミニズム運動

の火付け役となりました。その後も様々なフェミニズム理論が出されていますが，いずれも画一的なジェンダー観を問い直し，近年のLGBTQを含む多様な生き方を模索する議論を展開してきました。

　キャリアの面では，パートや派遣社員といった非典型雇用の拡大が働き方の多様化の典型です。昭和時代の非典型雇用は，学生アルバイトや主婦パートといった形で，学業や家事・育児と両立しやすい働き方として広がりました。その後，1980年代末のバブル期には，学校卒業後すぐ正社員になることを拒否した若者の自由な生き方として注目されました。それがフリーターのはじまりですが，バブル崩壊後の平成不況期になると，新卒採用で正社員になれなかった若者が不本意な形で選択する不安定な働き方として問題になりました（小杉編[2002]）。このフリーターも社会学が早くから着目してきた問題の1つです。

　本書の各章で扱いますが，社会学はライフサイクルやライフコースという概念で，人びとの人生の進路を研究関心の1つとしてきました。その結果，現代においては，就職，転職，退職，結婚，出産・育児，離婚，介護等々，様々な局面でライフ＆キャリアは多様化しつつあることが明らかになっています。

　しかし，それは同時に不安定であることも意味します。大企業の正社員として長期勤続する生き方を捨てることには，経済的に不安定になるリスクがあります。特に1990年代以降，日本経済が長期的に停滞するようになると，経済的リスクが顕在化します。やりがいはあっても経済的に不安定な仕事につくことに慎重な考え方が広がっています。収入だけでなく，結婚生活が永続的に続くとは限りませんし，親もいつまでも元気だとは限りません。今のライフ＆キャリアはリスクに満ちているという印象をもつ人もいるでしょう。

4　変化の時代を生きる

　筆者の学生時代に安定した企業として人気のあった就職先の中には，その後，平成不況の中で倒産や吸収合併の憂き目に遭ったところもあります。賃金が大幅に低下した大企業もあります。反対に，当時はあまり人気のなかったベンチャー企業の中には，その後に急成長をし，今では人気企業になっているところもあります。そのため，就職活動の勝ち組がその後も安定した高収入を得る

キャリアの勝ち組になっているとは限りません。

　もちろん昔も今も待遇が安定しているのは大企業ですし，昔も今もベンチャー企業のほうが待遇は不安定です。しかし，1人ひとりの一度きりの人生の選択には「塞翁が馬」ということがよくあります。ですので，人生の選択の結果がどのようなことになっても後悔しないために，あなたが生きている今という時代をよく知ること，そして時代の変化にともなって社会のしくみも変わるということを理解しておくことが重要です。

　イントロダクションの悩みに答えるとしたら，これからのあなたの人生にとって重要なのは，進路選択の先が今どうであるかではなく，これからどうなるかです。ですが，これからどうなるかは誰にも分かりません。少しでも後悔しない人生を選ぶために本書をぜひ役立てて欲しいと思います。そのために，各章でもイントロダクションで読者の皆さんと同じ年代の若者の悩みを示し，それに対するアドバイスを章末に示しています。社会学の知識をより身近に感じて，進路選択に役立てていただけましたら幸いです。

（池田心豪・西村純子）

📖 ブックガイド

岩上真珠［2013］『ライフコースとジェンダーで読む家族（第3版）』有斐閣
　　ライフ＆キャリアのライフの現代的問題を家族に焦点を当てて解説しています。

労働政策研究・研修機構［2018］『非典型化する家族と女性のキャリア』JILPT第3期プロジェクト研究シリーズNo9
　　多様化するライフ＆キャリアの実情を調査結果にもとづいて解説しています。

＼ 参考文献 ／

小杉礼子編著［2002］『自由の代償：若者の就業意識と行動』日本労働研究機構
間宏［1996］『経済大国を作り上げた思想—高度成長期の労働エートス』文眞堂
Friedan, B.［1963］*The Feminine Mystique*, W.W.Norton.（三浦冨美子訳［2004］『新しい女性の創造』大和書房）
Giddens, A.［2006］*Sociology*, 5th Edition.（松尾精文他訳［2009］『社会学（第5版）』而立書房

第 1 部

現代社会で
人生を歩む
ということ

第1章

資本主義社会日本で働くということ

💬 イントロダクション

　「次が最終面接です。この前のように，ぜひ頑張ってください。」人事担当者はあわただしく電話を切った。受けているのは中堅IT企業。法人営業に定評があり，近年業績が大きく伸びている。はじめはIT業界に興味はなかった。企業セミナーで女性担当者が顧客に問題解決のアイデアを提供するやりがいを話しているのをみて，自分が会社で働くことのイメージが広がった。テレワークで働ける機会が多いことも，自分の趣味と両立できそうで，とても魅力的だ。内定がでたら就活を終えてもいいと思っている。

　しかし，不安もある。「その会社もいいと思うよ。でも，将来のことも考えて，安定した大きな企業も受けておいたら？」両親は今の企業に賛成していない。大企業にもリスクはあるはずだ。業種や仕事内容も関係なく大企業だからということで会社を選ぶのは，古い考えだと思う。それでも，大企業のほうが働く条件は良いようだ。今の会社に確信はない。かりに内定がでたとしても，大企業を考えるべきなのだろうか。とにかく悔いのない就活をしたい。どう考えればいいのだろうか。

1　日本の資本主義社会で働くということ

(1) ライフを変えるキャリアの力

　「就職活動が楽しくてしかたがない。」そんな人はどれぐらいいるでしょうか。「就活」は，人生のなかで最も重要な選択のひとつですが，同時に最も悩ましいものです。どこの大学でもキャリア教育と就職支援には力を入れていて，魅力的なプログラムが数多くあります。ネット上には民間の就職支援サービスが

あふれています。様々なサポートや情報があるのに，なぜ就活は悩ましいのでしょうか。

「それは入りたい会社に思うように入れないからだ」と考える人もいるでしょう。しかし，そもそも自分が入りたい会社を決めきることが難しかったり，就職活動自体に前向きになれずに自分を見失いそうになる人も少なくありません。

就職活動が悩ましい理由のひとつは，人生で大切にしていることが仕事で大きく変わるからです。将来の経済力はもちろんのこと，どこに暮らすことになるのか（居住地域や所属するコミュニティ），一日をどのようなサイクルで過ごすことになるのか（生活構造），社会のどのポジションにつくのか，あるいはつけないのか（社会階層）が仕事によって左右されます。

仕事に直接関係ないと思われることも影響を受けます。仕事は自分が生まれ育った家族との関係をゆっくりと変化させ，新たなパートナーとの出会いや，将来の家族構成にも影響を与えます。仕事は，長い時間をかけて皆さんの社会的アイデンティティ，つまり自分がどんな人間になるかに強い影響を与えます。

就職のように個人の社会生活のステージが変わることをトランジッション（移行）と呼びます。学生から社会人になるための「就活」というトランジッションは，人生の大きな分かれ道です。ちょっとした進路の違いが，未来を大きく変えるので，就活は誰にとっても悩ましい決断になるのです。

（2）社会学的想像力で生きる力を

就活についての悩みは個人的な経験です。皆さんは就職に関する様々な悩みを，「自分一人のプライベートな問題」と感じてきたのではないでしょうか。しかし，皆さんが就活で経験することは，ほぼすべての就活生が，同じように経験する共通の社会現象です。

個人の悩みや経験が，実は社会の構造に深く根ざしていること，それを自覚し，問題解決を構想する力のことを社会学者のC.ライト・ミルズ（Charles Wright Mills）は社会学的想像力と呼びました。一見個人的なことも，社会のしくみの中で生じています。社会構造や社会の変化は，時に圧倒的な力で個人の人生を左右します。ですから，社会を生き抜くためには社会のしくみをしっ

9

かりと理解することが大切です。では，就職で関係するのは，どのような社会のしくみでしょうか。それが，この章で説明する，資本主義社会のしくみ，より具体的には雇用システムと呼ばれる働くことの社会的なしくみです。

（3）なぜ制度に注目するのか

　「制度」と聞くと，何を思いうかべるでしょうか。多くの人は，学校の校則や交通ルール，死刑制度のように決められた規則や法律をイメージするかもしれません。社会学が考える制度（institution）とは，組織や人々によって実際に守られている行為のパターン（慣行）のことです。それは，法律のようにルールができた時のことが分かっているものも含まれますが，誰が決めたのか分からないような社会のルールや，自分たちで自覚していないような慣習も制度と捉えます。

　資本主義社会で，皆さんの将来にとって最も大きな影響を与える重要な制度が雇用制度です。日本の雇用制度は，日本的雇用慣行とか，日本型雇用システムと呼ばれます。長期雇用（終身雇用）や年功制という言葉を聞いたことがあると思います。「実力主義の会社で働きたい」とか「終身雇用がなくなって突然会社から首を切られるのは嫌だ」など，日本の雇用制度については，漠然とではあっても，自分なりのイメージを持っているのではないでしょうか。

　では，そもそも日本的雇用慣行とはどのようなしくみで，それがどうして日本に生まれ，「古い」と言われながらもなぜ今日まで続いているのでしょうか。どうしてこの制度が支持されたり批判されたりしているのでしょうか。よく耳にする言葉でも，このような質問に答えることはなかなか難しいでしょう。

　日本的雇用慣行と日本型雇用システムは，ともに雇用制度の特徴を説明する概念です。日本的雇用慣行とは，長期雇用，年功制，企業別組合など，皆さんがよく知っている雇用にかかわる中心的な制度を指します。これに対して，日本型雇用システムとは，日本的雇用慣行をコアな制度として，新卒一括採用，企業内教育訓練，出向・転籍，従業員重視のコーポレート・ガバナンス（企業統治），政府の政策，労働関連法規や裁判所の判決，社会保障の制度などが互いに結びつきながら雇用慣行が維持される社会全体のしくみを指します。

（4）資本主義の多様性

　日本の雇用制度の特徴は，他の資本主義国と比較して考えてみるとよりいっそうよく分かります。同じ資本主義社会でも国によって雇用や社会福祉の制度には違いがあり，日本と大きく異なるしくみをもつ国もあれば，似通った制度をもつ国もあるからです。

　たとえば，同一企業に長く勤めるという現象について考えてみましょう。図表1-1で分かるように，同じ資本主義国でも，雇用契約を自由に解消できるアメリカやイギリスは，勤続年数が極端に短くなっていますが，他のヨーロッパの国々は，日本並みに勤続年数が長くなっています。さらに図表1-2では，日本以外にも勤続年数とともに賃金が上昇している国があることが分かります。

図表1-1 ▶ 平均勤続年数の国際比較（2017）

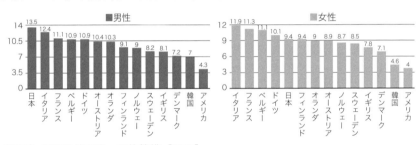

（出所）労働政策研究・研修機構［2019］

図表1-2 ▶ 勤続年数別賃金格差の国際比較（2014）

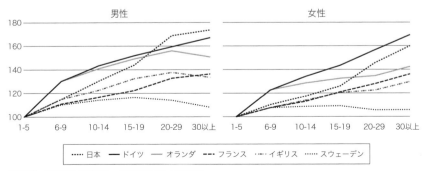

（出所）労働政策研究・研修機構［2019］

こうしてみると，企業に長く勤めることや，勤める期間が長いほど賃金が上がるという現象は，日本に特有というよりも，資本主義のバリエーションのひとつであるということが分かります。このような資本主義のしくみの違いは，資本主義の多様性と呼ばれ，その国の歴史，人々の価値観，その国がおかれた国際社会における政治・経済的状況によって左右されることでできあがっています。

　近年の研究で，このような違いはその国の産業の得意分野を左右したり，その国に暮らす人の生活の豊かさや幸福のあり方についても影響を与えることが分かっています。ですから，日本で就活をし，社会人になるということは，多様な資本主義社会の中で，日本に特有の雇用制度の制約を受けながら職業キャリアを形成していくということを意味します。

　以下，この章では，①中核的な制度である日本的雇用慣行がどのように生じたのか，②それがどのように日本型雇用システムとして広がり，また，日本はどんなタイプの資本主義なのか，③今日の日本型雇用システムの特徴は何か，という3つの観点から解説していきたいと思います。これにより，冒頭のイントロダクションで「私」が魅力を感じたIT企業に就職することを「両親」は賛成しない背景がよく分かると思います。

2　日本的雇用慣行の形成（黎明期：1945年－1950年代）

（1）日本を変えた占領政策

　我々がキャリアを考えるときに当たり前のように思っている日本的雇用慣行や日本型雇用システムですが，日本という言葉がついているからといって日本の伝統のようなものだと考えるのは誤解です。歴史的にみると，戦後という時代状況のもとでつくられた特殊な制度であることが分かります。

　実は，戦前や戦時中には，日本的雇用慣行は社会の制度として存在していませんでした。確かに，戦前においても労働者をできるだけ解雇しないような企業努力をした会社もありましたし，戦時中には，労働者の生活を基準にして賃金を支払うべきだという考えも現れました。しかし，そのような制度や考え方は一部にとどまり，日本に特徴的な制度とまでは言えませんでした。

　それが1945年から約10年あまりの間に，長期雇用，年功制，企業別組合が次々と生まれました。ある社会のしくみが，これほどの短期間に形成され，後世にも長く影響を与えることは珍しいことです。では，なぜこの時期に3つの制度が揃って形成されたのでしょうか。

　雇用慣行が成立するには，多くの企業や労働者が従うルールのようなパターンが確立しなければなりません。新しい制度が誕生するということは，人々が今までとは違った考え方や行動を受け入れる必要があります。新しい制度が定着するには時間もかかりますし，以前とは異なる考え方や行動をするような社会全体の大きなエネルギーが必要となります。このきっかけとなった大きな社会変動が第二次大戦後の特殊な社会状況です。

　戦後日本の社会に大きな影響を与えたのが，連合国軍最高司令官総司令部（SCAP/GHQ）の占領政策です。GHQの占領政策は，日本の単なる武装解除ではなく，二度と戦争をおこさないような政治と社会のしくみづくりを目標にしました。GHQは新憲法を筆頭に，財閥解体，持ち株会社の解散，労働改革をはじめとした農業，教育，行政に至るまで日本の社会制度を大きく変えました。

　ちなみに連合国は同じ敗戦国のドイツについては，政治的に大きな転換を求めたものの，経済や雇用の領域については，戦前との連続性を許容しました。そうしたこともあり，ドイツは「経済の奇跡」と呼ばれる経済成長期を日本より早く実現することになります。

　では，長期雇用，年功制，企業別組合はGHQが求めたものなのでしょうか。GHQは，このようなしくみを好ましい制度として提示したことはありません。興味深いことに，アメリカ主導の強力な占領政策のもとで，アメリカ本国では見られないような日本独自の雇用制度が形成されていきます。なぜ，この時期に日本独特の制度が形成されはじめたのでしょうか。

　GHQは間接統治という形態を取ったため，政策の立案や実行は，政府，企業，労働組合などにある程度任されました。政治家，大企業の経営者，労働運動のリーダーなどが，それぞれの立場から新しい体制作りを目指しました。政治・経済・社会が大きく変わる時期でしたから，これらの人々の間の理想像は大きく異なっていました。そのために様々な場面で意見の違いによる衝突がおこり，

その妥協や調整の過程でいろいろな方法やしくみが試されました。

　ただし，これらの人々に全くの自由が許されていたわけではありません。GHQとあまりに方針が異なり，許容範囲を超えた場合には，GHQは断固とした行動にでました。労働組合の結成を促進するために日本経営者団体連盟の結成が先延ばしにされたり，社会主義革命につながる可能性さえあった2・1ゼネストが開始直前に強制的に中止させられたのはこのためです。

　占領政策自体は国際政治のもとで揺れ動きました。アメリカと旧ソ連を中心とする東西冷戦がはっきりしてくると，アメリカ政府は「日本を反共の防波堤にする」と宣言し，西側陣営の一員として明確に位置づけるようになり，これがその後の労使関係に大きな影響を与えました。

（2）企業別組合

　日本的雇用慣行の形成にとって最も大きな役割を果たしてきたのが労働組合です。労働組合とは，組合員の労働条件を交渉する組織に過ぎないはずなのに，なぜそこまでの影響力があったのか，と不思議に思うかもしれません。その理由は，戦後に労働組合が形成された経緯にあります。

　アメリカ政府は，当時の日本で事実上非合法組織だった労働組合を，法律によって正式に認めて強い交渉力や社会的影響力を持たせることが，日本の民主化にとって有益であると考えていました。そのため，戦争終結の前から，労働組合を公認する計画を立て，終戦後すぐに日本政府に法律の制定を求めました。日本政府は終戦からわずか4カ月後の昭和20（1945）年12月22日に，労働三法の中で最初に労働組合法（現在は，旧労働組合法と呼びます）を制定します。これは当時，労働組合の設立が何よりも優先されていたことを示しています。

　戦後に公認されたことで，戦前に労働運動をしていた人々や，戦時中に組織された大日本産業報国会という組織の経験者，そして場合によっては会社の人事スタッフが労働組合の結成を促すなどしたため，推定組織率は終戦から2年後の昭和22（1947）年に戦後最高の55.8％を記録します。2020年の組織率が17.1％ですから，驚くような高い数字です。

　極端に生活物資が不足する状況の中で，従業員やその家族は労働組合に生活の保障を強く期待しました。1945年から1946年の2年間で400万人以上の復員

図表1-3 ▶ 各国の消費者物価変動

	1940	1945	1946	1947	1948	1929=1 1950
日本	1.4	2.6	16.0	43.0	126.2	201.8
アメリカ	0.8	1.1	1.1	1.3	1.4	1.4
イギリス	1.1	1.3	1.3	1.4	1.7	1.7
ドイツ	0.8	0.9	1.0	1.1	1.2	1.2
フランス	1.6	3.7	8.1	12.9	18.0	23.1
イタリア	1.2	24.5	29.0	47.0	50.0	50.0

（出所）日本銀行統計局編［1966］より作成

者が日本に戻ってきたことと，1946年以降のベビーブームで毎年200万人以上の出生が続いたことで，生活物資の不足は想像を絶する状況になりました。生産活動が低迷する中で生活需要が増えたことで，日本は先進国の中でも長期にわたってインフレに苦しみました（図表1-3）。

　労働組合は，会社の工場や職場などの事業所ごとに相次いで組織され，これが企業別組合の基盤となりました。戦前にはホワイトカラーである職員とブルーカラーである工員の間に賃金などの処遇に大きな差がありましたが，戦時中の窮乏の中で両者の格差が縮小し，戦後になると企業で職種にかかわらず正社員が同じ組合に所属することが自然であるという意識がみられました。

　企業別組合は職員と工員の格差を是正する運動と敗戦後の窮乏の中で生活ができる賃金を求めることに力を入れました。大企業は雇用や待遇が安定していると言われますが，そこには労働組合が大きく関係しています。就活で企業を選ぶときに，その企業に労働組合があるかどうかもチェックしておくとよいかもしれません。

（3）年功賃金

　大企業は賃金が年功的だと言われますが，勤続に応じて賃金が上がる見通しが立つことは，生活設計という点でも安心できる制度でしょう。この年功賃金にも戦後という時代が深く関わっています。

　敗戦直後，労働組合は生活を保障する賃金を求め，その後も，激しいインフ

レの中で生活ができるような賃上げを強く求めました。敗戦直後に急速に広まった「電産型賃金」は、基本賃金の6割以上を生活保障給と呼ばれる本人給と家族給で構成され、年齢ごとの生活費に応じた賃金カーブが特徴で、多くの企業に急速に広まりました。1955年から始まる春闘と呼ばれる大規模な賃上げ交渉制度も、常態化したインフレ経済を強く意識したものでした。

　企業や経営者団体は、経営側の裁量が大きく制約される生活保障給に基本的に反対でした。戦後しばらく経つとアメリカで一般的であった職務給を近代的な制度として取り入れる方針を掲げるようになります。しかし、常態化するインフレ、正社員の雇用と生活を強く重視する労働組合の方針を前に、職務給の導入は一部にとどまりました。その後、新卒者を社内で育成する内部養成制度や雇用を維持するための社内の異動やローテーション制度が広まってくると、次第に労働者の能力を評価して賃金を払うという職能給制度に転換していきます。

　このように見ていくと「どこに年功賃金があるのか？」と思うかもしれません。そもそも年功賃金という給与形態はありません。年功賃金とは、勤続年数という「年」と本人の能力や功績などの「功」に基づいて社内の職位（役職等）や資格が上がることで賃金が上がるしくみを指す言葉です。新卒で入社した社員が経験とともに賃金が上がること、そしてそれを促す育成制度を表わす概念として年功制や年功賃金という表現が用いられるようになりました。

　ですから、年齢に応じた生活保障給によって実現される年功賃金もありますし、職務給であったとしても、勤続年数に応じて職位が上がることで年功的な賃金カーブになることもあります。「勤続年数に対応して賃金が上がるのは世界中で日本だけ」と考えている人もいるかもしれませんが、先に示したとおり、先進国では年齢に応じて賃金が上がる国もあります。これは多くの場合、年齢が上がるほど仕事のスキルが身につき、社内で高い地位に就くことができる可能性が高まるからです。

（4）長期雇用

　就職先として大企業を選ぶ最大の魅力は、失業する心配が少ないことでしょう。長期雇用は、従業員が新規学卒者として一度就職した企業に長く勤続し、企業も解雇をできるだけ避けることで成立する慣行です。

　日本社会は昔からこのようなしくみをもっていたわけではありません。実際，敗戦後の1945年から47年にかけて，日本では多くの大企業が次々と解雇（指名解雇）を発表し，ドッジライン後の1950年代前半の時期にも，大企業では「合理化」という名の指名解雇が相次ぎました。

　このような会社の行動に対して，急速に拡大していた企業別組合は徹底的に反対し，1950年代の前半に大企業で会社と労働組合の大きな衝突（争議，ストライキ）が集中的に生じ，長期間にわたって大企業の操業がストップすることが頻繁におこりました。企業別組合は，正社員を組合員の資格としているため，解雇は組合員を減らすだけでなく，組合の力そのものを減退させます。

　そのため，企業別組合は，解雇に対してはどこまでも徹底的に抵抗しました。普段は組合活動に熱心ではないような従業員も，解雇については敏感に反応し組合の運動を強く支持しました。しかし，それでもこの時期には多くの会社が労働組合の要求を受け入れず，合理化を実行して最終的に多くの人員が解雇されました。

　ところがその後，大企業は大量の指名解雇をあまり行わなくなりました。それは，多くの大企業の経営者が，ストライキがひきおこす長期の操業停止を目の当たりにしたことで，従業員との相互不信は経営上の大きなリスクになる，と考えるようになったからです。そして従業員との関係を見直し，信頼関係をつくりあげるような戦後の状況に合った新しい労使協調主義を重要な経営方針として掲げ，整理解雇を避け，正社員の雇用を守るために様々な人事施策を組み合わせた「解雇回避行動」を取るようになっていきます。特にそれがはっきりと出たのが，後に述べる1973年のオイルショックの後の不況期です。

3　雇用システムの形成（1960年代－1980年代）

（1）日本型雇用システムを形づくった高度経済成長
　1960年代から80年代は，高度経済成長とオイルショックの後に続く安定成長の時代です。急激な経済成長が，大きな社会変動をもたらし，日本を経済的に大きく変えることになります。長い好況期がくり返し訪れたことで，GDPは30年間で約4倍に拡大し，日本は世界第2位の経済大国になりました。

　目覚ましい工業化とサービス経済化の進展により，第1次産業から，第2次・第3次産業への大幅な労働力の移動が起き，日本は農業国から工業国へ移行しました。貿易，資本，為替の自由化を通した自由主義経済圏への統合が段階的に進み，耐久消費財を所有して，休日には旅行やレクリエーションを楽しむ都市の核家族という現代の日本に通じる生活スタイルが形づくられました。

　このような日本社会の変化には，日本型雇用システムの形成が深く関わっています。労使協調主義が，技術革新に前向きな職場構造をつくり，生産性の向上を実現する経済のエンジンとなりました。しかしその一方で，大企業と中小企業の賃金格差や性別役割分業を前提とした企業中心の働き方と暮らしのあり方など，今日に続く問題が生まれた時代でもあります。

（2）国際比較による資本主義の多様性

　1945年から1970年代前半は，アメリカと欧州の自由主義国にとって「資本主義の黄金時代」と呼ばれる経済発展期でした。安定的な労使関係，福祉制度の拡充，生産体制の近代化などが高い生産性と豊かな消費を生み出し，それがさらなる成長を生み出す好循環が実現しました。

　しかし同じ資本主義国でも，働き方には大きな違いが見られました。資本主義の違いを実証研究を通して発見し，国際比較の観点から構造的に解明したのがイギリスの社会学者ロナルド・ドーア（Ronald Philip Dore）です。ドーアは，資本主義国の雇用制度にみられる違いに注目しました。ドーアは，国ごとに異なる雇用制度の違いは，様々な制度がばらばらに存在しているのではなく，ひとつのシステムとしてまとまって機能することで，その国の経済的な優位性を左右し，人々の暮らし方や考え方に強い影響を及ぼしていると考えました。

　ドーアはこの違いを，市場志向型（イギリス），組織志向型（日本）と表現しました。市場志向型では，賃金と雇用は企業の外部の労働市場を通して規制され，転職率は高く，賃金も職種ごとに労働市場で決まり，教育訓練は公的な制度で行われます。組織志向では，企業別の人事労務管理制度や労使関係が重要であり，長期雇用，年功的な賃金と内部昇進がみられ，福利厚生や教育訓練も所属企業に依存する形が見られます。

　重要な点は個々の制度が相互に深く結びついていることと，雇用システムの

違いが人々の意識を形づくることです。市場志向型では従業員は自分の仕事や技能（スキル），居住地域，階級に基づいて自己の社会的アイデンティティを形成します。これに対し，組織志向型では従業員は会社に所属している意識が強く，職業を聞かれると自分の職種と専門性ではなく，「私は○○会社の社員です」と答えるように，所属企業への帰属意識がアイデンティティの中心となります。

　市場志向型では，会社と従業員は相互に限定的に関わろうとする傾向が強くなります。組織志向型では，会社は従業員に社宅をはじめとした手厚い福利厚生を提供し，社員同士のレクリエーションに金銭的な補助までしました。日本では高度経済成長期の1960年代から，旅行や余暇を楽しむレジャーブームがおこります。日本企業はこの機会を捉えて，社内の従業員の間でいろいろな趣味の集まりや同好会のようなグループを作ることを奨励しました。

　こうして会社の人事施策が従業員の私生活に深く入りこみ，会社が擬似的なコミュニティのように機能するようになりました。これは敗戦後の状況とは極めて対照的なものです。このような会社と従業員の協調的な関係性が私生活の空間にまで広がる状態をドーアは「企業コミュニティ」と呼びました。

（3）高い生産性を生み出す職場のしくみ

　ドーアの研究が登場するまで，国ごとの制度の違いは近代化の進み方の違いと考えられていました。日本独特の雇用制度は，単に日本の近代化の遅れを示しているに過ぎないと否定的に評価されていました。

　しかし，欧米に比べて日本型雇用システムの方が大衆化の進んだ時代に即していた面もありました。

　第1は平等性です。戦後の労働組合はホワイトカラーとブルーカラーの差別を解消することを強く要求してきましたが，会社は1960年代頃までに，格差を緩和する賃金制度や職務区分を徐々に導入していきました。これがブルーカラーの労働条件を引き上げることとなりました。新規学卒一括採用が広まり，新制高校卒業者のブルーカラーが多く入社するようになると，彼らは長くひとつの会社で勤め続ける基幹的な労働力となっていきました。

　第2は，この平等性が高い生産性を生み出す基盤となったことです。戦後の

高度成長は技術的には主にアメリカの新しい生産技術や管理制度を積極的に導入して能率的な職場をつくりだしたことによります。

　長期雇用のもとでは，新しい技術が導入されても自分の雇用が守られるため，ブルーカラーは技術革新に協力的で，勤勉に働きました。同じ時期に欧米で経営者を悩ませたアブセンティイズム（理由のない欠勤などの消極的な勤務態度）という現象もほとんど生じませんでした。年功的な職能給のしくみは，仕事が変わっても大きく賃金が変わらないため，技術革新にともなう人員の異動や新しい技術の導入に好都合でした。

　企業コミュニティで実現された労使協調と勤勉性は高度成長からその後のバブル経済までの日本企業の競争力の源泉のひとつであったと評価されています。

　1973年のオイルショックの後の不況期に，企業は整理解雇をできるだけ避けて，新規採用抑制，非正規雇用の雇い止め，出向・転籍などの人事異動，早期退職の募集などを組み合わせる「解雇回避行動」が広く見られました。さらに，この頃には，徐々に形成されてきた長期雇用慣行が社会的に認知され，裁判が指名解雇を厳しく制限する解雇濫用法理に基づく判決が相次いで出され，法的な裏付けとなりました。また国は，この時期に不況期に雇用を維持する企業への経済的支援として雇用調整助成金を創設し，解雇をできるだけ回避するしくみを強化しました。これらが相互に関係し合って，日本型雇用システムとして機能するようになりました。

（4）日本型雇用システムの問題点

　しかし，日本型雇用システムには大きな問題もあります。それは企業コミュニティが人々の意識や働き方を通して，社会問題の原因にもなっていることです。

　ドーアと共同調査をした間宏は，企業コミュニティがもたらす企業中心的な働き方と日本人の意識に強く警鐘を鳴らしました。企業コミュニティでは労使の利害が一致することになりますが，これは企業の業績が伸びることが自分の利益になるという考え方に繋がり，結果として自己犠牲的で過剰な働き方を生む要因となります。

　興味深いことに，実は日本人の労働者は，イギリス人の労働者よりも雇用主

を評価する割合が低く，日本の労働者は他国と比較して，帰属意識が高くない
ことが明らかとなっています。長期雇用と年功制が確立すると，労働者が他の
企業に移動することは経済的な不利益となるため，不満があっても仕方なく企
業にとどまり続けることになるのです。

　企業コミュニティにおいては，安定した生活と引き換えに，従業員は会社都
合で配属先を決められ，家族と一緒に暮らすことが難しいような転勤命令が出
され，長時間労働を余儀なくされます。このような働き方は，家庭における性
別役割分業を強めることになります。時には，会社の業績を良く見せるために
粉飾決算などの企業犯罪を，自分のためではなく，会社のために行うことさえ
あります。

　従業員間の格差も問題です。長期雇用は安定したコアの労働力の待遇を守る
ために，雇用調整しやすい非正規雇用を積極的に活用することになります。現
在でも社会問題とされる会社中心の生活スタイルや現在の格差社会の要因がこ
こにあるといえます。

4　経営環境の変化と雇用システムの転換
（1990年代－2020年代）

（1）日本の経済と社会における３つの変化
　90年代以降の働き方の変化に，影響を与えた大きな外的要因として，①日本
の製造業の国際競争力の低下と経済成長率の低下，②少子高齢化の進行，③
サービス産業化の進展の３つがあげられます。

　第1の点についてみると，80年代までの日本経済は強い製造業の国際競争力
による好調な輸出と内需の拡大で支えられてきました。70年代の終わり頃から，
貿易の不均衡に対する諸外国から批判が高まり，為替相場で円高が進行すると，
大手製造業は生産拠点を海外に移していきました。これが国内産業の空洞化を
引き起こし，地方の経済力を徐々に後退させていくことになります。

　90年代以降は，東欧，旧ソ連などの社会主義が崩壊し，他の社会主義国も市
場メカニズムを取り入れたこと，アジア諸国やBRICs諸国の経済が発展したこ
とで世界経済のグローバル化が大きく進展しました。より低コストで製品を生

産する国々が台頭したことで，日本の製造業は，家電などの消費財分野で競争力を失っていきました。

　第2点の少子高齢化についてみると，個々の企業で従業員の平均年齢が上昇したため，企業は年齢の高い従業員の賃金のあり方を見直す必要に迫られました。また，これとは逆に2010年代以降には，人口減少にともなって若年者の労働力の調達が厳しくなっていきました。少子高齢化は，このように異なったかたちで労働のあり方に影響を与えるようになっています。

　第3は，日本が脱工業社会（D. ベル）へと転換したことです。脱工業化とは製造業や小売業などのように商品を開発・製造し，販売する産業が中心の社会から，形のないサービスを開発・販売するサービス業が産業の中心となる社会へ移行することです。サービス産業で働く人々は，1951年に31.4％だったものが，1960年には41.8％，1990年には，59.2％となり，2019年には，73.4％と大きく拡大しました（総務省「労働力調査」各年）。

（2）日本的雇用慣行に見直しの動き

　以上のような経済と社会の変化に伴い，働き方に様々な変化がみられるようになりました。日本型雇用システムにとって最も大きな変化は，従来の雇用制度を見直す議論が盛んに行われるようになったことです。

　それを象徴するのが，1995年に日本経営者団体連盟（現在は日本経済団体連合会，経団連に統合）が発表した「新時代の日本的経営」で示された雇用ポートフォリオという企業の人材戦略の考え方です。

　雇用ポートフォリオでは，従業員を3つに分け，主に長期雇用の正社員を念頭においた長期蓄積能力活用グループの賃金形態を見直すこと，専門性を持った高度専門能力活用グループと景気変動にともなう雇用調整やコスト削減が容易な雇用柔軟型グループを積極的に活用することを提唱しました。多くの大手企業は，90年代を通して新たな人材マネジメントを進めるようになりました。

　正社員において特徴的に見られる最も大きな変化が賃金制度の改革です。高齢化が進む中で，80年代の後半から職能資格給と長期雇用が企業の労働コストを押し上げているという議論が盛んに論じられるようになり，90年代以降，新たな賃金形態として，年俸制，成果主義的賃金，役割給などの導入が進みまし

た。

　このような試みの対象になったのは，主に管理職以上の従業員でした。これは，管理職以上は労働組合員ではないため，労使交渉の対象外になっていたこと，年齢の高い管理職に競争的な賃金を導入し，同時にコストを抑制していくという意図があったと考えられています。

（3）非正規雇用の拡大

　雇用ポートフォリオでは，雇用柔軟型という業務や景気変動にともない雇用調整を行うタイプが示されました。雇用形態別にみると，第7章で取り上げるパートタイム労働者，派遣労働者などのいわゆる非正規雇用がこのカテゴリーにあてはまります。非正規雇用は，雇用ポートフォリオの考え方が広まったこと，そして，サービス産業が拡大してきたことで，90年代以降大きく比率を増やしました。

　サービス産業では，製造業に比べ非正規雇用の比率が高くなります。その理

図表1-4 ▶正規雇用・非正規雇用推移（1984-2019）

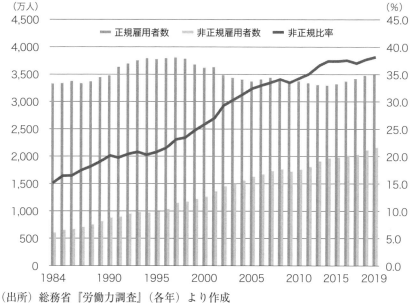

（出所）総務省『労働力調査』（各年）より作成

由のひとつが，「サービス」の特性にあります。

　サービス財は，一般的な商品と異なり，無形でありかつ在庫として保管することができません。そのため，サービス財には生産（サービスの提供）と購入（サービスの消費）が同時に行われるという特徴があります。飲食店をイメージすると分かりやすいですが，サービスの需要が，日，週，月，年というそれぞれの単位で周期的に変化します。そのため，企業は短時間勤務の労働力を必要とし，結果としてサービス産業では正規雇用を大きく上回る非正規雇用が活用されることになります。

　サービス産業の労働は，製造業とは多くの点で異なります。特に対人サービスでは，顧客との対応において自分の感情をコントロールして接するという感情労働と呼ばれる働き方がみられるようになりました。人との関わりのある仕事は，顧客との相互行為によりやりがいを感じられることも多いですが，その一方で，感情労働によって強い疲弊を経験する頻度が高いともいわれています。

　近年では，ICT化の進展により，ギグワーカーと呼ばれる短時間の請負契約による働き方も増加傾向にあります。短時間の請負契約は，組織に縛られない自由な働き方が実現する一方で，契約に基づいた仕事の増減で収入が左右されるので，雇用される労働よりも収入が不安定になるリスクがあるとされています。

（4）日本型雇用システムは変化したのか？

　以上のようなことから日本型雇用システムは変化したといえるのでしょうか。

　90年代以降の長期の景気低迷の中で，企業はリストラクチャリング（事業再構築）を繰り返しました。正社員の多くの雇用が失われましたが，ほとんどの場合，指名解雇ではなく希望退職や新規採用の停止などによって行われました。その意味では，80年代までの解雇回避行動が維持されていたとみることができます。

　しかし企業が希望退職を募集する際には，特定の従業員に希望退職を事実上強要するような嫌がらせも横行しました。これは日本型雇用システムでは指名解雇が難しいというしくみの裏返しです。

　近年，大手企業の賃金がジョブ型と呼ばれる職務や職位を基準とした給与体

系に変わりつつあると指摘されていますが，最近の研究では，このような変化は，国際競争力を失った家電産業などで目立つ一方，国際競争力のある自動車や機械産業，また，国内市場向けの産業では，それほど顕著ではないとも指摘されるなど，産業ごとに働き方の違いが大きくなりつつあります。しかし新規学卒一括採用が依然として大企業の労働力調達の大きな柱となっているなど，日本型雇用システムが存続していると考えられる点も多くみられます。

　以上，見てきたように，資本主義社会日本の雇用制度は，その時代ごとの人々の考え方に基づく対立や協力関係の結果できあがってきました。雇用のしくみは，戦後から現在まで大きく変化してきたことから分かるように，けっして不変的なものでありません。また，社会のルールを知ることの目的は，ルールにただ従うということではなく，より良い社会のあり方を構想するためです。

　ひとりの働く者という立場でも，企業を動かす立場であっても，社会学的想像力を働かせて，このようなしくみの中で，自分や組織のより良いあり方を模索することこそが何よりも重要です。

　以上をもとにして，最初の就活のお悩みを考えてみましょう。雇用のしくみは時代と共に変化します。大企業は確かに安定した就職先のひとつですが，完全な保障があるわけでもありません。雇用システムは社会のしくみと深く関わっているので，急激な変化は起きにくいものの，長期的には大きく変わることもあります。コロナによってテレワークが本格的に導入されたことで，多くの人々が私生活と仕事との新しいバランスを考えるようになりました。あなた自身が，将来，仕事と生活において実現したいこと，大切にしたいこと，チャレンジしたいことは何でしょうか。世の中の変化を捉えつつ，ぜひ皆さん自身の未来を自分で切り拓いていただきたいと思います。　　　　　　　（山下　充）

📖 ブックガイド

稲上毅［2005］『ポスト工業化と企業社会』ミネルヴァ書房
　　ポスト工業化が進む現代の複雑な変化を社会学の観点から広く理解したい方におすすめです。

間宏［1996］『経済大国を作り上げた思想―高度経済成長期の労働エートス』

文眞堂

　日本の勤勉性がどのように生まれ，経済に貢献しつつ，現在どのような問題が
生じているかを知りたい初学者の方にぜひおすすめです。

＼参考文献／

稲上毅［2005］『ポスト工業化と企業社会』ミネルヴァ書房

小川慎一［2009］「もうひとつの企業社会論」『日本労働社会学会年報』20：3-27

小川慎一・山田信行・金野美奈子・山下充［2015］『「働くこと」を社会学する　産
　業・労働社会学』有斐閣

佐藤厚［2012］「雇用処遇システム」佐藤博樹・佐藤厚『仕事の社会学（改訂版）』
　有斐閣

佐藤博樹［1999］「日本型雇用システムと企業コミュニティ」稲上毅・川喜多喬編
　『講座社会6―労働』東京大学出版会

沢井実・谷本雅之［2016］『日本経済史』有斐閣

武田晴人［2019］『日本経済史』有斐閣

仁田道夫・久本憲夫［2008］『日本型雇用システム』ナカニシヤ出版

日本銀行統計局編［1966］『明治以降本邦主要経済統計』

間宏［1974］『イギリスの社会と労使関係』日本労働協会

――［1996］『経済大国を作り上げた思想　高度経済成長期の労働エートス』文眞堂

山下充［2017］「企業コミュニティと日本型雇用システムの変容」『日本労働研究雑
　誌』686，9月号，4-15

労働政策研究・研修機構［2019］『データブック国際労働比較』

Bell, D.［1973］*The Coming of Post-Industrial Society: A Venture in Social
　Forecasting,* Basic Books.（内田忠夫他訳［1975］『脱工業社会の到来―社会予測の
　一つの試み』ダイヤモンド社）

Dore, R. P.［1973］*British factory, Japanese factory: The origins of national diversity
　in industrial relations,* Allen & Unwin.（山之内靖・永易浩一訳［1987］『イギリス
　の工場・日本の工場』筑摩書房）

Hall, P.A.& Soskice, D.［2001］*Varieties of Capitalism,* Oxford University Press.（遠
　山弘徳・安孫子誠男・山田鋭夫・宇仁宏幸・藤田菜々子訳［2007］『資本主義の多
　様性』ナカニシヤ出版）

Mills, C. W.［1959］*The Sociological Imagination,* Oxford University Press.（伊奈正
　人・中村好孝訳［1959（2017）］『社会学的想像力』筑摩書房）

第2章

福祉社会日本で生きるということ

イントロダクション

　私はまもなく30歳になる男性。大企業の正社員だが，やりたい仕事がほかにあるため，友達と会社を起こす準備をしている。会社は辞めようと思う。

　そう親に伝えたら反対された。今の安定した身分を棄てるのはもったいないということのようだ。学生時代から付き合っている彼女にも反対されている。結婚はどうするのかと彼女はいう。彼女も働いているが，私の収入が不安定な状態で子どもが生まれたら，どうやって育てていくのかと聞かれてしまった。

　今の会社に勤めていれば，大幅に収入が増えることはなくても経済的に不安になることはない。だが，幸いにして，お互い両親とも健康であるし，両親は経済的に困っていることはなさそうだ。だから，子どもが生まれたら，お互いの両親に助けてもらったらいいだろう。彼女はまだ実家で暮らしているのだから，私が彼女のご両親と同居してもよい。アニメ『サザエさん』に出てくるマスオさんのように。

　そのように彼女にも自分の両親にも話したら，起業を思いとどまることはできないかと言われた。事業が失敗すると決めつけているわけではない。大成功したら会社員でいるよりも高い収入を手にすることができる。しかし，今の会社で定年まで勤めていたほうが，現役時代だけでなく老後の心配もないと両親はいう。有名企業の正社員として，数年前に定年退職した父は，退職金や年金といった面で大企業に勤めていたほうが老後の生活に不安がないことをよく知っている。私がいざというときに親の援助を期待できると思っているのも，父の年金で老後も両親は経済的に豊かな生活を送れることが分かっているからである。

　だが，働いている間の収入や福利厚生だけならまだしも，老後の生活も大企業の正社員は安泰という考え方には違和感がある。結婚と起業も別

の問題だろう。そのことを理由に，自分がやりたいことを諦めたくない。しかし，両親や彼女の反対を押し切って起業することもできない。どうしたらよいだろうか。

1　誰と助け合って生きていくか

（1）助け合う社会とは？

　大企業の正社員であれ起業家であれ，キャリアを考えるときには，働き続けることができて，収入も入ってくることを前提に，自分の進む道を考えます。しかし，実際は，いろいろな理由で働けなくなることがあります。そうしたときにも生活していけなくなることがないよう，人々は社会福祉の制度を整えてきました。

　社会福祉とは社会の中で人々が助け合うしくみです。では，資本主義が発達した現代の社会に，なぜ助け合いが必要なのでしょうか。助け合いという言葉から，皆さんは何をイメージするでしょうか。

　道で困っている人に声をかけて手伝ってあげるとか，あるいは福祉施設のような特別な場所を思い浮かべるかもしれません。大きな災害が起きたあとに，被災地に向かうボランティアをイメージする人もいるでしょう。あるいは，厳しい時代なのだから，助け合いよりも，まずはできる限り自分で解決すべきではないか，と感じる人がいるかもしれません。

　確かに，このような直接の行動をともなった行為や活動は，重要な助け合いのひとつです。しかし，社会全体をみると，このような自発的で自分の時間を費やす助け合い以外にも，多くの助け合いのしくみがあります。現代社会は，多様なニーズに対する助け合いのしくみを社会保障・社会福祉などの形で構築

	例	資金（財源）	対象
自助	個人	私費	個人
互助	ボランティア・家族	共同出資	共同体・グループ
共助	がん保険・火災保険	保険	保険加入者
公助	生活保護	税金	国民・住民

しています。次の表が，現代社会における助け合いのしくみを種類別に示したものです。

　助け合いになぜこのようにいろいろなしくみがあるのでしょうか。それは，それぞれ異なった目的に合わせて制度ができているからです。そもそも，人生は良いことばかりではありませんし，思い通りにならないことが多々あります。仕事が上手くいくときもあれば，上手くいかないときもあります。ケガや病気をして働けなくなることもあります。助け合いの制度とは，このような困ったときに助けてくれるしくみのことを指します。以下，その種類の違いを公助，共助，互助，自助という概念で整理してみましょう。

　たとえば，老後に備えて自ら貯蓄しておくことがあります。自分のお金を自分のために貯めているので，自分で自分を助けるという意味で，これを自助と呼びます。次に，身近な人と助け合うという考え方があります。たとえば，老後に働けなくなったら子どもに養ってもらうことがあります。これは，家族という限られた集団の中で，自分たちの判断（つまり任意）で助け合うので，近しい人同士で相互に助け合うということから，互助と呼ばれます。

　さらに，互助よりも規模の大きな助け合いとして，同じ組織や団体のメンバーがお金を出し合って困った事態に直面した人にお金を出すしくみがあります。たとえば「火災が起きたときに備えて，みんなでお金を出して助け合う」場合には，火災保険という制度になります。このような民間の保険制度に代表されるような任意の幅広い助け合いのしくみを共助といいます。

　共助には，健康保険や介護保険のような公的な保険制度も含まれます。日本の社会保障の中心は，社会保険という保険制度でできています。保険である以上，基本的なしくみは民間の保険と同じです。たとえば，国民年金も保険制度なので，保険料を支払っていなければ，その分，将来の年金が減額されるか，全くもらえないということになります。一般の保険との違いは，保険を運営している主体（保険者といいます）が政府であること，また，「強制保険」といって，一定の条件を前提に基本的に国民は原則として強制的に加入させられるしくみになっている，という点です。強制になっているということは，制度的には国民全員を対象にしているという点で，公助にあたるのではと思う人もいるでしょう。確かに，そう考えることもできますが，公助は，税金によって

まかなわれ，生活保護のように困った事態に直面した人を対象に——つまり，保険料を払っているかどうかということに関係なく——保護が提供されるものを指します。

（2）なぜ社会保障が必要なのか？

　発達した現代の社会になぜこのような助け合いが必要なのでしょうか。私たちは社会が発展して進化すれば，社会問題は解決していくはずだと期待しています。しかし，身の回りをみると，雇用不安，感染症，地球温暖化による気候変動，格差，様々な差別など，私たちの社会には多くの解決すべき課題があります。社会学は，このような諸問題が実は世の中を便利にするはずの社会のしくみ自体が生み出した側面があることに注目します。

　資本主義が発達した近代社会において，新たなタイプの近代的な危険性が生じる状況を「リスク社会」と呼びます。この概念を提唱したウルリッヒ・ベック（Ulrich Beck）によれば，近代社会は富というリターンを求めて成長・拡大してきましたが，同時に我々の生活を脅かすリスクを高めてきました（Beck [1992=1998]）。

　たとえば，工場は大量生産を可能にし，人々の生活を物質的に豊かにしましたが，同時に公害や環境問題というリスクを高めました。原子力発電所は大量の電気をつくることができますが，事故が起きたときのリスクは従来の発電のしくみとは比べものにならないほど大きなものです。グローバル金融システムは，金融資産を増やす機会を増やす一方で，リーマンショックのような経済を揺るがすリスクとなっています。

　このようなリスクは，産業やビジネスの分野にとどまりません。ギデンズ [2009] は，近代社会における恋愛結婚の普及も，私たちにとってリスクのひとつであるとしています。伝統社会であれば，結婚とは，結婚する者だけでなく，2つの家族同士の長期的な結びつきを意味しました。しかし，現代では，あくまでもパートナー間の意思が重視され，離婚が以前よりも抵抗がなくなっているだけでなく，結婚という制度を介しないパートナーシップも世界的に拡大しています。このような変化は，結婚やパートナーシップを以前よりもリスクの高いものに変えたといえます。

（3）福祉に対する考え方の違い

　社会保障・社会福祉という制度で体系化されている助け合いは，資本主義の誕生・発展と平行して構築されていきました。しかし，同時に，人々が何をどこまで助け合うべきかについては，国や地域によって考え方に大きな違いがあります。以下，この違いを見ていきましょう。

　困ったときに助け合うしくみがある社会を福祉社会といい，助け合う制度をもつ国を福祉国家といいますが，自助・互助・共助・公助の組み合わせ方によって福祉社会・福祉国家のあり方は多様です。イエスタ・エスピン＝アンデルセン（Gøsta Esping-Andersen）は資本主義社会の福祉国家のあり方（福祉体制，福祉レジュームといいます）を3つに類型化したことで有名ですが，公助が最も発達した体制を社会民主主義，市場によるサービスが発達しているという意味で自助を重んじる体制を自由主義と名づけました。社会民主主義にはスウェーデンのような北欧諸国，自由主義はアメリカやイギリスが代表的です（Esping-Andersen［1990＝2001］）。もう1つの類型は保守主義と呼ばれますが，家族による互助を最も重視しているといえます。ドイツやポルトガル・スペインのような大陸ヨーロッパ諸国がこれに当たるとされています。

　では，日本社会はどのような福祉社会であるといえるでしょうか。日本で生活し，人生を歩んでいくのなら，日本で一緒に暮らす人々と助け合って生きていくということが，どのようなことなのかを知る必要があります。それは，必ずしも身近な家族や友達との助け合い（つまり互助）にとどまりません。自助・互助・共助・公助を重層的に捉えながら，福祉社会としての日本のあり方を考えてみましょう。

2　日本における社会保障・社会福祉の形成 （戦前から高度成長期まで）

（1）家族主義の福祉体制

　日本は「保守主義」のヨーロッパ諸国と同様に家族による互助を重視する傾向が強い（これを家族主義といいます）と言われています。イントロダクションの中で，いざとなったら親を頼りにしようという話が出てきますが，これは

その典型です。親にとっても，成人した子どもに老後の面倒をみてもらえることが期待できるというメリットがあります。

　このような家族による互助を可能とした背景のひとつに，成人親子の同居率が高いという日本社会の特徴があります。海外には，成人した子どもは親元を離れて独立（離家）することが一般的な国もあります。日本でも，進学や就職を機に地方の実家を離れて都市に移り住むということは行われます。しかし，実家から学校や勤務先に通える場合には親元に残って生活をし続けることも広く見られる現象です。「パラサイト・シングル」ですね。不況期に雇用情勢が悪化し，若年の失業率が上昇する局面では，パラサイトできることは若者が貧困に転落することを防ぐセーフティネットの役割も果たします（パラサイト・シングルについては，第10章で詳しく取り上げています）。

　さらに特徴的なのは，結婚後も成人親子が同居をし，出産・育児期は老親（新生児からみた祖父母）の支援を受けることです。この同居親による育児支援は育児休業制度が普及しておらず，低年齢児保育も今ほどは整備されていなかった時代に女性がフルタイム就業を継続するために重要な役割を果たしてきました。一方，老親が歳をとった後の介護が必要になると，同居する娘や義理の娘が介護を担うという互助もあります。

　このような成人親子の同居を基礎にした互助を日本政府は「日本型福祉社会」の利点として積極的に評価してきました。しかし，もともと家族主義を福祉政策の中心に据えていたわけではありません。政府による公助の拡大も折に触れて図られてきました。

　高齢者福祉に関して言えば，1961年に国民年金制度が作られ，国民皆年金となりました。その後1960年代を通じて給付水準は引き上げられてきました。それまで老親は子どもが扶養するものという社会的通念があり，民法（877条1項）にも，老親の扶養を子どもに義務づけています。しかし，社会保障制度の整備を進める中で，家族・親族による互助ではなく，日本社会全体で就業による収入のある現役世代が引退した高齢世代の生活を支える共助や公助への転換を図ってきたといえます。

　子育てについても1947年に児童福祉法が制定され，児童を社会的に保護するしくみが様々につくられました。就業する母親の増加にあわせて保育所の整備

も進められてきました。都市部における保育所不足は依然として解消されていません。ですが，全国的にみれば1960年代から70年代は保育所の整備が進んだ時代といえます。

　にもかかわらず，政府が三世代同居を基礎とした成人親子の互助を強調する背景には1970年代の石油ショックに端を発する経済成長の鈍化があります。政府による福祉（共助や公助）は税収を財源としていますので，経済が成長し，企業収益や家計が潤えば，同じ税率でも多くの財源を確保できます。反対に，企業や家計の収入が落ち込めば税収が減りますので，福祉の財源も逼迫します。日本社会は戦後の高度成長を追い風に福祉の整備に努めてきましたが，経済成長の鈍化にともなって，共助や公助の拡大が難しくなったというわけです。

　似たようなことは，2000年に始まった介護保険でも起きています。重い介護負担から家族を解放し，社会全体で介護を支える「介護の社会化」を目指して介護保険制度は創られましたが，要介護者の増加にともなう介護需要の拡大に財源が追いつかず，期待したほどには介護の社会化が進まないどころか，家族の介護負担が再び増す「介護の再家族化」が起きていると言われています（藤崎［2009］）（この点は，第14章でも取り上げています）。

（2）企業福祉社会

　日本の福祉社会の共助に目を向けるなら，企業を中心とした共助のしくみが発達していることを，その特徴として挙げることができます。企業が福祉の担い手になっているのです。これを企業福祉といいます。

　企業の目的は営利活動であるという前提で考えると，企業が福祉を提供していることを不思議に思うかもしれません。しかし，たとえば企業が従業員に払う賃金には労働の対価というだけでなく，経済的な生活保障という面があります。就業していても貧困状態にあることをワーキングプアと呼びますが，政府は最低賃金を定め，その引き上げによって貧困をなくそうと努めています。

　個別企業においても，一時的に業績が悪化しても，労働組合の交渉等を通じて極端な賃下げを避け，従業員の生活を守る努力が行われています。特に大企業は賃金が高いだけでなく安定してもいるため，生活の見通しを立てやすいということがあります。イントロダクションの中で，大企業の正社員という身分

を棄てたら，どうやって子どもを育てていくのかという話が出てきますが，これはまさに賃金が生活保障として機能していることの表れです。

　特に日本の労働組合は，一家の大黒柱として妻子を養う立場にある男性正社員の賃金の向上と安定に力を入れてきました。幾度となく年功的な賃金制度の見直しが行われてきましたが，今日もなお，多くの企業の賃金制度が年功的なカーブを描いています。これは結婚，子どもの誕生，育児，子の進学といったライフステージにともなう生活の支出に対応している面があります。また景気変動によって賃金が大きく下がらないことによって，何十年もの住宅ローンを払い続けたり，私立の学校に子どもを通わせ続けたりできている面があります。右肩上がりの安定した賃金が中流生活を支えていたといえます。

　そのほかにも，健康保険や年金等，様々な側面で企業は従業員の福祉にかかわっています。年金は国民年金によって国民皆保険が実現したと前述しましたが，これに先立って厚生年金が創られています。この年金は国民年金に相当する基礎年金に加算される形で支給されるので，国民年金より多くの年金を受け取ることができます。公務員にも，似たような年金のしくみとして共済年金があります。自営業やフリーランス等，組織に雇われない働き方の場合，厚生年金や共済年金には加入できませんので，老後に受け取れるのは国民年金だけになります。イントロダクションにあった，独立・開業するより大企業に勤めていたほうが老後の心配がないという話は，この厚生年金のことだといえます。

　なお，厚生年金の保険料は勤務先の企業が納付することになっていますが，保険料は「労使折半」といって，会社が半分負担してくれます。つまり，賃金とは別に年金保険料も企業は人件費として負担していることになります。それだけ従業員にとってお得なしくみだといえます。

　健康保険も似たようなしくみです。全国民を対象とした国民健康保険という制度があります。これとは別に企業が健保組合という団体をつくり，そこで保険料を集めて医療保険を運用するということが行われています。この健康保険料も労使折半です。

　このほかに企業は介護保険，雇用保険，労災保険を政府に納める義務があります。介護保険は税金や年金保険料とともに企業経由で政府に納められます。政府にとって企業組織は，営利活動を行う経済団体というだけでなく，国民を

束ね，税金や保険料を徴収する窓口でもあるのです。

　雇用保険と労災保険は労働保険と呼ばれており，雇用される労働者を対象にした保険です。雇用保険は，失業したときの生活保障（失業給付）や失業防止のための教育訓練，育児・介護休業の給付等に使われる保険です。労災保険は仕事中や通勤中の事故でケガや病気あるいは命を失う不幸に見舞われたときに給付が支払われる保険です。雇用保険の保険料は労使折半ですが，労災保険は全額雇用主の負担です。

　イントロダクションの話からは，企業に雇われているほうが安泰であるような印象を受けるかもしれません。しかし，本来，雇われて働くということは弱い立場で働くことを意味します。労働者の生活は企業の経営判断に左右されます。自分の責任ではなく，経営の失敗によって企業が潰れたら路頭に迷うことになるリスクがあります。また，日々の仕事は管理・監督者の指揮命令に従って行いますので，安全衛生管理の不行き届きで健康被害を受けることもあります。そのような弱い立場の労働者を守る目的で，労働保険はあるのです。

　しかし，そのような企業福祉が発達した結果として，企業福祉の内外で享受できる福祉に格差が生じている面があることも否定できません。

3　リスク社会を生きる

（1）雇用社会に広がるリスク

　自助に目を向けるなら，自営業やフリーランスの就業者のほうが雇用されて働く人（雇用者）よりメリットがあるといえる面もあります。

　自営業やフリーランスは，自分の力量次第で雇用の労働者より多くの収入を得ることができます。企業に雇われた場合，若いときに大金持ちになるようなことはできませんが，自営業やフリーランスでは可能です。

　しかも，自営業やフリーランスには定年退職がありません。老後に仕事から引退しないで文字通り生涯働き続けることもできます。つまり，年金は厚生年金や共済年金に加入する雇用就業者より少ないですが，年齢を理由に就業機会を失うリスクは小さいのです。一方，大企業の正社員のように毎年コツコツ働けば収入が増えるともいえませんし，定年まで仕事を続けられる保証もありま

せん。つまり，自営業やフリーランスは自分の努力次第で大きな収入を得られる可能性があるという点で，ハイリスク・ハイリターン，雇用者は収入に大きな変化はないものの，将来の見通しを持ちやすいという意味でローリスク・ローリターンであり，どちらも一長一短だといえます。

　では，なぜイントロダクションの相談者の両親や彼女は，起業するより大企業の正社員でいたほうが良いと思うのでしょうか。それは，リターンよりリスクのほうが気になるからでしょう。

　先に述べたように，現代社会はリスク社会だといわれ，職業生活の中で予想もしない様々なリスクに出合う可能性があります。そのため，独立・開業のリスクに対してどのようなリターンがあるかをしっかりと考える必要があります。現在，自営業・フリーランス等，雇用されない働き方の就業者は全就業者の1割程度です。残りの9割は雇用者なのです。雇用者が就業者の大多数になり，雇用者に適用される制度が社会制度として大きな影響力を持つ，その意味で日本社会は雇用社会，つまり「雇われる人々の社会」であるといえます。

　近年では，その雇用者の中に企業福祉の手厚い保護を受けているとはいえない事態が目立つようになっています。前述の厚生年金，健康保険，雇用保険の保険料は労使折半ですが，すべての雇用者が適用対象になっているわけではありません。そのため，保険適用外の非正規雇用者を多く雇ったほうが人件費の節約になります。年金については，厚生年金に加入できない非正規雇用者は国民年金に加入しますが，自営業・フリーランスとは異なり，定年退職制度を適用されるのが一般的です。

　労災保険はすべての労働者に適用されますが，同じ業務の担い手を雇用契約ではなく，請負契約で調達すれば，この保険料も節約することができます。反対に，請負労働者は企業の指示で行った仕事でケガや病気をしてもその治療費は自分でまかなわないといけません。

　厳しい経済環境の中で人件費を節約するために，企業福祉の適用範囲を縮小する動きが目立つようになっています。いわば，ハイリスク・ローリターンの働き方が雇用社会に広がっているのです。こうした厳しい経済環境は，自営業やフリーランスにはなおさら厳しいものになっています。自営業やフリーランスでもハイリターンは望めず，雇用で働く機会はあっても十分な保護を受けら

れない可能性が高い，雇用社会でありかつリスク社会であるという意味で，日本社会は雇用リスク社会であるということができるでしょう。

　高度成長期の福祉は富の分配という意味合いが強くなりますが，今日のような低成長期にはリスクの分配という意味合いが強くなります。イントロダクションで，ハイリスクの起業よりローリスクの大企業正社員のほうが良いという話になるのはまさにリスク社会に沿った考え方だといえます。

（2）家族は頼りになるか

　リスク社会として日本社会をみたとき，日本型福祉社会の基礎として積極的に評価された家族もまたリスクを内包しているといえます。

　イントロダクションの彼女のように，配偶者が安定した賃金を得て稼得者として家計を支えてくれることを期待している女性は少なくないようです。ですが，実際は企業の人件費抑制により，一生安泰ということは期待できなくなっています。反対に，不安定な就業形態で保障もないまま業務中の事故で大ケガでもしたら，妻が夫を扶養しなくてはならなくなります。

　子どもを育て上げても，その子が健康で長く働き続けられる職に恵まれるとは限りません。低賃金で不安定な非正規雇用であるために，いつまでも経済的に独立できないということもあります。子どもの立場で老親の扶養や介護を考えても，一人っ子や少ない兄弟姉妹で親を支えるのは大きな負担でしょう。

　端的にいって，家族がいることの好都合より，不都合のほうが目立つようになっています。少子高齢化は，この家族のリスクを先鋭化させる可能性があります。

4　縮小する福祉社会を生きる

　自助・互助・共助・公助という枠組みで考えたとき，経済的な理由で政府による公助と企業福祉による共助が今後拡大すると期待することはできませんし，家族による互助もまた期待しにくくなっています。公助も共助も互助も，その持続可能性が模索されていますが，社会政策として建設的な再構築の見通しは立っていません。自助だけが強調される自己責任社会に向かっているようにも

みえます。

　ここまでの話を総合してみると，日本社会は，社会保障の充実した「大きな政府」か，三世代同居を基礎にした「大きな家族」か，企業福祉の整った「大きな企業」のいずれかに福祉を期待してきました。しかし，経済成長の鈍化と少子高齢化を背景に，政府も家族も企業も小さくなっているのが実情です。その意味で，日本の福祉社会は縮小しているといえます。

　そのような社会で安全・安心を確保しながら生きていくためには，自ら助け合いのネットワークをつくっていく努力が必要でしょう。困ったときに，相談し合える関係，手助けし合える関係を家族だけでなく社会につくっておくことが重要です。NPOやボランティア団体，SNSのような新しい形態のコミュニティとのつながりの中で問題解決の糸口をつかめることもあります。また，政府による支援との関係では，市区町村の行政機関に相談することで解決できることもあります。大事なことは自ら動くということです。

　そのような観点から，イントロダクションの悩みに答えるなら，次のようにいうことができるでしょう。人生は長い。今勤めている大企業での生活が定年まで安泰とは限りませんし，定年後に期待した年金を受け取れるとも限りません。企業福祉を当てにした人生設計が狂ってしまったときに何の準備もしていないということでは困るでしょう。仮に起業して失敗したとしても，助け合える仲間やパートナーがいるのなら，やりたいことに挑戦してみたほうが良いのではないかと思います。

（山下　充・池田心豪）

📖 ブックガイド

小熊英二［2019］『日本社会のしくみ─雇用・教育・福祉の歴史社会学』講談社
　日本に特徴的な働き方と福祉のあり方をその成り立ちから理解し，新しい方向性を展望したいと考えている方におすすめです。

武川正吾［2011］『福祉社会─包摂の社会政策（新版）』有斐閣
　福祉の基本原理，福祉国家の諸制度と問題点を基礎からわかりやすく解説しています。自分の頭で福祉の問題を考えられるおすすめの書です。

参考文献

Esping-Andersen, G. [1990] *The Three Worlds of Welfare Capitalism*, Polity Press. （岡沢憲芙・宮本太郎監訳 [2001]『福祉資本主義の三つの世界—比較福祉国家の理論と動態』ミネルヴァ書房）

Beck, U. [1992] *Risk Society: Towards a New Modernity*, SAGE Publications. （東廉・伊藤美登里訳 [1998]『危険社会—新しい近代への道』法政大学出版局）

Giddens, A. [2006] *Sociology* 5th edition, Blackwell Publishers. （松尾精文・西岡八郎・藤井達也・小幡正敏・立松隆介・内田健訳 [2009]『社会学（第5版）』而立書房）

第3章

階層社会日本で生きるということ

💬 イントロダクション

　　私は現在，公立高校に通う2年生の女子。自分が通う高校では，同学年の5割くらいが大学に進学する。2割くらいが短大や専門学校に進み，3割は高校を卒業して就職する。自分も今高校2年生なので，卒業後の進路をどうするか本気で考えないといけない。ただ，大学に行ったとしても，学費を親に頼ることはできない。自分の父親は昨年失業し，現在は新しい仕事を探している。でも，以前と同じような仕事はなかなか見つからない。警備会社でアルバイトをしているが，以前のような稼ぎは得られていない。母親もスーパーでパートをしているが，家族が暮らしていくには十分ではない。

　　両親は自分が進みたい道を選べばいいと言うが，家のことを考えたら，大学に進むとしても学費の高い私立ではなく，国立に行くしかないと思う。自分の家から通えるところには大学はないから，大学に進むと一人暮らしのお金もかかってしまう。そう考えると，国立大学以外自分には選択肢はない。

　　だけど大学に行かずに働けば，すぐにお金を稼げて家にお金を入れることもできる。そう考えると，高校を卒業してすぐに働くのも1つの選択肢かもしれない。そうはいっても，地元にはいい仕事はないから，働くにしても今の家を出ないといけないだろうな。高校の成績はそんなに悪いわけではないから，大学に行こうと思えば行けるけど，自分の家のお金のことを考えると，躊躇してしまう。どうしたらいいんだろう。一人で考えても仕方ないから，今度，高校の先生に自分の今後の進路や進学に際しての奨学金のことなど相談してみよう。

1　格差社会とライフコース

　私たちの人生は選択の連続です。私たちが人生を歩む中で，様々な局面でどの道へと進むのか，選ぶことが求められています。「生きるとは選ぶこと」なのでしょう。社会階層論は，そうした人生の歩みの中で，人々がどのような不平等に直面するのかを明らかにしようとしてきました。

　現代社会において，家族は人々が生きていくうえで重要な単位とされています。多くの人々は家族のもとで生まれ，育ちます。そして，一定の年齢に達すると，学校に通い始め，クラスメートとともに教室での学習を始めます。

　学校での学習をすすめながら，義務教育を終えると，さらに上位の学校に進学するのか，どの学校に進学するか，進学した学校で何を学ぶのかなど，学校での学びについて，自分自身でいろんなことを決めなければなりません。学校での学びを終えると，今度は，就職活動が待っています。学校で学んだことを糧として，どんな職業につくのか，どんな会社で働くのかなど，ここでも職業や就業先の会社を選ぶことが待ち構えています。もちろん，ごく一握りですが，会社で雇われて働くのではなく，自分で会社を始めるなど，雇われない働き方を選択する人も，出てくるかもしれません。

　就職活動を終え，仕事を始めてからも，同じ会社で長く働き続けるのか，転職して様々な会社を経験する中で，キャリアを積んでいくのか，時には働くのをやめるのかなど，様々な移動と選択があります。たとえ同じ会社で働き続けても，事務職から管理職に昇進する，転勤によって様々な地域へと移動するなど，転職して複数の会社を経験するときとは異なる移動のかたちがあります。

　社会階層論は，人々の人生の中で経験する，家族，学校，労働という3つの制度に注目し，これらの中で人々がどのような移動をし，どのように格差・不平等が生まれるのかを明らかにしようとしてきました。こうした考え方を地位達成モデルと呼んでいます。加えて，社会階層論が注目する家族，学校教育，労働市場は，相互に影響を及ぼしあっているだけでなく，他のより大きな社会の変化の中にも埋め込まれています。たとえば，第1章で取り上げた産業構造の変化や第2章で論じられている福祉のあり方からも，地位達成の過程や不平

等の水準は大きな影響を受けているのです。

　本章では，社会階層論の基本的な考え方を紹介した後，社会の変化の中で，格差・不平等もどのような変化を遂げているのかについて考えます。以上の点を考えることで，私たちを取りまく社会を階層や不平等という観点から捉え直し，格差や不平等を是正するためのヒントを得ることを目指します。

2　社会階層論の基本的な考え方

（1）階層構造

　階層研究の主要な関心は，人々が社会生活を営む上で重要な社会的資源が，どのように不平等に配分されているかを明らかにすることにあります。階層研究では，学歴，職業，所得，資産などが，重要な社会的資源として注目されてきましたが，社会学的な階層研究ではその中でも，職業に焦点を当てて階層を定義し，その移動のあり方を明らかにしてきました。

　古典的には，資本家階級と労働者階級に不平等が二極化するというマルクス主義の階級理論があります。これは，階級間の関係の中で不平等が生じるなど，現代社会の不平等形成のあり方を考えるとき，多くの示唆を与えます。しかし，現代社会における労働者は，具体的な仕事の中身によって，賃金や報酬に大きな違いがあり，一様なイメージで捉えることは困難です。

　近年では，特定の職業に必要な技能の水準の高低とそれに伴って生じる仕事の自律性や，大規模組織の中での職位の高低などをふまえ，階級・階層の分類を考案しています（Wright［2005］）。日本の階層研究をリードしてきた社会階層と社会移動全国調査（SSM調査）プロジェクトは，仕事の内容にもとづいた分類（SSM職業分類）として，専門，管理，事務，販売・サービス，熟練，半熟練，非熟練，農業の8分類を用いてきました。

　安田三郎は，先の職種に加えて，被雇用か自営かという従業上の地位や，大企業と中小企業といった企業規模が，賃金，福利厚生，職業キャリアの形成において重要な違いをもたらしていると考え，これらを組み合わせて，総合職業分類を提案しました（安田・原［1982］）。さらに不平等構造を数量的に序列づけ，尺度化（得点化）する試みもあります。個々の職業の社会的評価の高低か

ら職業を尺度化した職業威信スコアや，個々の職業従事者の平均的な教育水準，当該職業の平均的な賃金水準と職業威信を合成した社会経済的地位指標（Socioeconomic index）なども考案され，多くの研究で用いられてきました（竹ノ下［2013］）。

（2）教育機会の不平等

　それでは，このような序列関係をもつ階層構造において，人々の階層的地位はどのように形成されるのでしょうか。

　地位達成モデルは，家族，学校教育，労働市場という3つの制度に注目し，その中で人々が地位を移動していく存在と仮定して不平等の形成過程を考えてきました。社会階層論の研究関心は，大まかに教育機会の不平等と労働市場における不平等の2つに区分できます。労働市場と産業構造については，第1章で扱っていますから，以下では，不平等の形成メカニズムの中でも，教育機会の不平等について考えてみましょう。

　教育機会の不平等を考えるために，家族内の2つの資源に注目します。1つは経済的資源であり，いま1つは文化的資源です。

　日本の高等教育機関では，私立学校が多くを占め，高等教育に対する公的支出の割合は，先進国の中でも低いです。そのため，家族が子どもの教育費を負担しなければならず，親の経済的な格差は子どもの高等教育への進学機会に大きく関わります。文化的資源については，出身家庭によって異なる文化的背景が，子どもの学校内での学業成績や教育選択に影響することが論じられています（平沢［2021］）。

　アネット・ラロー（Annette Lareau）は，アメリカにおける親の子どもへの接し方，関わり方が，出身家庭の階級によって異なることを，中流階級と労働者階級に区分して論じています。家庭内で親の子どもたちに対する言葉の使い方に注目すると，中流階級の親は，子どもに対して，様々な子どもへの指示や注意を，論理的に言葉を尽くして説明しようとする傾向があります。他方で，労働者階級の親は，子どもに対して一方的に注意するばかりで，親の注意を論理的に子どもに説明し，子ども自身が筋道立てて親に自分の考えを説明することを求めません（Lareau［2003］）。

　このような家庭内での話し方の相違は，学校での成績にも大きく反映されます。学校では，子どもたちは授業中に論理的に自分の考えを筋道立てて説明することが求められます。中流階級の子どもたちは，そうした話し方を親から直接学ぶことができ，学校で支配的な文化にも容易に適応できるでしょう。他方で，労働者階級の子どもたちにとって，学校での学習と話し方は，家庭内のそれと隔たりがあり，学校での学習に慣れるのに多くの時間を要します。その結果，2つの階級間での家庭内の文化的資源の相違が，子どもたちの学校への適応，そこでの学習と最終的な教育達成に不平等をもたらします。

　さらに，出身家庭の経済的，文化的背景が教育機会の不平等をもたらす別の側面について考えてみます。レイモンド・ブードン（Raymond Boudon）によれば，家族的背景が教育達成に影響するとき，2つの経路が存在します。1つは，家族的背景が子どもの学力を高め，学校での学習の成功が，子どもたちのより高い教育達成をもたらし，さらに高い水準での教育達成を可能にするというものです。ブードンはこれを一次効果と呼んでいます。いま1つは，子どもの学力を統制して，かりに子どもたちの学力が同じであったとしても，家族的背景が直接子どもたちの教育の意思決定に影響するというものであり，ブードンはこれを二次効果と呼んでいます（Boudon［1978＝1983］）。

　家族的背景を経済的側面と文化的側面に分けたとき，この両者は一次効果と二次効果の双方に影響を及ぼしています。たとえば，先の文化的資源の議論では，中流階級の家庭内の文化が学校文化と連続的であることは，子どもの学校での成績を高め，子どもの教育達成を後押ししていると考えられます。他方で，

図表3-1 ▶地位達成モデルの基本的な考え方

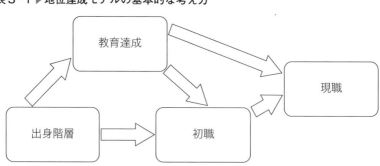

親は経済的資源を活用することで，子どもの学力を高めることもできます。

　日本では，塾通いや様々な習い事など，学校外での教育活動が盛んに行われており，親は，学校外の教育サービスを購入し，子どもに提供します。学校外教育投資が，子どもの学力を高め，より良い教育達成を可能にします。とはいえ，家族的背景が子どもの教育達成に影響するのは，学業成績を介したものばかりでなく，成績を経由しないで教育選択に直接影響することも考えられます。

　イントロダクションでも紹介したように，学力的には十分大学に進学することができても，親の経済状況を考慮して高等教育への進学を断念することはありうることです。また，自宅から通える範囲に大学がない場合は，一人暮らしをするなど，多くの費用がかかります。高等教育に進学した場合は，授業料や生活費を負担するだけでなく，就労していれば得られたであろう所得も失います。こうした放棄所得を機会費用と呼びます（平沢［2021］）。

　家族的背景の教育選択に及ぼす直接効果を，社会階層論の立場から合理的選択理論を用いて定式化した理論に，相対リスク回避モデルがあります。合理的選択理論では，個人は，複数の選択肢の中から，費用を最小化し利得を最大化するものを選ぶという効用最大化を仮定します。そして，世代間階級移動という観点から，人は親の階級を基準にして，親よりも下位の階級への到達を避けたいという選好をもっていると考えます。

　リチャード・ブリーン（Richard Breen）らは，専門管理職を中心とする階級（ブリーンらはこれをサービス階級と呼びます）と労働者階級を比較します。到達先の階級として，サービス階級，労働者階級，アンダークラス（長期失業など）の3つを仮定します。サービス階級出身者の場合，下降移動を回避するためには，自らも専門職，管理職の地位に到達する必要があり，そのためには，大学への進学が必要です。他方で，労働者階級出身者は，大学に進学しなくても，高校などの中等教育機関で職業教育を受けることで，親と同じ地位に到達することが可能です。このように，出身階級からの下降移動を回避するとき，出身階級によって大学をはじめとする高等教育機関に進学する必要性が大きく異なります。相対リスク回避モデルとは，世代間での地位継承のために，教育機会の不平等が再生産されることを説明するモデルと言えます（Breen and Goldthorpe［1997］）。

　ここまで社会階層論について，階層構造と不平等の生成メカニズムに注目して考えてきました。次節以降では，社会変動の視点から，高度成長期と90年代以降に区分し，階層移動と不平等形成をめぐるマクロな構造的文脈がどのように変化しているのかについて検討しましょう。

3　高度経済成長期と社会階層

　本節では，社会階層論が長年追究してきた世代間移動と機会の不平等に立ち返って考えます。家族的背景を出身階層として捉え，出身階層と到達階層にどのような連関構造が存在するのか，戦後の先進産業諸国が経験した産業化の進展と経済発展は，機会の不平等にどのような影響を及ぼしているのかに，階層研究は長年注目し，研究を行ってきました。

　階層研究における産業化仮説は，産業化の進展が，世代間での階層的地位結合の度合いを弱め，機会の平等を高めていくと考えます。すなわち，世代間で親の身分が子どもへと継承される身分制社会から，学歴や職業のような本人の能力や業績によって個人が評価され，地位が配分される業績主義社会へと社会が変化することで，機会の平等化が進展していくと考えました（鹿又 [2001]）。

　他方で，フェザーマン，ジョーンズ，ハウザーらは，世代間移動を時点間で比較するとき，実際に親子間で生じた世代間での階層移動を，2つの要素に分解します。1つは，親子間の職業分布の違いです。戦前の日本では多くの人々は農業に従事していましたが，戦後の産業化と経済発展によって人々は農業から製造業，サービス業へと従事する職種に大きな変化が生まれました。親世代と子世代との，産業化に伴う職業分布の違いが，構造的に世代間での階層移動を引き起こすとし，これを構造移動と位置づけます。そして構造移動を統制した後の世代間での階層的地位の結びつきを相対移動と捉えました。

　フェザーマンらは，世代間移動を構造移動と相対移動に分け，産業化や経済発展を通じて相対移動が高まり，機会の不平等が減少しているのかに注目します。彼らは，産業化と経済発展は世代間での就業構造の違いを生み出し，それによって世代間での職業移動が増加していること，相対的な機会の不平等には，大きな変化が見られないことを明らかにし，これをFJH仮説と名づけました

(Erikson and Goldthorpe [1992])。

　世代間移動を構造移動と相対移動に分け，相対移動のトレンドに注目すると，多くの研究は，産業化が進展しても相対的な機会の不平等は減少せず，一定であることを明らかにしました（原・盛山 [1999]）。教育機会の不平等についても，産業化と経済発展によって教育機会の不平等が減少しているのか検討されました。分析の結果，教育の不平等についても機会の不平等が大きくは減少せず，戦後持続していることが明らかにされてきました（Shavit and Blossfeld [1993]）。

　しかしながら，高度成長期を実際に生きた人々は，日本社会の不平等の動向について異なる捉え方をしていました。たとえば，1960年代に学校教育を終え，働き始めた若者たちの場合，彼らの父親の多くは農村に住む農業従事者でした。しかし，その時期の急激な産業構造の変化の中で，多くの若者は，農村部から都市部へと移動し，農業以外の職業，その多くが都市部で工場労働者となっていきます。こうした変化の中で，若者たちは親とは違う仕事に従事し，都市という空間の中でこれまで目にすることのなかった新たな製品にとりかこまれ，社会全体の生活水準が底上げされ豊かになっていくことを実感しました。急激な産業化と人々の豊かさの実感は，日本社会に「総中流社会」という神話を根づかせることになります。実際1970年代に行われた世論調査では，自らの生活水準を「中」程度であると位置づける人が，回答者の9割にも及んでいました（直井 [1979]；原・盛山 [1999]）。

　「一億総中流」という階層イメージの形成と定着には，戦後日本社会で形成され定着した，日本的雇用慣行も大きく関わっています。日本的雇用慣行の特徴と詳細については，本書の第1章で解説していますが，戦後の日本の労働組合運動が経営者に要求したのは，戦前に顕著であったホワイトカラーとブルーカラーとの格差の是正や縮小であり，同じ企業で働く従業員の平等性の追求でした。その結果，職種にかかわらず長期雇用や年功賃金は同じ会社の社員に対して広く適用されました。日本的雇用慣行のもとでの企業による平等な処遇は，一億総中流という階層的に同質的な日本社会という人々の理解の形成を促進したものと思われます。

　他方で，「一億総中流」として定着した階層的に同質的な日本社会というイ

メージには，多くの問題もあります。とりわけ，同質的な階層，暮らし向きからこぼれ落ちる人たちは，例外的な存在とされ，それは社会の構造的な変化の中で生じたものではなく，個人の怠惰，努力のなさによって生まれたものとされてきました。貧困や不平等が個人の努力の欠如の結果生じるものと理解されることで，福祉国家による貧困問題解決に向けた取り組みを不十分なものとしてきました（竹ノ下［2010］）。

　さらに，日本的雇用慣行は，労働者に生活の安定を保障しますが，次のような格差・不平等も内包していました。第1に，長期雇用と年功賃金を柱とする雇用慣行は男性労働者を念頭においてきたことです。これらの制度は，労働者の継続就業を前提とし，性別役割分業のために結婚・出産・育児期に離職率の高い女性は，企業内で能力開発や昇進機会から排除されるなど，周辺的な位置におかれてきました。第2に，長期雇用や年功賃金がどの程度，企業内で享受できるかには，大企業と中小企業との間で格差が存在していました。中小企業では，勤続年数に伴う給料の増加が小さく，景気変動による影響を受けやすいことから，失業リスクも高いことが明らかにされています（竹ノ下［2010］）。

4　近年の階層構造の変化

（1）高学歴化の進展

　教育機会の不平等の近年の動向を捉えるうえで，学校教育を中心とした変化を理解することは重要です。

　文部科学省の学校基本調査によれば，高校進学率は，1950年で42.5％と半数にも達していませんでしたが，その後も一貫して増加基調にあり，1965年には7割を越え（70.7％），1974年には90.8％と9割を越えました。2020年には，通信制課程も含めた進学率は98.8％と，義務教育を終えた大半の人たちが高校に進学していることが分かります。他方で，大学・短大への進学率を見てみると，1954年にはわずか1割（10.4％）に過ぎませんでしたが，1970年代までは一貫して増加し，1975年には38.4％にまで達しました。1975年から1990年の期間は，大学・短大進学率は増加せず横ばいで推移しましたが，その後は再度増加し，2005年には51.5％と半数を超え，2020年には58.8％に達しています。

　日本社会における高学歴化の進展は，教育機会の不平等にどのような影響を及ぼすでしょうか。これについては，MMI（Maximally maintained inequality）仮説とEMI（Effectively maintained inequality）仮説という２つの仮説が提起されています。

　MMI仮説では，進学率が増加するにつれて，教育機会の不平等も減少するとは考えません。たとえば，出身階層が多くの資源をもつ上層と資源に乏しい下層の２つに分かれていると仮定します。上層と下層との教育格差は，上層出身者の進学率が飽和状態（たとえば上層出身者のほぼすべてが大学に進学するなど）に達した後で，はじめて上層と下層との進学格差が減少に転じます。このように，上層出身者のほぼすべてがある教育段階に進学するという状況にならない限りは，階級間の教育機会の不平等は持続すると考えます（Raftery and Hout［1993］）。

　MMI仮説は，進学率という教育の量的拡大と不平等との関係を論じていますが，この仮説は教育機関の質的な相違が不平等にどう影響するのかを無視しています。たとえば，高等教育機関に進学するとき，単純に進学するか就職するかだけでなく，どのような高等教育機関に進学するかなど複数の選択肢があります。教育拡大に伴う高等教育への進学率の増大によって，高等教育セクター内部の質的な相違がより顕著なものとなり，高等教育の異質性が増大することが予想できます。EMI仮説は，こうしたある教育段階における質的な相違を前提に，教育機会の不平等は，教育拡大が仮に起こって，進学率が上層にとって飽和状態に達しても，より選抜的な教育機関への進学という点で，出身階層間の不平等は持続するだろうと考えます（Lucas［2001］）。

　日本では高校進学率は2020年時点で99％と非常に高く，あらゆる出身階層にとって飽和状態に達しています。他方で，大学をはじめとする高等教育機関への進学率は，2020年で59％と上層において飽和状態に到達しているようには見えません。高等教育機関内部の異質性に注目すると，大学と短大の区別だけではなく，戦前に設置され実績のある有名大学とそれ以外とを区分すると，有名大学進学に対する出身階層間の格差は，全体の進学率の増大にもかかわらず持続していることが明らかにされています（荒牧［2010］）。

　全体的な進学率の上昇と高等教育セクターの拡大は，高等教育機関の異質性

をさらに高めています。近年では進学先の学校の質的相違だけでなく，進学後の専攻分野も注目されています。専攻分野によって，卒業後の職業キャリアや報酬が大きく異なることが考えられます。日本でも，理工系分野などへの進学は専門職への入職傾向を高め，世代間での地位の再生産が専攻分野の選択によっても説明されることが明らかにされています（豊永 [2020]）。

（2）産業構造の変化と教育の役割

　こうした教育拡大と教育の異質性の増大は，労働市場をめぐる変化とも結びつけて論じられています。

　1960年代を中心とする日本の高度経済成長は，製造業をはじめとする第二次産業の拡大によってもたらされました。しかし1970年代以降，先進国の多くは脱工業化というさらなる産業構造の変化に直面します。脱工業化では，製造業をはじめとする第二次産業は縮小し，サービス業を軸とする第三次産業が経済の中心に移行します。サービス業の職種を格差・不平等の点から大別すると，グローバルに展開する企業の管理中枢を担い，非常に高度な技能を必要とする専門管理職層と，専門管理職層に様々な個人向けサービスを提供する非熟練の労働者へと二極化しています（Sassen [1988=1991]）。

　さらに，技術革新に伴う生産の自動化は，専門管理職者と非熟練労働者の中間に位置していた熟練労働者の規模を縮小させてきました。このような職業構造の二極化は，職業キャリアを通じた上昇移動の機会を大きく減少させます（Wright and Dwyer [2003]）。その結果，学卒後にはじめて従事する職業が，その後のキャリアを大きく左右することになり，初職を左右する学歴の重要性が強まると考えられます。

　こうした産業構造の変化とともに，絶えざる技術革新が賃金格差にどのような影響を及ぼすかを検討する議論として，技能偏向的技術発展仮説（Skill-Biased Technological Change hypothesis）があります。この議論では，コンピューターを基盤とする技術革新は，単純なルーティン・タスクを担っていた非熟練労働者の需要を減少させる半面，新たな技術の開発や応用に従事する高技能労働者の需要を大きく増加させます。その結果，高技能労働者の賃金は一層高まり，低技能労働者の賃金は停滞します。現代社会において人的資本や技

能を大きく左右するのが，学歴です。そのため，この仮説は学歴や人的資本による賃金格差はますます拡大すると予想します（Card and DiNardo［2002］）。

そして，脱工業化，技術革新とともに，階層構造の変化に重要な影響を及ぼすトレンドとして，グローバル化の進展と非正規雇用の増加があります。

経済活動のグローバル化は，国境を越えた企業間の市場競争の激化をもたらします。多国籍企業は，安価な労働力を求めて，生産拠点を途上国を中心とした海外に移転します。それは，生産コストの低下を可能にする一方，先進国の工場労働者は，海外の労働者との競争のため，賃金の低下や雇用の減少に直面しています。多くの国は，経済活動の規制緩和と自由化を加速させ，グローバルな市場経済の不確実性は高まりを見せています。

企業にとっては，不確実な市場環境に対応するためにも，人件費を自由に調整できるほうが望ましいといえます。しかし，日本で高度成長期に普及した長期安定雇用と年功賃金のもとでは，正社員の人件費を下げることは容易ではありません。そのため，人件費を容易に調整できる非正規雇用が，近年大きく増加しました。

日本における非正規雇用の多くは，パート労働者から構成され，既婚女性はパート労働者の主要な担い手として位置づけられてきました。既婚女性は，性別役割分業のために，夫の扶養の範囲内に収入をおさめ家事・育児に支障のない働き方を選択する必要があります。そこで，時給で働き労働時間を自由に調節できるパート労働は，子どもがいる既婚女性に「適した」働き方と考えられてきました。

他方で1990年代以降は，未婚の若年層の非正規雇用が大きく増加しました。90年代以降の非正規雇用の増加は，女性だけでなく若年男性にも大きく拡大することで，男性稼ぎ主モデルの崩壊を意味するものとされ，大きな社会問題と捉えられてきました（小杉［2003］）。

このように，日本の非正規雇用の増加は，性別役割分業のために女性が労働市場の中で周辺的な位置におかれていることを前提に，労働市場における男女の不平等をさらに増幅させたといえます。

（３）家族形成，人口減少，少子高齢化

　少子高齢化は，経済，産業構造，社会保障の持続可能性，家族・世帯のあり方，格差・不平等構造など，その影響は多方面に及んでいます。2015年に行われたSSM調査では，少子高齢化と不平等構造が，重要なリサーチクエスチョンとされ，調査が行われました。

　白波瀬佐和子［2018］によれば，これまでの階層研究は，人々の労働市場における位置から階層・不平等を把握してきましたが，人口構成に占める高齢者の増加によって，非労働力人口が増大し，労働市場の視点だけでは，社会の不平等構造を十分に把握できなくなっています。特に，就労していない高齢層にとって，現役時代に蓄えた資産の果たす役割は大きく，貯蓄や有価証券などの金融資産や，住宅などの不動産の所持など，資産に注目することが重要なものとなっています。

　加えて少子化をはじめとする人口や家族に関わる現象を階層論の視点から捉えることが，注目を集めています。これまでの階層研究は，核家族を前提にして世代間移動や機会の不平等を論じてきましたが，各年代の未婚率が上昇し，中年期における単身世帯が増加するなど，特定の家族形態を前提にした議論が難しくなっています。

　国勢調査によれば，40代前半男性の未婚率は，1980年では4.7％でしたが，その後一貫して増加し，2015年では30.0％まで増加しています。女性も4.4％（1980年）から19.3％（2015年）に増加しています。結婚と家族形成を経験しない人たちが今後も増加する中で，階層的にどのような人たちが単身のままなのか，単身のままでいることが階層的にどのような帰結をもたらすかを検討することは重要です。労働市場における男女の格差が大きな日本社会では，女性は配偶者選択において男性の経済力を重視し，非正規で就労するなど労働市場で不利な位置にいる男性は，結婚に困難を抱えがちです（佐々木［2012］）。

　階層研究は，以前から結婚におけるカップルの階層的地位の同質性，異質性に注目してきました。同じ階層に属する人同士が結婚することを，階層的同類婚と言いますが，同類婚の傾向が強い社会では，結婚を通じて階層間の格差・不平等は増大すると考えられます（打越［2018］）。高階層の女性が高階層の男性と結婚しても，仕事を辞めて主婦にならずにフルタイムの仕事を継続した場

合を考えてみます。カップル双方が結婚直前に800万円の年収を稼いでいたとしましょう。結婚とともに妻が仕事を辞めた場合，男性1人の収入で家計を賄うことになるので，この家族の世帯年収は800万円となります。しかし，結婚後も妻は仕事を続け，結婚前と同様の所得を稼いだとすれば，夫婦の世帯年収は1,600万円になります。階層的同類婚と結婚後の女性の就業継続が組み合わさることで，世帯レベルの所得格差は今後も増大することが予想されるでしょう。

5　階層構造の変化とライフコース

　本章の冒頭で，私たちの人生は，選択の連続であると述べました。その上で本章は，そうした個人の選択が様々な社会のしくみや制度によってどのように枠づけられ，影響を受けているのかを論じました。

　大学に進学するかどうか，どんな仕事につくか，誰といつ結婚するのかなど，私たちはいくつかの選択の場面に直面します。本章は，そうした人生の選択が，社会的資源の不平等配分とそれらを取りまく社会のしくみや変化に大きく左右されることを明らかにしてきました。単純に考えれば，大学に進学したほうが，その後の不利を回避できる可能性は高くなります。しかし，その大学に進学するか否かを決める行為自体が，その人が生まれ育った家族の影響を受けています。社会階層論は，このような教育機会の不平等を問題にしてきたのです。イントロダクションで紹介した高校生の悩みは，階層論の立場からは教育機会の不平等によって生じたものと言えます。家庭の事情を理由に大学進学をあきらめざるをえないことは，好ましい状態とはいえないでしょう。

　近年の社会の変化は，不平等を拡大してきました。社会学における社会階層論は，社会的資源の不平等配分を軸に，実証的なデータを用いて不平等が形成されるメカニズムを解き明かすことを目指します。社会階層論は，より自由で平等な開かれた社会を理想とし，不平等の生成メカニズムの解明によって，不平等をどうすれば少しでも小さくすることができるのかを考えてきました。不平等が人生の経過とともに生起し，その後も不平等が時間とともに継続し，時間とともに不平等が拡大しうることを考えると，多くの人々が経験する家族生

活の中で生じる不平等を少しでも小さくしていくことが重要です。

　北欧諸国における福祉政策の特徴を，エスピン＝アンデルセンは，脱家族化（Defamilialisation）と表現しています。脱家族化とは，福祉政策において家族の存在を否定するものではありません。家族がこれまで担ってきた役割を社会や国家が肩代わりし，家族にかかる負担を小さくしていこうとする考え方です。家族が担ってきた役割を，国家や社会が万人に対して平等に行うことで，不平等な資源配分を小さくすることができます（Esping-Andersen［1999＝2000］）。

　さらに，家族の中でも親が経験する経済的な不平等は，労働市場における不平等と大きく結びついています。労働市場における格差・不平等を小さなものとすることで，家族間の不平等はより小さなものとなり，教育機会の不平等の縮小にも波及するでしょう。このように，家族，教育，労働市場は有機的に結びついています。

　世界的にも格差・不平等が拡大するなか，自らの人生を階層論の視点から理解し，考察することは，人生の様々な選択に直面する私たちにとって，大いに役立つでしょう。また，現状の社会の諸制度が近年の社会変動の中で，どのような問題を生み出し，私たちの人生の道筋とその選択にどのような制約をもたらしているかを，本章を通じて考えることもできます。そうした考察は，日本の階層・不平等構造の問題点を明らかにし，今後の社会の方向性を皆さんが考える上で，非常に重要なものとなるでしょう。　　　　　　　　　（竹ノ下弘久）

📖 ブックガイド

竹ノ下弘久［2013］『仕事と不平等の社会学』弘文堂

　本章の内容の基礎となる社会階層論の入門書です。前半では，戦後の社会階層論の理論について概説し，後半では制度と社会階層という観点から，著者の研究内容を紹介しています。

平沢和司［2021］『格差の社会学入門（第2版）―学歴と階層から考える』北海道大学出版会

　本書は，格差や不平等を把握するための理論や考え方について概説しています。特に，格差や不平等を測定するための指標や結果の読み取り方について丁寧に解説しています。

＼ 参考文献 ／

荒牧草平［2010］「教育達成過程における階層差の生成」佐藤嘉倫他編『現代の階層社会 1 ─格差と多様性』東京大学出版会

打越文弥［2018］「夫婦世帯収入の変化からみる階層結合の帰結─夫婦の学歴組み合わせと妻の就労に着目して」『家族社会学研究』30（1）：18-30

鹿又伸夫［2001］『機会と結果の不平等─世代間移動と所得・資産格差』ミネルヴァ書房

小杉礼子［2003］『フリーターという生き方』勁草書房

佐々木尚之［2012］「不確実な時代の結婚─JGSSライフコース調査による潜在的稼得力の影響の検証」『家族社会学研究』24（2）：152-64

白波瀬佐和子［2018］「少子高齢化からみた社会階層論再考」荒牧草平編『2015年SSM調査報告書 2　人口・家族』2015年SSM調査研究：219-233

竹ノ下弘久［2010］「『階層』を読み解く─グローバリゼーション・労働市場の流動化・不平等」塩原良和・竹ノ下弘久編『社会学入門』弘文堂

─────［2013］『仕事と不平等の社会学』弘文堂

豊永耕平［2020］「高等教育の大衆化と大学進学の不平等─社会階層・学業達成がもたらす影響力とその変化」『年報社会学論集』33：61-72

直井道子［1979］「階層意識と階級意識」富永健一編『日本の階層構造』東京大学出版会

原純輔・盛山和夫［1999］『社会階層─豊かさのなかの不平等』東京大学出版会

平沢和司［2021］『格差の社会学入門─学歴と階層から考える』北海道大学出版会

安田三郎・原純輔［1982］『社会調査ハンドブック 第 3 版』有斐閣

Boudon, Raymond［1978］*L'inégalité des Chances: La Mobilité Sociale dans les Sociétés Industrielles.* Paris: Armand Colin.（杉本一郎他訳［1983］『機会の不平等─産業社会における教育と社会移動』新曜社）

Breen, Richard and John H. Goldthorpe［1997］"Explaining Educational Differentials: Towards a Formal Rational Action Theory." *Rationality and Society* 9（3）：275-305.

Card, David and John E. DiNardo［2002］"Skill-Biased Technological Change and Rising Wage Inequality: Some Problems and Puzzles." *Journal of Labor Economics* 20: 733-83.

Erikson, Robert, and John H. Goldthorpe［1992］*The Constant Flux: A Study of Class Mobility in Industrial Societies.* Oxford: Clarendon Press.

Esping-Andersen, Gøsta［1999］*Social Foundations of Postindustrial Economies.*

Oxford: Oxford University Press.（渡辺雅男・渡辺景子訳［2000］『ポスト工業経済の社会的基礎』桜井書店）

Lareau, Annette［2003］*Unequal Childhoods: Class, Race, and Family Life.* Berkeley: University of California Press.

Lucas, Samuel R.［2001］"Effectively Maintained Inequality: Education Transitions, Track Mobility, and Social Background Effects." *American Journal of Sociology* 106（6）: 1642-90.

Raftery, Adrian E. and Michael Hout［1993］"Maximally Maintained Inequality: Expansion, Reform, and Opportunity in Irish Education, 1921-75." *Sociology of Education* 66（1）: 41-62.

Sassen, Saskia［1988］*The Mobility of Labor and Capital : A Study in International Investment and Labor Flow.* Cambridge: Cambridge University Press.（森田桐郎他訳［1991］『労働と資本の国際移動』岩波書店）

Shavit, Yossi and Hans-Peter Blossfeld（eds）［1993］*Persistent Inequality: Changing Educational Attainment in Thirteen Countries.* London: Routledge.

Wright, Erik O. and Rachel E. Dwyer［2003］"The patterns of job expansions in the USA: A comparison of the 1960s and 1990s." *Socio-Economic Review* 1: 289-325.

Wright, Erik O.（ed.）［2005］*Approaches to Class Analysis.* Cambridge: Cambridge University Press.

Wright, Erik. O. and Rachel E. Dwyer［2003］"The Patterns of Job Expansions in the USA: A Comparison of the 1960s and 1990s." *Socio-Economic Review* 1: 289-325.

第 **2** 部

就職して
「社会人」になる
ということ

第4章

なぜ就活をしないといけないのか

イントロダクション

以下はある日の国立N大学で先輩と後輩が交わした会話である。

後輩A：「私，大学を卒業したら世界を放浪して，それから世界を変える
　　　　ような仕事をしたいんですよ！」

先輩A：「何を夢みたいなこといってるの。就活の時期を逃したら人生台
　　　　無しだぜ？」

先輩B：「そうそう。日本の会社はね，ホンネでは出る杭を求めていないの
　　　　よ」

後輩B：「やっぱり学生のうちに就活しないといけないんですか？」

先輩A：「世の中には2種類の人間しかない。新卒かそれ以外かだ」

先輩B：「履歴書に空白があるとまずいって聞くね」

後輩A：「そんなのおかしくないですか？　大事なのは仕事ができるかで
　　　　すよね？　履歴書に空白があると何がまずいんですか？」

先輩A：「会社の人にいってくれよ。俺にいわれても困る」

先輩B：「夏休みに行けばいいじゃない。それか休学したら」

後輩B：「そういう先輩たちはどんな仕事をするんですか？」

先輩A・B：「まだ決まってない」

後輩A：「決まっていない？　就活は終わったんですよね？」

先輩A：「お前は何も知らないんだな…。あのな，日本の会社では仕事
　　　　は上が決めるの。俺たちは配属先で頑張るわけ」

後輩B：「日本は就職ではなく就社だってどこかで読んだことがあります」

先輩A：「まあ，そんな感じかな。職業を選ぶんじゃなくて会社を選ぶわけ
　　　　だから」

先輩C：「私の国では日本のように学生のうちに就活する人はあまりいないし，一斉に入社したりしない。窮屈じゃない？　やっぱり日本人は集団行動が好きなの？」

先輩A：「さあ，好きでやってるわけではないのは間違いないけど。日本ではそうなってるよね」

後輩B：「僕は自分のペースで通年採用に応募しようかな。外資系企業やベンチャー企業ならそういう会社がたくさんあるよね。働き始めてから転職してもいいわけだし」

1　新卒一括定期採用という謎

　「なぜ就活をしないといけないのか」という本章のタイトルは，考えてみると奇妙ではないでしょうか。職業選択が1人ひとりの選択であるなら，「しないといけない」という強いられた表現をしないはずだからです。この問いにリアリティがあるとしたら，就職活動には自分で選んだとは言いきれない「何か」があります。

　日本では，在学中に就職活動を行い，卒業と同時に会社に入社する「間断なき移行」が「標準」あるいは「当たり前」となっています。しかし多くの社会では学校を卒業してから就職活動をする学生も多いことが知られています。日本と欧州諸国の比較調査によると，日本は卒業前の就職活動が9割に達する一方，欧州は卒業前が4割，卒業の頃が3割，卒業後が2割強となっています。また，卒業4カ月目までに期間の定めのないフルタイムの仕事についている割合は，日本の6割に対して欧州は1割となっています（日本労働研究機構[2001]）。

　社会や時代によって異なる「当たり前」が成立するしくみに社会学は強い関心を寄せてきました。ダンカン・ワッツというアメリカの社会学者は，社会の「デフォルト」（標準，初期設定）が個人の選択に与える影響を，臓器提供に同意する国民の割合を例に説明しています（Watts[2011=2014]）。ドイツでは国民の12％が臓器提供に同意していますが，お隣のオーストリアでは何と99.9％が同意しています。なぜこれほど大きな違いが生じるのでしょうか。答

えは単純で，オーストリアでは臓器を提供することがデフォルトであり，臓器を提供しない人は「提供しない」という意思表示をする必要があります。これに対してドイツでは臓器を提供しないことがデフォルトであり，臓器を提供する人はわざわざ「提供する」という選択をしなければなりません。デフォルトは，初期設定となっている選択を当たり前のものと認識させ，別の選択をすることに高いコストを払わせるため，人々の行動に大きな影響を及ぼすのです。

　新卒一括定期採用も日本社会の「初期設定」であり，学生や企業の行動に大きな影響を与えています。たとえば，日本の若年失業率は国際的に低い水準にありますが，有力な理由として新卒一括定期採用の存在が挙げられています（日本経済新聞2018年5月22日朝刊「新卒一括採用の是非（上）高い若年就業率に寄与」）。在学中に就職活動を行い，卒業前に会社が決まるのがデフォルトの日本社会とそうでない社会をくらべれば，前者のほうが若年失業率は低く抑えられるでしょう。

　本章では新卒一括定期採用制度（以下，新卒採用）を，学校を卒業・修了予定の新規学卒者の集団を（＝新卒一括），学力と人物の評価によって，毎年特定の時期に（＝定期）採用するしくみ，と定義しておきます。「制度」とよぶのは，人々の行為の選択肢を制限する働きが，制度という概念に含まれているからです（North［1990＝1994］）。ある大学で講義をしたとき新卒採用が法律で決まっていると誤解している学生がいました。その学生にとっての新卒採用は，法制度のように盤石で拘束力をもつ存在として現れていたのでしょう。実際の新卒採用は日本の企業が自生的に生み出し，維持している慣行的な制度です。この制度では職務未経験の学生が大量かつ集中的に採用されますが，こうした方法が多数の企業に普及しているのは日本社会に特有の現象といえます。一体なぜなのでしょうか？　この謎を解きながらイントロダクションの後輩が感じた不満の在り処を探っていきましょう。

2　日本型雇用システムと大衆教育社会

（1）変わりにくい新卒採用
　労働市場は労働者が労働サービスを売り，企業が買う取引をする場です。新

卒者と企業がこうした取引を行う場を「新規学卒労働市場」とよびます。日本において「新規高卒労働市場」や「新規大卒労働市場」のように，学校段階で区別された労働市場が存在するのは，多くの企業が「○年○月に四年制大学を卒業予定の者」などと新卒を応募資格としているためです。

　日本の企業が新卒を応募資格にするようになった時期は古く，少なくとも昭和初期までさかのぼります（福井［2016］）。1930年代の厚生省（内務省）の調査によると，旧制の大学・専門学校の人材を採用していた大企業では新卒者を志向する企業が8割を超えていました。当時の高等教育機関を卒業する人は大変なエリートでしたから，戦前に新卒で採用される若者はごく一部にすぎませんでしたが，新卒採用を標準とする体制はこの時期にすでに形成されていました。中学校や高校でも戦前から戦後にかけて新卒採用を標準とする体制が構築されていきます（苅谷［1991］，苅谷他［2000］，菅山［2011］）。

　1953年から96年まで新規大卒者の就職・採用活動は就職協定というルールが規制していました。就職協定では学生が会社を訪問する日や企業が選考を開始する日などの解禁日が決められましたが，優秀な人材を獲得したい企業や，志望企業の内定を得たい学生が解禁日前に接触する「協定破り」が常態化していたため，「協定破り」に対処する数多くのルール変更がなされています。ところが興味深いことに，卒業前に就職・採用活動を行うという大枠は約50年間一度も変更されませんでした。この事実は新卒採用が非常に変わりにくい性格をもった制度であることを物語ります。

（2）日本型雇用システムと新卒採用

　新卒採用が変わりにくい理由を考えていくと，日本企業が形成した雇用システムの要素と深く結びついている点に思い至ります。

　日本の企業が新卒者を一括して毎年採用できるのはなぜでしょうか。人を採用するということは会社に仕事があるということです。毎年採用を続けるには，事業が拡大しているか，採用数に見合った離職者が毎年発生する必要があります。中・長期的な採用計画は必要要員数や退職者数などを組み込んで作成されます（今野・佐藤［2002］）。採用と退職はセットで考えられているわけです。皆さんは多くの日本企業には一定年齢に達した社員を強制的に退職させる定年

退職制度があることをご存知でしょうか。新卒採用と定年退職は補完関係にあります。毎年退職者が出るためにそれに相当する新入社員を毎年雇い入れることができるわけです。

　ただし仕事の経験がない新卒者が定年退職者の仕事を引き継ぐのは難しいでしょう。未経験でもできる仕事を会社の中に発生させる必要があります。ここには人事異動やジョブ・ローテーションが関わっています（海老原［2016］）。

　高校では三年生の卒業に伴い教室や座席の大移動が起こりますが，じつは日本企業も高校のクラス替えのようなやり方で人に仕事をわりあてています。日本の会社では定年で多くの社員が退職します。退職者の仕事が残っていればその仕事に対する求人が発生します。日本企業の特徴は，人事異動によって社内のメンバーが既存の仕事を引き継いでいき，組織の末端に未経験者ができる仕事を作り出していることです。海外の企業では，個別に発生した職務の欠員に対して，会社の内外から経験者を募集することが一般的です（三菱UFJリサーチ＆コンサルティング［2014］）。

　皆さんの中には親の転勤に伴って転校した経験をもつ人がいるかもしれません。最近は社員自身の希望を考慮する企業も増えつつあるといわれていますが，一般に日本では企業が社員の職務や職能，勤務地を決定する形でキャリア（仕事の連鎖）が作られていきます（今野・佐藤［2002］）。日本企業では人事部の機能が比較的強いといわれています（Jacoby［2005=2005］；山下［2008］）。他の職場へ社員を異動させたり，転居を伴う事業所間の異動ができたりするからこそ，玉突きのように仕事の空席を埋めていき，未経験者でもできる仕事を作り出すことができるのです。

　人事異動については次章で詳しく解説しますが，異動は社員の能力形成方法と結びついています。日本企業では会社内で人材育成をすることが一般的です。複数の職務を経験しながら能力を磨いていく方法をジョブ・ローテーションといいます。ジョブ・ローテーションによって，社内の様々な業務やメンバー，取引先などに通じることで，企業に特有の技能を身につけることができます。新卒採用において，職務を定めた募集ではなく，職務を遂行するポテンシャルをもった「社員」を募集する形が一般的なのは，こうした日本企業の能力形成のしくみが背景にあります（濱口［2013］）。イントロダクションの先輩のよう

に入社する直前まで自分の仕事を知らない学生は例外ではないのです。

　以上のように，定年退職，人事異動，ジョブ・ローテーションといった日本企業の人事管理のしくみのもとで，職務未経験の新卒者に限定した巨大な労働市場が毎年出現し，数十万件のマッチングが大量かつ集中的に行われる現象が生み出されています。

（3）大衆教育社会と新卒採用
①　能力シグナルとしての学校歴

　「一流の塾へ行き，一流の中学・高校を経て，一流の大学に入る。そうすれば，一流の企業に就職して，幸せな人生を送ることができる。よい教育→よい仕事→幸福な人生。戦後日本社会は，こうしたサクセス・ストーリーを人々に強く植えつけ，社会のすみずみにまでその構図をおし広げてきた」（苅谷[1995]）。教育社会学者である苅谷剛彦の名著『大衆教育社会のゆくえ』の一節です。皆さんも親や先生から「勉強して良い大学に行くんだぞ」と言われたことがあるかもしれません。

　新卒採用は，戦後の日本社会が大規模に拡大した教育を基軸に形成された「大衆教育社会」であることとも関わっています。苅谷は，日本の教育において，多様な評価基準を用いることや主観的な評価方法が生徒間の公平さを欠く危険があるとして遠ざけられた結果，評価基準や評価方法の一元化が進み，単一の「客観的」な基準で測られた学力による序列化が強化されたと述べています（苅谷[1995]）。新卒採用との関係で指摘したいのは，偏差値という一元的で「客観的」な基準で大学が序列化されているからこそ，企業はこの序列を前提として多元的で「主観的」な基準を用いて選抜することができるという点です。

　学生や企業がコストをかけて就職・採用活動をする理由は，労働市場に情報の非対称性が存在するためです。学生と企業は相手に関する十分な情報をお互い持っていないので，相手に情報を伝達するシグナリングや相手から情報を引き出すスクリーニングを行うことになります（福井[2016]）。企業は低い訓練費用でスキルを身につけてくれるポテンシャルの高い学生を採用したいと考えているでしょう。観察が難しい学生のポテンシャルや訓練費用を示すシグナル

の1つが，どの大学を出たかという学校歴なのです。

　近年，大学入学者に占める推薦・AO入試合格者の割合が増加していますが，日本の大学入試の基本は学力試験をはじめとする一般入試です。一般入試は階級文化や個性の混入を避けて「純粋な」学力を評価できるよう注意深く作られています。大学入試という選抜の「公平さ」が担保されているからこそ，入学難易度が高い大学の学生ほど学力や学力を培う能力が高いと考えることができるのです。

②　学校推薦と指定校

　大衆教育社会と新卒採用の結びつきを体現していた制度が学校推薦と指定校です（福井［2016］）。現在はどの大学の学生もたいていの企業に応募できるので，企業が学校歴で学生を選抜していたとしても，外部からは観察しにくい状態にあります。しかし少し前までは学校推薦や指定校のしくみが存在していたため，企業が学校歴で学生をスクリーニングしていることは，誰の目にも明らかな事実でした。

　学校推薦は戦前から存在します。明治時代には，旧制の大学・専門学校の学生が企業へ入社する際，学校の教員や先輩などの個人が学生と企業の仲立ちをしていました。時代が下って1920年代になると大学が組織として学生の就職斡旋を行うようになります。毎年，企業は特定の大学・学部を選んで学生を推薦するように依頼し，依頼された大学では学内選考によって学生を選び企業に推薦していました。

　学校推薦のしくみは戦後に引き継がれましたが，次第に企業は大学だけを指定し，学部・学科を不問にするようになります。これが指定校制度であり，企業が選抜対象とする学生の範囲（採用母集団）は拡大しました。大学教育との関係でいえば，学問分野を問わない指定校は，大学で学ぶ知識や技能の差を企業が意に介していないこと，専門的な言葉でいえば大学教育の職業的レリバンス（大学教育と職業の関連性）を低く評価していることを意味します。どの学部でも構わないから偏差値の高い大学を目指すべきだという大衆教育社会に適合したシグナルを人々に送ることになるのです。

③　教育システムと雇用システムの能力評価

　日本の企業は偏差値を信頼する一方で偏差値では測れない「人物」や「人柄」のような要素をスクリーニングの対象にしてきました（福井 [2016]）。学校歴は能力のシグナルですが，誰かを採用するためにはそれだけでは十分とはいえません。読者の皆さんが採用担当者の立場で，同じ大学・学部で性別も同じ，大学の成績や適性検査の結果も同じくらいの学生から1人を採用しなければならないとしたらどうしますか。おそらくエントリーシートや面接などで識別するでしょう。同じ大学の学生でも日々の過ごし方には違いがあるものです。この違いをスクリーニングに用いるのは筋の通った考え方だといえます。

　日本経済団体連合会の「2018年度新卒採用に関するアンケート調査」によれば，企業が選考で特に重視した点は，第1位が「コミュニケーション能力」，第2位が「主体性」，第3位が「チャレンジ精神」となっています。こうした「主観的」な要素を重視する選抜は2000年代の学問の世界で大きな注目を集めましたが（本田 [2005]），偏差値で表された「客観的」で可視化された能力評価を信頼するからこそ，企業は「主観的」で捉えにくい評価要素を心おきなく用いて選抜することができます。教育システムと雇用システムの選抜は補完関係にあるのです。

　1970年代以降，企業は自由応募に移行していき，学校歴を不問とする応募が現在の標準となっています。もっとも，社会階層論や教育社会学の研究によると，偏差値の高い「銘柄大学」の卒業者が大企業に就職しやすい傾向が観察されています（豊永 [2018]）。学校歴と大企業就職の関連が結果的に観察されたとしても，学校歴を用いて選抜しているとは限りませんが，いくつかの調査では学校歴をスクリーニングに用いる企業の存在が示されています（福井 [2016]）。

3　「失われた20年」と新卒採用

（1）自由応募と就職・採用の産業化

　私たちは日本型雇用システムと大衆教育社会が変化した第二の局面にいるのでしょうか。この問いの検討は本章の射程を超えていますが，企業が従業員を

処遇するしくみや偏差値で序列化された大学ランクといった枠組みが大きく変わったとはいえません。しかし20世紀末から現在にかけて日本型雇用システムのゆらぎが指摘され，それまで注目されていなかった若年雇用の領域で非正規雇用の増加や早期離職が大きな問題となっています。教育システムとの関連では自由応募の中で大学の役割が後景に退き，就職・採用の産業化が進みました。

①　企業が媒介する就職活動

　学校経由に代わる企業への入社経路として優勢になったのは求人広告をみた学生が直接企業に応募する方法です。1990年代後半までは求人広告で誌面を構成した求人雑誌（就職情報誌）が就職・採用活動の重要な手段でした。日本労働研究機構の調査では就職先への応募経路として就職情報誌や企業ガイドブックを挙げる回答が最も多くなっています（日本労働研究機構［1994］）。

　代表的な求人雑誌はリクルートが1969年から発行していた『リクルートブック』です。当時の学生は『リクルートブック』の付録ハガキを用いて資料請求や会社説明会の申し込みを行いました。最近，就活をする学生には企業からの電子メールが大量に届いていると思いますが，企業と学生が直接やり取りをする原風景はここにあるわけです。

　『リクルートブック』はすべての学生に等しく送付されていたわけではありませんでした（香川［2020］）。銘柄大学の男子学生には大量の冊子が送付されてくる一方，非銘柄大学の学生や女子学生に送付された冊子数はずっと少ないものだったといいます。つまり，学校歴や性別といった背景特性によって企業から提供される求人情報や求職チャンスに格差がつけられていたのです。こうした差別化した扱いは大きな批判を受け，規制の対象となりました（福井［2016］）。

　インターネット技術の普及を背景として，2000年前後から，学生と企業をつなぐ役割は就職情報サイトに引き継がれます。リクルートキャリアが運営する「リクナビ」という就職情報サイトは，大学生の就職・採用活動のプラットフォームとして大きな役割を担っています。リクナビの前身であるRecruit Book on the Netが開始されたのは就職協定の最終年である1996年のことでした。エントリー受付などの双方向のやり取りもできるようになり，就職情報サ

イトへの登録が就職活動のスタートラインとなっていきました。

② ブローカーの役割と就職・採用活動の問題

　社会学者のロナルド・バートは，交流がない集団同士を結びつけることができるポジションを「構造的空隙（structural hole）」とよび，この位置を占める個人や組織（ブローカー）は，集団同士を橋渡しすることから利益を得ることができると指摘しています（Burt［1992=2006］）。橋渡しから得る利益には，情報の流れを仲介する情報利益と，関係をコントロールすることで生じる統制利益があります。就職情報サイトを運営する企業は，求人企業の情報を学生に提供したり，企業と学生が情報のやり取りをするコストを下げたりすることでマッチングの精度を高め，利益を得ていると考えられます。

　このようにブローカーの役割は大変重要なものですが問題を生じさせることもあります。2019年にリクルートキャリアは，学生の承諾を取らずに「内定辞退率」を算出して企業に販売した問題で，個人情報保護委員会から是正勧告を受けました。これは不適切な手続きによって情報利益を得たことが問題になった事例といえます。

　さきほど述べたように，学生の背景特性にもとづいて求人情報を差別化することはかつて批判の対象となりましたが，近年の就職情報サイトでは差別化しないことが「大量応募・大量選考」の問題を生じさせています（平野［2011］）。こうしたサイトには複数の企業に一括でエントリーできる便利な機能が備わっており，人気企業に大量のエントリーがなされます。大量エントリーはスクリーニングコストを増大させるため，企業はエントリーシートの記述量を増やすなどの形で学生が応募するコストを上げようとします（香川［2020］）。たくさん書かされる学生も，たくさん読まされる採用担当者も，ともに疲弊してしまいます。

　学生の就職活動が定型化され，似通ったものになるという問題も挙げられます。濱中義隆は「インターネットの就職支援サイトや市販の就職マニュアル本をみれば，いつ頃，どのような活動を行うべきなのか，就職活動の成功の秘訣は何かなど」が記載されていると指摘しています（濱中［2007］）。大卒就職が商業化され，マニュアルなどが流通することで，学生の就職活動が同型化して

いる可能性は確かにあるでしょう。就職情報サイトに関しては情報提供にとどまらず，サイトのオープン日を通じて就職活動のタイミングを同期させる役割も果たしています。じつは似通っているのは企業の採用活動も同様です。企業向けの採用支援サービスは企業の採用行動の「標準」化に役立っていると考えられます（服部［2016］）。

（2）「就職氷河期」と「生まれ」による不運

① 世代効果の問題

　バブル崩壊は「失われた20年」とよばれる長く続く景気低迷期をもたらしました。1990年代の不況期に学校を卒業した世代はとりわけ厳しい就職活動を強いられ，その後も労働市場で不利な状況に陥っており，「就職氷河期世代」や「ロスト・ジェネレーション」とよばれています。

　不況期に学校を卒業した世代が他の世代よりも経済的に不利な状況に陥る現象は「世代効果」として研究されています（太田［2010］）。世代効果の研究によると，学校を卒業した時点の景気の悪化が長期的に賃金を減少させたり，就業しにくくさせることが分かっています。賃金や就業率はその時点の景気動向の影響を受けますが，学校を卒業した時点の景気からも持続的な影響を受けることが注目されているのです。

　一時的なショックが持続的な影響をもつ背景には一体何があるのでしょうか。日米の比較研究によると，世代効果はアメリカよりも日本で強く現れており，良好な就業機会を新卒時に集中させる日本の労働市場の特徴が，世代効果を強く発現させる可能性が示唆されています。新卒時に就職できなかったり，たとえ就職しても労働条件が良くない会社であったり，非正規社員であったりすると，そうした状況から脱出するのに時間がかかってしまうのです。

② 「生まれ」が配分する不運

　日本において学校を卒業する年は生まれた年でおおむね決まります。世代効果の理不尽さは生まれた年という個人が選んだり変えたりすることができない要因が職業キャリアを大きく左右することにあります（太田［2010］）。学校を卒業する年の景気が悪いのは不運なことですが，不運をその世代に集中的に配

分するのは新卒採用ですから制度的な要因によって生じる現象なのです。

　「就職氷河期」の問題は過ぎ去った過去の出来事とはいえません。経済環境の悪化によって第二，第三の就職氷河期世代が生まれる可能性があります。2020年4月には，新型コロナウイルスの感染拡大を防ぐために政府は緊急事態宣言を発令し，不要不急の外出を控える要請がなされました。企業の経済活動の停滞がこのような時期に卒業する学生の職業キャリアに影響を及ぼすことが危惧されます。

4　横並び型「シューカツ」のゆくえ

（1）新卒採用の現在

　現在，「新卒」というカテゴリーに関しては，卒業後3年以内の既卒者を新卒扱いするよう企業に求める告示（「青少年の雇用機会の確保及び職場への定着に関して事業主，特定地方公共団体，職業紹介事業者等その他の関係者が適切に対処するための指針」）が厚生労働省によって定められています。

　経済界からも同様の提言がなされています。経済同友会が2016年に提唱した「新卒・既卒ワンプール／通年採用」では，新卒採用による「ワンチャンス就活」を是正し，在学中の学生の学びを尊重するため，①大学卒業後に就職活動を開始することを念頭に置き，既卒者を通年で採用する方法，②新卒一括採用の枠組みに既卒者（原則，学部卒業後5年程度の者）を組み込んで新人として採用する方法（新卒・既卒ワンプール）を提案していました。

　実際の企業の取り組みはどうでしょうか。労働政策研究・研修機構が2017年に行った「企業の多様な採用に関する調査」によると，新規大卒採用を行う企業において，既卒者を対象としない企業は27.9％である一方，既卒者を対象とする企業は60.7％にのぼります（労働政策研究・研修機構［2018］）。卒業後に就職活動を開始する学生を新卒として採用する用意がある企業は着実に増えているといえるでしょう。海外留学を終えて帰国した学生に対して「応募の締め切りを複数設けている，あるいは定めていない」といった考慮をしている企業も29.1％存在しています。通年募集や秋季募集を取り入れる企業も最近は増加しています。

（2）新卒採用を変えるには？

　従来の日本の新卒採用では「いつから働くか」に関する学生の選択肢が極めて少なく，卒業と同時に働くことを前提としたスケジュールに従って就活することが「デフォルト」となっていました。「なぜ就活をしないといけないのか」という問いかけは，1人ひとりの人生設計やキャリアデザインが尊重されず，横並びの就活を強制されることへの違和感の表明だといえるでしょう。

　近年は新卒採用に既卒者を組み込む企業や採用時期を多様化させる企業が増えており，若者の学びや試行錯誤を支援する流れができつつあります。「いつから働くか」に関する学生の選択肢は確実に増えているといえるでしょう。イントロダクションに登場した後輩Aさんのように働く前にいろいろな経験を積みたいと考えている若者や，後輩Bさんのように自分のペースで就活をしたい若者にチャンスが拡がっています。多くの企業は自社のウェブサイトに採用条件を掲載しています。読者の皆さんも気になる企業を調べてみてください。新卒採用のこれまでの常識に惑わされず，自分の人生とキャリアを考えることが何よりも重要です。

　新卒採用が変わるためには企業の側が変わるだけでは十分ではありません。従来どおりの選択をする若者が多ければこれまでの新卒採用の「デフォルト」が再生産されるでしょう。反対に，新しいチャンスを積極的に活用する若者が増加すれば，卒業と同時に入社する人もそうでない人も，社内に当たり前に存在する企業が増えていくことでしょう。イントロダクションにあった「僕は自分のペースで通年採用に応募しようかな」というのも1つの選択肢です。日本社会の「デフォルト」は個人の選択によって更新される可能性に開かれているのです。

（福井康貴）

📖 ブックガイド

濱口桂一郎［2013］『若者と労働―「入社」の仕組みから解きほぐす』中央公論新社

　「ジョブ型」社会と「メンバーシップ型」社会という理念型を軸に，日本社会の「入社」のしくみや若年雇用問題を解説し，問題解決のための処方箋を提示しています。若者の労働について考える最初の1冊としてお勧めします。

福井康貴［2016］『歴史のなかの大卒労働市場―就職・採用の経済社会学』勁草書房
　　学生と企業のマッチングのしくみという観点から明治時代から現代までを対象に大卒労働市場の形成プロセスを明らかにした著作です。

＼ 参考文献 ／

海老原嗣生［2016］『お祈りメール来た，日本死ね―「日本型新卒一括採用」を考える』文藝春秋

太田聰一［2010］『若年者就業の経済学』日本経済新聞社

香川めい［2020］「就職情報誌から就職情報サイトへの移行がもたらさなかったもの」『日本労働研究雑誌』716：111-121

苅谷剛彦［1991］『学校・職業・選抜の社会学』東京大学出版会

―――――［1995］『大衆教育社会のゆくえ―学歴主義と平等神話の戦後史』中央公論新社

苅谷剛彦・菅山真次・石田浩編［2000］『学校・職安と労働市場』東京大学出版会

今野浩一郎・佐藤博樹［2002］『人事管理入門』日本経済新聞社

菅山真次［2011］『「就社」社会の誕生―ホワイトカラーからブルーカラーへ』名古屋大学出版会

田中宣秀［2007］「理想の就職採用像を追求するために大学・企業は何をなすべきか―現在の就職活動を鑑みて」『生涯学習・キャリア教育研究』3：9-17

豊永耕平［2018］「出身大学の学校歴と専攻分野が初職に与える影響の男女比較分析―学校歴効果の限定性と専攻間トラッキング」『社会学評論』69（2）：162-178

日本労働研究機構［1994］『大学就職指導と大学生の初期キャリア（その二）―35大学卒業者の就職と離転職（調査研究報告書No.56)』

日本労働研究機構［2001］『日欧の大学と職業―高等教育と職業に関する12ヵ国比較調査結果（調査研究報告書No.143)』

服部泰宏［2016］『採用学』新潮社

濱口桂一郎［2013］『若者と労働―「入社」の仕組みから解きほぐす』中央公論新社

濱中義隆［2007］「第1章　現代大学生の就職活動プロセス」小杉礼子編『大学生の就職とキャリア―「普通」の就活・個別の支援』勁草書房

平野恵子［2011］「企業からみた学力問題―新卒採用における学力要素の検証」『日本労働研究雑誌』614：59-70

福井康貴［2016］『歴史のなかの大卒労働市場―就職・採用の経済社会学』勁草書房

本田由紀［2005］『多元化する「能力」と日本社会―ハイパー・メリトクラシー化のなかで』NTT出版

三菱UFJリサーチ＆コンサルティング［2014］『「諸外国の働き方に関する実態調査」報告書』

山下充［2008］「人事部」仁田道夫・久本憲夫編『第6章　日本的雇用システム』ナカニシヤ出版

労働政策研究・研修機構［2018］『企業の多様な採用に関する調査（JILPT調査シリーズNo. 179)』

Burt, R. S.［1992］*Structural Holes: The Social Structure of Competition*, Harvard University Press.（安田雪訳［2006］『競争の社会的構造―構造的空隙の理論』新曜社）

Jacoby, S. M.［2005］*The Embedded Corporation: Corporate Governance and Employment Relations in Japan and the United States*, Princeton, Princeton University Press.（鈴木良始・伊藤健市・堀龍二訳［2005］『日本の人事部・アメリカの人事部―日米企業のコーポレート・ガバナンスと雇用関係』東洋経済新報社）

North, D. C.［1990］*Institutions, Institutional Change and Economic Performance*, Cambridge University Press.（竹下公規訳［1994］『制度・制度変化・制度成果』晃洋書房）

Watts, D. J.［2011］*Everything is Obvious: *Once You Know the Answer*, Crown Business.（青木創訳［2012］『偶然の科学』早川書房）

《参考ウェブサイト》

日本経済団体連合会「2018年度新卒採用に関するアンケート調査」https://www.keidanren.or.jp/policy/2018/110.pdf（2023年7月10日現在）

「2020年度卒業・修了予定者の就職・採用活動日程に関する考え方」https://www.cas.go.jp/jp/seisaku/shushoku_katsudou/index.html（2023年7月10日現在）

経済同友会「「新卒・既卒ワンプール／通年採用」の定着に向けて」https://www.Doyukai.or.jp/policyproposals/articles/2015/pdf/160328b.pdf（2020年3月15日現在）

第5章

異動や昇進はしなくてはいけないのか

イントロダクション

　　大学を去年卒業したゼミの先輩がゼミに訪問してくれたので，ゼミの後に話をした。自分は今大学2年生なので，来年からの就職活動のことも少し考えなくてはいけない。その参考にしようと思って，仕事についてどんな感じか先輩に尋ねてみた。

　　先輩がいうには，最も希望した部署には配属されなかったという。今後もどの部署に異動するか分からない。それでも今は大都市での勤務で，大学の時からの友達も多くいてすぐに会えるし，便利でいい。よく知らない所には転勤したくないとのこと。

　　先輩としては，入社前は昇進にはあまり興味はもっていなかったけど，今は，新人社員研修で一緒だった同期の人たちに後れをとりたくない。出世するには，転勤も必要と聞いたから，やがては遠くの勤務先にも異動しなくてはいけないのかもしれないという。

　　今度，上司との面談があって，今後のキャリアについての希望を話すようにいわれたけど，何をいったらいいのか分からない。そんな悩みがあるとのことだった。

　　特に異動や昇進について，先輩にはいろいろ気になることがあるようだ。自分としては，まだ先のことでもあるし，異動や昇進といってもあまりイメージがわかない。

　　先輩は，昇進や異動をしなくてはというような口ぶりだったけれど，そもそも昇進や異動はしなくてはいけないのだろうか。深刻そうに話していたけれど，異動や昇進について，そんなに真剣に考える必要があるのだろうか。

73

1　昇進・異動をめぐる企業と人

（1）昇進とは何か

① ランキングのしくみ

　昇進と異動について考えるうえで，それぞれの内容を明確にしておきましょう。まず昇進は，組織のなかの上下関係に関わる用語です。企業や政府などの組織は，ふつう，雇用する社員（働く人）に上下関係をもうけます。上下関係のない対等な関係のみでは，うまく組織が回らないからです。組織のなかでの社員のランキングのしくみです。

図表5-1 ▶「仕事のランキング」と「人のランキング」

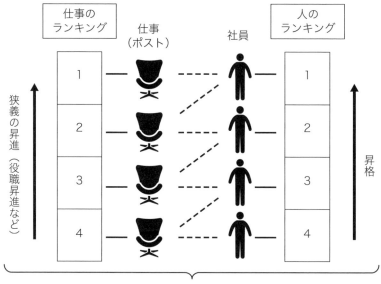

　ランキングのしくみには，大きく分けて2つのタイプがあります。ひとつは，組織のなかの「仕事のランキング」により社員の上下関係を決めるやり方です。企業の組織には，「社長―部長―課長―係長――般社員」といった役職の上下

関係があります。このほか，専門的で難しい仕事を一般的で容易な仕事よりも上位に置くような，仕事の上下関係もあります。いずれも組織にとっての仕事の価値にもとづくいわば「仕事のランキング」と見ることができます。そしてこうした「仕事のランキング」をもって社員のランキングとします。どのランクの仕事に就くかで社員のランクが決まるしくみです。

　もうひとつは，このような仕事の上下関係とは直接関係なく，年齢や組織に勤めている期間の長さ（勤続年数）や，仕事に関わる能力の高さといった，人のもつ特性に従って，各人にランクを決めるしくみです。各人の特性をもとに直接，社員のランキングを行ういわば「人のランキング」です。

②　広義の昇進と狭義の昇進

　さて昇進の話に戻ると，広義の昇進は，このように「仕事のランキング」や「人のランキング」において，社員のランクが上がることを指します。少し話が複雑になるかもしれませんが，ここで「広義の」としたのは，「仕事のランキング」でランクが上がることのみを「昇進」と呼ぶことがあるためです（狭義の昇進）。役職のうえでの昇進（役職昇進）などがこれに相当します。この場合，「人のランキング」でランクが上がることは，「昇格」と呼んで，狭義の昇進とは区別します（図表5-1を参照してください）。

　本章では，このような昇格も含む広義の昇進について考えます。日本の企業の多くは，「仕事のランキング」と「人のランキング」をともにもちます。そして，社員にとって大きな関心事となる，毎月支払われる賃金（基本給）は，主に「人のランキング」に連動して決まります。また，「人のランキング」上で管理職相当のランクに昇進（昇格）した社員の中から，「仕事のランキング」上で，これに対応する管理者としての役職へと昇進（役職昇進）する社員が選ばれます。それゆえ日本企業の昇進について考えるには，「人のランキング」における昇格を視野に入れることが重要です。

　アメリカやイギリスなどの企業では，「仕事のランキング」のみがあり，賃金はこれと連動して決まります（笹島［2008］；須田［2004］）。並行して「人のランキング」がもうけられることは一般的ではないようです。したがって「仕事のランキング」に加えて「人のランキング」をもち，いわば「2重のラ

ンキング」があることは，他国の企業と比べた日本企業の特徴と見ることができます。

（2）異動とは何か

　異動は，人が，異なる仕事や職場，事業所へと，担当する仕事や働く場所を変更することを指します。配置転換とも呼ばれます。仕事や職場，事業所の間で，組織における人の配置をまさに転換するためです。異動にともない，より上位の仕事を担当するようになるかたちで，昇進（役職昇進）が行われることもあります。

　なお異動に近い用語として，転勤があります。ただし転勤は，勤務地の変更をともなう異動を指します。ですから，異動により同じ事業所内で職場が変わっても，転勤になりません。転勤は異動の特殊ケースです。

（3）昇進と異動を見る視点

　昇進と異動は，企業などの組織が人の管理（人事管理）を行うために行われます。したがって企業などの組織にとって昇進や異動は人事管理の手段です。

　同時に，昇進と異動は，働く人のキャリアに関わります。ここでキャリアとは，仕事の経歴です。どのようなキャリアを歩むかは，その時々の仕事のやりがいや働きやすさ，賃金などの報酬，人間関係などを左右します。そのため，各自は，これまでの自分のキャリアや現在の仕事を評価し意味づけたり，今後のキャリアについて展望や希望をもって仕事に取り組んだり，組織や上司に働きかけたりしています。

　そこで以下では，日本企業における昇進や異動の現状と変化について，人事管理を行う企業の視点と，働く人のキャリアの視点の双方から考えることとします。

2　長期雇用と昇進・異動

（1）昇進・異動と内部労働市場

① 企業の人材確保と昇進・異動

　企業にとって昇進や異動は，社外からの社員の採用とならんで，人材
（human resources）を得るための重要な手段です。ここで人材とは，組織に
とって有用な資源（resources）としての能力をもつ人を指します。

　ある仕事で活躍できそうな人材は，社内の他の職場や事業所にいたりします。
そうした人材を元の仕事から切り離して，その仕事に配置するのが異動という
ことになります。また，課長などの管理的な仕事であれば，係長などのより下
位の仕事に就く社員の中から，活躍できそうな人材を選んで配置します。この
場合，企業は昇進を通じて，仕事に必要な人材を得ることになります。

② 外部労働市場と内部労働市場

　別の見方をすると，異動や昇進を通じて，仕事と人材とのマッチング（組み
合わせ）が行われることになります。

　仕事と人材のマッチングが行われる場のことを労働市場といいます。ただし，
通常の労働市場は，企業の外にあります。そのため「外部労働市場」とも呼ば
れます。企業にとっては人材の採用を行う労働市場です。そこでは，賃金をシ
グナル（手がかり）にして，人材を求める企業と，仕事を求める人との間で取
引が行われます。その結果，仕事と人材のマッチングが成立します。経済学で
いう需要と供給の調整のプロセスです。

　これに対し，昇進や異動による仕事と人材のマッチングは，企業の内部で行
われます。このようなマッチングの場を，通常の労働市場（外部労働市場）と
区別して，「企業内労働市場」ないし「内部労働市場」と呼びます。

　内部労働市場は，外部労働市場とは異なり，企業が社員に対して昇進や異動
を命令する権限（人事権）としての権力や，ルールとしての人事制度にもとづ
いてマッチングが行われる点に特徴があります。そこには，経済学が主に想定
してきた労働市場（外部労働市場）の場合とは大きく異なり，権力や制度など

の社会学が重視する要因が作用しています。

　内部労働市場の発達は，先進諸国に共通した現象です。歴史的には，大きな企業が普及したことと関係しています。たとえば内部労働市場に関する古典的な研究は，1960年代に行われた調査をもとに，アメリカ企業において内部労働市場が広く存在することを明らかにしています（Doeringer & Piore［1971＝2007］）。

（2）昇進と社会的地位の達成
①　「遅い」選抜

　昇進や異動の特徴には，国ごとの違いもあります。まず昇進に関して見ると，技術職や営業職，事務職などのホワイトカラーと総称される職種について，昇進が広く行われていることは，先進諸国に共通です。

　しかし日本では，他の国と比べて，ホワイトカラーの昇進に関する「決定的」な選抜が，入社後しばらくたった遅い時期に行われることが知られています。「遅い」選抜と呼ばれる特徴です（小池［2005］）。

　このことは，すでに確認したように，日本企業では「人のランキング」と「仕事のランキング」という2重のランキングがあることと関連しています。たとえば，大学を卒業してすぐに，いわゆる「正社員」として入社した場合，ふつうしばらくは管理的な仕事には就きません。それでも，「人のランキング」のなかで，昇進（昇格）していきます。

　同じ年に入社した社員のグループを同期集団と呼びます。入社後しばらくは，同期集団の誰もが，同じタイミングで同じランクに昇格していきます（「同期同時昇進」）。しかし，やがて，上位のランクにより早く昇格する社員が選抜されるようになります（「同期時間差昇進」）。さらにしばらくすると，あるランクに昇格する社員と，そこにいつまでたっても昇格しない社員とが分かれるように選抜が行われます（「選別/選抜」）（竹内［2016］）。

　そして，このように昇進（昇格）のタイミングに差がついたり，より上位のランクに昇進しない社員が出てきたりする「決定的」選抜の時期が，入社後かなり遅くなってからやってくる点に，「遅い」選抜という日本企業の特徴があります。

　たとえばある調査では，昇進に差がつきはじめる時期の平均値はアメリカ企業では入社後3.42年であるのに対し，日本企業では7.85年でした。また同じ年に入社した社員のうち，より上位のランクへの昇進の見込みがなくなる社員が半数となるのは，アメリカ企業では入社後9.1年であるのに対し，日本企業では22.3年とかなり「遅い」時期となっています（佐藤［2002］）。

　こうしたちがいの背景として，アメリカ企業などで主に用いられる「仕事のランキング」では，管理的な仕事のポストが上位ほど少ないことから，早い時期から昇進に差がつきます。

　これに対し，日本企業で用いられる「人のランキング」では，課長相当や部長相当などの，役職上の管理者に対応する管理職相当のランクをもうけるのがふつうです。そして「人のランキング」上で，たとえば課長相当に相当するランクに昇格した社員の中から，「仕事のランキング」上にある課長の仕事に登用する社員が選ばれます。

　ただし，こうしたランクと役職との対応関係はゆるやかです。課長相当のランクに昇格しても，役職上の課長にならない人も出てきます。このようなしくみのもとでは，役職上の管理者のポストの数に直接，制限されることなく，「人のランキング」において，社員の入社後の長期にわたり昇進（昇格）に関わる選抜を行うことができるのです。

② 　社会的地位と動機づけ

　日本企業が，こうした「遅い」選抜のしくみを選ぶ大きな理由は，多くの社員に対して，長期にわたり，昇進に向けた仕事への動機づけを与えることにあります。

　これが可能なのは，多くの人にとって昇進が魅力的であるためです。その理由として，昇進は，「社会的地位」の上昇をともないます。社会的地位とは，権力や権威，収入の大きさなどで測られる社会における位置を指します。権力や権威，収入は，社会において希少な資源です。多くの人が手に入れたくても，なかなか手に入りません。そのぶんさらに魅力的に映ります。

　すなわち昇進すると，指示を出す部下が増えたり（権力の側面），社内でエライとみなされたり（権威の側面），賃金が多くなったり（収入の側面）しま

す。昇進により，これら3つの側面について，魅力的な社会的資源を得ることができ，より高い社会的地位へと到達することができるのです。それゆえ多くの人にとって，昇進は魅力的に見えます。

そこで，企業としては，社員の仕事への貢献などを評価して，昇進時の選抜につなげるしくみをもうけます。これにより，昇進を目指す多くの社員から仕事への努力を引き出すことが期待できます。

③ 長期雇用と「遅い」選抜

ただし入社後の早い時期に，昇進に差をつけてしまうと，早い時期から，自分には昇進の見込みが小さいと考えて，昇進に向けた努力をやめてしまう社員が多く出てきかねません。

日本の企業は，長期雇用を特徴としており，多くの社員が長い年数にわたり勤め続けます。そのため「早い」選抜の場合，企業は，昇進による動機づけをもたなくなった社員を長い期間，雇い続けることになってしまいます。

こうした事態を避けるために，日本企業では，「遅い」選抜のしくみを選び，多くの社員が長い勤続期間にわたって，昇進に向けて努力するようにしていると解釈できます。このほか「遅い」選抜では，長い時間をかけて複数の上司（評価者）が社員への評価を積み重ねることになります。これにともない，特定の上司による評価の偏りや恣意的な評価の影響を小さくして昇進を判断できます。それゆえ，「遅い」選抜は，管理者や専門的仕事などのポストで活躍する社員を公正に見極めて選抜するうえでも利点があります。

とはいえ，他方で「遅い」選抜では，「早い」選抜の場合のように優秀な一部の社員を早期に管理者に抜擢し，早くから管理者として重点的な教育訓練を行うことができません。それゆえ，効率的に将来の経営層を育成することがむずかしい面もあるとされます。

（3）「柔軟」な異動

① 人のランキングと「柔軟」な異動

次に異動について見ることとしましょう。日本企業では，企業が異動を「柔軟」に行う点に，他の先進諸国と比べた特徴があります。ここで「柔軟」とは，

企業が，大きな権限をもって，社内にある様々な職場や仕事に人を異動させる自由度が高いことを指します（第7章ではこれを「機能的柔軟性」という言葉を用いて説明しています）。

　アメリカやイギリスなどの企業で主に用いられる「仕事のランキング」では，仕事を変更することが，社内でのランクが変わることにつながります。そのため，特にランクの下がる仕事への異動は，社員の抵抗から困難になります。

　また「仕事のランキング」では，仕事のランクに応じて支払われる賃金の部分が大きくなります。そのため，「この仕事のために雇われている」というように，社員は担当している仕事との結びつきを強く意識すると考えられます。このことも「柔軟」な異動を妨げる要因となります。

　これに対し日本企業では，「人のランキング」のもと，賃金の変更をともなうことなく「柔軟」な異動を行うことができます。また「人のランキング」は，勤続年数や能力などに応じた各人の企業内での序列として決まります。これにともない社員には，「この仕事のために雇われている」という意識よりも，「この会社に雇われている」という意識がより強まると考えられます。こうした意識は，企業内での「柔軟」な異動を社員が受け入れやすくします。

②　社内公募制度と異動

　もちろん，「仕事のランキング」のもとでも，異動は行われます。たとえば，筆者の調査したイギリスのある百貨店では，仕事のポストが空くと，社内誌などにその空席が掲示されます。社員はその情報を見て，その仕事に就きたいと思えば異動を申請します。受け入れ先の職場の管理者が，その社員を評価し，受け入れを決めます。その結果，異動が行われます。社内公募制度のしくみです（佐野［2021］）。

　しかし社内公募制度では，異動が社員の希望にもとづくため，社内の空席が埋まらないこともあります。企業の権限で異動を行う日本企業と比べて，異動の「柔軟」さの程度は低くなります。そのぶん，企業は仕事の空席を埋めるために採用に頼る程度が高くなります。

③　雇用保障と「柔軟」な異動

　日本企業で「柔軟」な異動が行われる理由として，もうひとつ，先ほども述べたように，長期雇用を大事にしていることが挙げられます。企業業績がたとえ悪くなっても，なるべく解雇（雇用関係を終了すること）は行わず，雇用を保障することが広く企業の方針とされています。このような雇用保障は，社会に共有された規範ともなっています。そして，企業が「柔軟に」異動を行うことは，雇用保障の条件と考えられています。

　というのも，業務量に対して要員（社員の人数）が余っている仕事や職場から，要員の足りない仕事や職場へと社内で社員を異動させることで，企業は解雇を行うことなく，業務量に合わせて要員の調整（これを雇用調整といいます）を行うことができます。その際，異動を社員の希望に任せていては調整が困難となるため，「柔軟」な異動が必要とされるのです。

　こうしたなか日本では社会的にも，企業が社員に対して異動を命令する強い権限をもつことが受け入れられています。裁判所の判断（判例）も，企業が異動を決める強い権限をもつことを支持する傾向にあります。

　大企業を中心とする多くの日本企業で，異動を決定するのは，本社にある人事部の役割です。本社人事部が異動に関して強い権限をもつことも，日本企業の特徴となっています。そうした強い権限をもとに，「柔軟」な異動が行われています（山下［2008］）。

④　「柔軟」な異動とキャリア

　「柔軟」な異動は，このように雇用保障の前提となります。このほか異動を通じて，社員に社内の様々な仕事や職場を経験させることは，社員の仕事に関する能力（技能）を高めることにつながります。幅広い仕事の経験が技能の幅を広げるのです（小池・猪木編著［2002］）。企業は「柔軟」な異動を通じて，社員の人材としての育成（人材育成）につなげています。

　こうした雇用保障や人材育成は，企業にとって，有用な人材を長く活用するための手段と位置づけられます。同時に，雇用が安定し，技能を伸ばして活躍する機会があることは，社員のキャリアにとっても良い面があります。これは，社員が「柔軟」な配置転換を受け入れる理由ともなります。

3　昇進・異動の変化と企業内キャリア

（1）様々なキャリア志向

① キャリア志向の主なタイプ

　社員各人の今後のキャリアに関する希望を「キャリア志向」といいます。たとえば，「仕事を広く経験してやがては管理職になりたい」というのもキャリア志向のひとつです。日本企業では，「遅い」選抜のもと，多くの社員が長期にわたり昇進への期待をもてることから，このような「管理職志向」をもつ社員が少なくありません（稲上［1981］）。

　このほか「特定の分野の仕事で専門性を高めていきたい」という「専門職志向」型のキャリア志向をもつ人もいます。また，「仕事にはあまり希望はないけれど，地域や家庭などでの仕事以外の活動と両立しやすい働き方をしたい」というような「ワーク・ライフ・バランス志向」型のキャリア志向もあります。ここでワーク・ライフ・バランス（Work Life Balance = WLB）とは，仕事と仕事以外の生活を両立しやすい状態を指します。

② キャリア志向の変化と昇進・異動

　近年では，管理職志向に代えて，専門職志向やワーク・ライフ・バランス志向（以下ではWLB志向と表記します）をもつ社員が増えてきています（佐野［2015］）。このうち特にWLB志向の社員の増加は，家事や育児など家庭責任を大きく負担することの多い女性の社員が増えてきたこととも関連します。もちろん男性の中にもWLB志向は広がっています。

　このようなキャリア志向の変化は，昇進による動機づけや，「柔軟」な異動に影響を与えます。たとえば，管理職志向ではない社員にとって，昇進はそれほど魅力的ではありません。そのため昇進による動機づけの効果が小さくなります。

　また専門職志向の社員は，担当する仕事の種類にこだわりがあるので，営業職から事務職へなどといった，仕事の種類（職種）の変更を望まない場合が多いと考えられます。そして希望しない職種への異動は，仕事意欲の低下や離職

につながりかねません。

　このほか転勤となると，社員は子どもの通う学校や近所づきあいのある現在の地域から離れたり，単身赴任で家族と離れて生活したりすることがあります。とりわけWLB志向の社員にとっては受け入れづらいことでしょう。

　このように，管理職志向に代えて，専門職志向やWLB志向などのキャリア志向をもつ社員が増えることは，昇進による仕事への動機づけの効果を小さくしたり，「柔軟」な異動を困難にしたりする面があります。

（2）昇進機会の減少

①　組織の「フラット化」の影響

　それでも管理職志向の社員にとっては，昇進の機会があることが，希望するキャリアにとって大事な条件となります。また，専門職志向やWLB志向の社員の中にも，優先順位は低いものの，昇進への関心がないとはかぎりません。

　しかし企業組織の変化は，昇進機会を減少させる傾向にあります。というのも近年，企業は，組織の階層を減らす傾向にあるからです。たとえば，これまで「部長―副部長―課長―課長補佐―係長―一般社員」という階層があった組織を「部長―課長―一般社員」というように，間にある役職をなくす変更が行われています。「フラット化」と呼ばれる組織の変更です（横田 ［1998］）。

　このように組織の階層を少なくすることで，組織の上下間での情報伝達を速くして意思決定を迅速にしたり，下位の管理者により大きな権限を与えたり，管理者を減らして人にかかる費用を小さくしたりすることが目指されています。

　しかし他方で，組織の階層が減ることは，「仕事のランキング」において，上位のランクの仕事の数を減らし，昇進の機会を小さくすることになります。

②　高齢化の影響

　「人のランキング」では，「フラット化」により管理的な仕事の数が減っても，昇進（昇格）に直接の影響はありません。仕事ではなく，社員の能力の高さなどがランキングを決めるからです。

　しかし「人のランキング」上のランクは賃金に反映されます。そのため，上位のランクにある社員が多いほど，企業にとって賃金の支払いにかかる費用の

負担は大きくなります。近年では，社員の勤続年数が伸びて，年齢の高い層の比率が高くなる傾向も見られます。そのぶん，能力を高めて上位のランクに位置づけられる人が増えがちとなります。これにともない企業の費用負担が増します。

　そこで，企業としては，「人のランキング」でも，上位のランクに昇進（昇格）する基準を厳しくしたり，昇進（昇格）できる人の数を限定したりして，上位のランクでの社員数の増加を抑えようとしています。これにより，賃金にかかる費用の負担を軽減できます。しかし他方で，昇進（昇格）の機会はやはり小さくなります。

③　限定正社員と昇進の機会
　さらに企業は，上で見たようなキャリア志向の変化に合わせて，従来の正社員とは異なるタイプの正社員の働き方を用意するようになっています。「職種限定正社員」や「勤務地限定正社員」，「短時間正社員」などがこれにあたります。

　このうち「職種限定正社員」は，担当する仕事の範囲が特定の職種（営業職や技術職など）に限定されます。「勤務地限定正社員」は，異動の範囲が転勤をともなわない範囲などに限定されます。短時間正社員は，働く時間の短い正社員です。従来の正社員の働き方と比べ職種や勤務地，労働時間が限定されているので「限定正社員」と総称されます。

　職種限定正社員は「専門職志向」，勤務地限定正社員や短時間正社員は「WLB志向」の社員のキャリア志向に対応する働き方と見ることができます。企業は，多様化した正社員のキャリア志向に合わせて，複数の働き方の選択肢を用意することで，人材の採用や定着につなげようとしています。

　ただしこれらの限定正社員の働き方は，通常の正社員と比べて，昇進できるランクに上限がもうけられることが多い働き方です。特に役職上の管理者に昇進するには，ある程度，幅広い職種や職場の経験が重要であるという考え方がその理由となっています。また「柔軟」な異動をいとわずに対応してきた社員には，昇進で報いるべきという考え方が根強くあることも理由として挙げられます。

4　昇進・異動とキャリアの選択

（1）自己選択型のキャリア

　社員の意思を異動に反映させる，いわば「自己選択型」の異動の制度を取り入れる企業が増えているのも，近年の変化です。自己申告制度や，先にイギリス企業の制度として紹介した社内公募制度などがそれにあたります。

　自己申告制度は，社員が上司に，今後の働き方や仕事といったキャリアに関する希望を自己申告カードなどに書いて申告し，それをもとに上司と今後のキャリアについて話し合う制度です。自己申告の内容は人事部にも情報共有されます。上司にあたる管理者や，人事部の担当者は，自己申告制度を通じて把握した社員のキャリアに関する希望を，各人の異動を決める際の参考にします。

　社内公募制度は，すでに紹介したとおりです。ただし日本企業では，企業の権限にもとづく「柔軟」な異動を行いつつ，並行して社内公募制度による異動を実施するケースも多いようです。

　総じて企業は，社員のキャリア志向が多様化するなか，昇進や異動などのキャリアに社員が自ら関わる余地を広げようとしています。これにより，社員に自らの仕事やキャリアに対する納得性をもたせようとしていると考えられます。企業が決めたというよりも，自分が選んだと思える仕事やキャリアのほうが，困難なことがあっても，納得してそれを乗り越えようという気持ちになりやすいでしょう。社員の仕事意欲の向上や企業への定着が期待できます。

（2）昇進と異動についての選択

　働く人の視点から見て，社内公募制度の導入などにともない，自らのキャリアに選択の余地が広がることは望ましいことです。とはいえ現状では，正社員として働く場合，「柔軟」な異動への対応を企業が求めることがまだ多いかもしれません。それでも転勤に関しては，親の介護など，社員の生活上の都合に配慮する企業は増えています。また限定正社員として入社時点から職種や勤務地を定めることのできる働き方も普及しつつあります。

　昇進に重きを置かないキャリアも可能です。むしろ本章で見たように昇進機

会の減少を背景に，特に管理職への昇進は，企業が社員に広く期待するもので
はなくなりつつあります。こうしたなか昇進をはたすには，社員の側の意識的
な取り組みがますます重要となっています。

　このような現状をふまえると，本章タイトルにある「異動や昇進はしなくて
はいけないのか」という問いへの答えは「いいえ」ということになるでしょう。
異動や昇進は，ますます働く人それぞれが選ぶべきこととなっているからです。

　そして異動や昇進に関する選択は，自身のキャリアと生活に大きな影響をあ
たえます。その際，たとえば異動に関して特定の職種や勤務地にこだわること
が，昇進の機会を小さくすることもあります。ですから何を優先したいかにつ
いて，自分の意思を明確にすることが重要です。イントロダクションでの学生
の疑問に答えると，異動や昇進は，まさに各人が「真剣に考える」べきことと
なっています。

（佐野嘉秀）

 ブックガイド

**佐藤博樹・藤村博之・八代充史著［2019］『新しい人事労務管理　第 6 版』有
斐閣アルマ**
　人事管理の視点から異動や昇進についてより詳しく理解するのに向いています。

**佐野嘉秀［2021］『英国の人事管理・日本の人事管理—日英百貨店の仕事と雇
用システム』東京大学出版会**
　日英比較の視点から，両国の企業での異動と昇進を含む人事管理の相違につい
て，企業事例に即して体系的に理解できます。

参考文献

稲上毅［1981］『労使関係の社会学』東京大学出版会

小池和男［2005］「第 3 章　大卒ホワイトカラーの人材開発」『仕事の経済学』（第 3
　版）東洋経済新報社

小池和男・猪木武徳編著［2002］『ホワイトカラーの人材形成—日米英独の比較』東
　洋経済新報社

笹島芳雄［2008］『最新アメリカの賃金・評価制度—日米比較から学ぶもの』日本経
　団連事業サービス

佐藤博樹［2002］「第10章　キャリア形成と能力開発の日独英比較」小池和男・猪木

　武徳編著『ホワイトカラーの人材形成―日米英独の比較』東洋経済新報社

佐野嘉秀［2015］「正社員のキャリア志向とキャリア」『日本労働研究雑誌』No. 655
　労働政策研究・研修機構

──────［2021］『英国の人事管理・日本の人事管理―日英百貨店の仕事と雇用シス
　テム』東京大学出版会

須田敏子［2004］『日本型賃金制度の行方―日英の比較で探る職務・人・処遇』慶應
　義塾大学出版会

竹内洋［2016］『日本のメリトクラシー（増補版)』東京大学出版会

山下充［2008］「第 6 章　人事部」仁田道夫・久本憲夫編著『日本的雇用システム』
　ナカニシヤ出版

横田絵理［1998］『フラット化組織の管理と心理』慶應義塾大学出版会

Doeringer, B. & Piore, J.［1971］*Internal Labor Markets and Manpower Analysis*,
　Cambridge.（白木三秀監訳［2007］『内部労働市場とマンパワー分析』早稲田大学
　出版会）

第6章

「転職・独立という選択肢」

🖥💬 イントロダクション

以下は国立N大学を卒業した3人が就職してから3年ほど経った頃に開催した飲み会での会話である。

A：「じつは今悩んでて。ずっと今の会社で勤め続けるという想像ができないんだよね」

B：「内定もらったときあんなに喜んでたじゃない。何かあった？」

A：「自分がやりたかった仕事って，こういうものだったのかなって」

B：「そうか…。じゃあ転職を考えてるの？」

A：「そこまで具体的には考えていないんだけど。そもそも日本みたいな終身雇用の社会で転職することってあまりないと思うし」

C：「会社に不満があるなら辞めちゃっていいんじゃないの？」

A：「そう簡単に転職なんてできないでしょう？」

B：「そういうCはどうなの」

C：「僕？　僕は今の会社に不満はないし，仕事も楽しいよ。できればずっとこの会社で働きたいと思ってる」

A：「それが一番いいよね。私の場合いっそのこと起業しちゃえば自分の思い通りの仕事ができるかもしれないな」

1　会社を辞めるという選択

　読者の中には，日本企業は「終身雇用」であり，卒業後に入社した会社で定年まで働き続ける人が多いと考えている人がいるかもしれません。厚生労働省の「賃金構造基本統計調査」の「標準労働者」の定義も「学校卒業後直ちに企

業に就職し，同一企業に継続勤務している労働者」です。しかし，ここでいう「標準労働者」のキャリアはじつはそれほど標準的ではありません。

新卒者が早期離職する状況を「七・五・三」現象とよぶことがあります。これは就職後3年以内の離職率が，中卒では7割，高卒では5割，大卒では3割であることを示す言葉です。日本では大学を卒業してすぐに正社員として働ける環境がありますが，就職したうちの3人に1人は3年以内にその会社を辞めているのです。

若年層の早期離職を背景として「第二新卒」を採用する企業も増えています。早期離職する若者の中には，高いポテンシャルがあるものの，会社や仕事とのミスマッチによって離職した人がいると考えられるため，中途採用ではなく新卒採用に準ずる採用枠を用意している企業があるのです。

別の会社に雇われるのではなく，自営業を営んだり，自ら会社を起こしたりと，独立して働くという選択肢もあります。雇用されずに働く生き方については，そうした働き方が主流になる社会の到来を期待するものも含めて，これまで様々に論じられてきました。

最近ではダニエル・ピンク（Daniel H. Pink）が，アメリカ社会を象徴する人物が「オーガニゼーション・マン」から「フリーエージェント」に変化したと主張しました（Pink［2001=2002］）。「オーガニゼーション・マン」とは，大組織に雇用され，組織のために個性や個人の目標を押し殺す代償として，安定した雇用と収入を約束される人物です。もう一方の「フリーエージェント」は「インターネットを使って，自宅でひとりで働き，組織の庇護を受けることなく自分の知恵だけを頼りに，独立していると同時に社会とつながっているビジネスを築き上げた」人々です。

多様な就業形態による短期の仕事（ギグ）を組み合わせて働く「ギグ・ワーカー」や，そうした労働からなる「ギグ・エコノミー」も注目を集めています（Mulcahy［2016=2017］）。ギグ・エコノミーのサービスとしては，Uberのような ICT を利用した配車サービス，プロジェクト単位で実施されるウェブデザインやシステム開発の仕事などがあり，インターネットの普及やアウトソーシングの広がりに伴って存在感を増しています。

本章では，高度経済成長期と安定成長期以降に分けて，戦後日本の転職と独

立の動向を整理します。後半では転職や起業を考えるうえで役立つ社会学の考えを紹介し，イントロダクションのＡさんのお悩みについて考えます。

2　高度経済成長期の転職と自営業

（1）産業構造の変化と非農林自営業

　高度経済成長期は日本経済が大きく成長した1950年代前半から70年代前半までの時期を指します。この時期に日本の産業構造は大きな変化をとげました。「労働力調査」によれば，第一次産業の割合は1950年の48.3％から1975年の13.9％へ劇的に減少する一方，製造業を中心とする第二次産業が1950年の21.9％から1970年の34％まで上昇しています。

　農林漁業従事者が減少するなかで工業や商業など非農林部門の自営業は増加しています。国勢調査によれば，1950年に536万人だった自営業主・家族従業者数は，50年代に134万人増，60年代には216万人増と伸びつづけ，1980年には1009万人に達しています（鄭［2000］）。

　独立開業や新規参入の多くは孤立分散して行われるのではなく，東京都大田区や大阪府東大阪市などの産業集積を舞台に展開されました（沢井・谷本［2016］）。産業集積が独立開業を促し，新規参入が産業集積を維持・発展させる好循環が高度経済成長期にはみられました。この時期に新規参入した自営業主は，中小企業で働いた経験のある20代から30代が主流となっています（清成［1970］）。総務省の「就業構造基本調査」によれば，1961年から62年に新規参入した自営業主（非農林業・男子）の年齢は20代と30代をあわせて63.5％であり，新規参入業主の主流は若年層でした。1969年の国民金融金庫による調査で明らかになった業主の前歴は「同業中小企業従業員」が63.3％で最も多く，「異業中小企業従業員」「家業からの独立」を加えると全体の80.6％を中小企業の出身者が占めていました。

　自営業で開業するためには，専門知識や技能などの人的資本や開業資金（経済資本），取引先との人的な関係（社会関係資本）などの様々な資本が必要になると考えられます。自営業を始めるまでの職業キャリアはそうした資本を蓄える期間になっていました（鄭［2002］）。また，一度自営業になるとその後職

業を変えることはあまりなく，自営業は職業キャリアのゴール（到達職）の1
つになっていました（原［1979］）。

（2）高度経済成長期の転職動向

　第二次・第三次産業が多くの労働者を吸収することで，日本は雇用者を中心
とする社会に大きく変貌していきます。同時に，工場や会社が立地する都市に
向けて，農村からの大規模な地理的移動も生じます。都市の人口は若年人口を
中心に増加し，都市的生活様式が若い人を中心に普及していきました。

　図表6-1は転職希望者比率（有業者に占める転職希望者の割合）と転職者
比率（1年前の有業者に占める転職者の割合）の推移を示していますが，第一
次石油危機の翌年である1974年の前後でおおきなちがいが生じていることがわ
かります。1974年までは転職希望者と転職者の比率が近い値をとっており，高
度経済成長期は転職希望に見合った規模の転職がじっさいに起きていた時期
だったことがわかります。その後は転職希望者比率が実際の転職者比率を常に
上回りながら拡大しており，転職したいのに踏み出せない人々の多さを物語り
ます。

図表6-1 ▶転職希望者比率と転職者比率（1959～2012年）

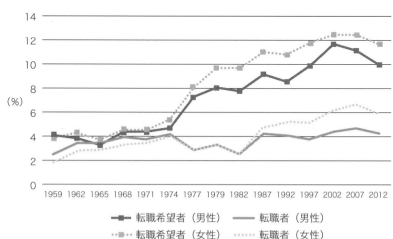

（出所）「就業構造基本調査」

　高度経済成長期の前半には期間を定めない雇用（無期雇用）の機会が転職者に広がりました（川口［2018］）。転職者（既就業者）に占める無期雇用の割合は，1956年の58.8％から1969年には73.0％となっています。新卒者（新卒未就業者）は1956年からすでに9割以上が無期雇用であり，市場への再参入者（一般未就業者）は約6割が無期雇用です。転職者には男性が多い一方，再参入者には女性が多く，有期雇用（「臨時日雇名義」）で雇われる者の半数以上が女性でした。

　入職率と離職率の高さは雇用の流動性を表す目安の1つですが，1960年代の入職・離職率は低下傾向にあります（川口［2018］）。会社都合による離職がほぼなくなった代わりに，企業は転職者の入職を抑制することで雇用を調整しました。また，労働力として新卒者のウェイトが高まっていくなかで，新規中卒・高卒者の就職先は，1950年代から60年代にかけて，中小企業が急速に減少し，大企業が大きく増加していきます（加瀬［1997］）。

　定期的に吸収される新卒者を核として，大企業を中心に雇用の安定性が高い正規雇用の世界が形成されていきます。その一方，新卒者を採用しにくくなった中小企業では，外部労働市場から人材を調達するため流動性が高くなります。さらにその周縁部には，流動性が一層高い日雇労働者や女性を中心とする有期雇用労働者からなる非正規雇用の世界が形成され，拡大していくことになります。

3　安定成長期以降の転職と自営業

（1）安定成長期以降における転職，自営，起業

① 転職をめぐる動向

　第一次石油危機以降，第二次産業が労働者を吸収する勢いが弱まり，第三次産業で働く人々が増加していきます。図表6-1でみたようにこの時期に転職希望者比率と転職者比率の差は拡大し，転職を考えながらも会社にとどまる人が増えていきます。図表6-2は20〜34歳の転職希望者比率と転職者比率の推移を示したものですがどの年齢層でも同様の傾向がみられます。たとえば2007年時点で，20代後半の20％が転職を希望していますが，じっさいに転職してい

図表6−2 ▶ 転職希望者比率と転職者比率（20〜34歳）

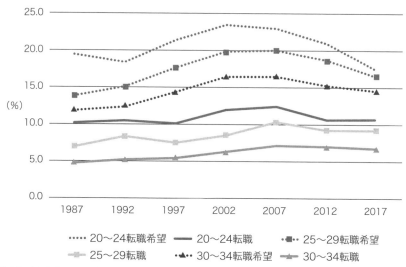

（出所）総務省「就業構造基本調査」

るのは10％にとどまります。

　転職希望者比率は，就職氷河期とよばれた1992年以降から高くなり，2000年代後半から低下しています。注目したいのはこの30年あまりの間に転職者比率が大きく変化していないということです。20代前半の最近の比率は30年前と同じ水準ですし，20代後半や30代前半も２％ポイントほどしか増えていません。転職者比率を指標とするかぎり，この30年間の転職動向は安定しているといえそうです。

　図表6−3では総務省の「就業構造基本調査」より，前職が正規の職員で2017年10月から１年間の間に離職した者の離職理由を年齢と性別を分けて示しています。

　非自発的離職（「会社倒産・事業所閉鎖のため」「人員整理・勧奨退職のため」）は50代で高く，壮年・高齢期の特徴といえます。これに対して若いときほど「労働条件が悪かったため」「自分に向かない仕事だった」といった自発的離職が多くなります。一度正社員になってから，改めて自分に適した仕事を探す人が一定数いることがわかります。また30代女性の12.6％が結婚，20.7％

図表6-3 ▶ 男女の離職理由

	20代		30代		40代		50代	
	男性	女性	男性	女性	男性	女性	男性	女性
会社倒産・事業所閉鎖のため	0.9%	1.9%	4.5%	4.2%	6.7%	5.8%	8.9%	8.5%
人員整理・勧奨退職のため	1.8%	0.6%	2.6%	1.7%	4.4%	2.8%	11.4%	4.8%
事業不振や先行き不安のため	6.3%	1.8%	9.0%	1.4%	9.7%	4.1%	5.8%	2.3%
定年のため	0.0%	0.0%	0.0%	0.0%	0.0%	0.1%	7.5%	0.8%
雇用契約の満了のため	1.7%	1.3%	0.4%	0.4%	0.6%	0.9%	1.2%	1.3%
収入が少なかったため	13.3%	5.1%	16.4%	6.0%	11.6%	7.8%	5.2%	3.7%
労働条件が悪かったため	26.4%	26.3%	23.9%	16.7%	19.2%	19.5%	11.5%	16.7%
結婚のため	3.1%	9.6%	1.6%	12.6%	0.4%	5.2%	0.1%	1.3%
出産・育児のため	0.2%	12.4%	0.4%	20.7%	0.1%	7.2%	0.1%	1.2%
介護・看護のため	0.0%	0.2%	0.2%	0.6%	0.3%	3.4%	2.5%	9.8%
病気・高齢のため	4.9%	3.9%	2.4%	2.8%	7.1%	3.5%	8.8%	9.2%
自分に向かない仕事だった	13.9%	12.7%	8.4%	6.3%	7.2%	5.2%	5.3%	6.5%
一時的についた仕事だから	2.7%	1.1%	1.6%	0.5%	1.0%	0.8%	0.9%	0.3%
家族の転職・転勤又は事業所の移転のため	0.4%	1.5%	0.6%	3.4%	0.6%	3.1%	0.6%	1.0%
その他	24.3%	21.2%	27.4%	22.6%	30.9%	30.1%	30.2%	32.4%

（注）転職就業者・離職非就業者を含む。
（出所）総務省「平成29年度就業構造基本調査」（2017年）

が出産・育児を理由として離職しており，既婚女性の雇用継続がサポートされていない現状がうかがえます。

② 転職することのメリット

　転職にはどのようなメリットがあるのでしょうか。図表6-4は転職によって賃金がどの程度変化したかを示しています。全体として転職者の４割は直前の勤め先よりも賃金が上昇していますが，年齢が高くなるにつれて賃金が増加する割合が低下します。若いうちの転職ほど金銭的なメリットは大きいのです。

　しかし，転職する理由はお金だけでなく，仕事の魅力や会社で働く人に惹かれて転職することもあるはずです。転職先に対する全体的な満足度を示したものが図表6-5です。「満足」と「やや満足」を足した割合は年齢計で５割を超えています。逆に「不満」と「やや不満」の合計は１割にとどまります。賃金

図表6-4 ▶転職前後の賃金変化

(%)

	3割以上増加	1割以上3割未満増加	1割未満増加	変わらない	1割未満減少	1割以上3割未満減少	3割以上減少	不明
20〜24歳	7.5	19.4	16.7	26.7	8.7	12.8	2.5	5.7
25〜29歳	8.2	22.9	16.1	20.5	9.7	15.5	6.3	0.9
30〜34歳	9.4	20.9	14.2	22.2	9.3	17.4	6.2	0.5
35〜39歳	8.4	18.6	16.3	22.2	8.1	15.6	9.4	1.4
40〜44歳	10	20.2	13.5	21.8	8.5	16.7	7.9	1.5
45〜49歳	9.6	17.5	9	23.7	11.2	17.4	10.8	0.8
50〜54歳	11.7	15.5	6.8	18.4	9.5	21.4	15.6	1.1
55〜59歳	7.7	13.5	7.2	25.2	4.7	28.1	13.2	0.5

（注）直前の勤め先と比較した現在の勤め先の1か月当たりの賃金総額の変化ごとに転職者の割合を示したもの。
（出所）「転職者実態調査（2015年度)」

図表6-5 ▶現在の勤め先での満足度

(%)

	満足	やや満足	どちらともいえない	やや不満	不満	不明
20〜24歳	25.2	24.5	44.9	3.8	1.5	0.1
25〜29歳	19.6	39.2	30.2	8.1	2.6	0.3
30〜34歳	26.4	31.1	33.9	6	2.1	0.5
35〜39歳	18.1	33.4	36.2	6.4	4.1	1.8
40〜44歳	18.5	34	36.3	8.4	2	0.8
45〜49歳	15.2	32.9	36.3	9.2	5.3	1.2
50〜54歳	15	38.9	31.5	11.2	1.7	1.6
55〜59歳	17.8	36	34.1	10.4	1.4	0.4

（出所）厚生労働省「平成27年転職者実態調査」（2015年）

変化と異なり年齢による大きなちがいはありません。つまり転職者の大部分は転職先に大きな不満を感じていないということになります。くわしくみると，不満を感じる割合は，賃金や労働時間・休日・休暇において高く，仕事内容・職種や福利厚生，人間関係などでは低くなります。職場を変わることによって転職者は非金銭的なメリットを得ているといえるでしょう。

③　減少する商工業の自営業

　雇用者が順調に増加していく一方，自営業者は大きく数を減らしていきます。「労働力調査」によると1980年に951万人だった自営業主の数は，2000年までに731万人へ落ち込み，2019年には531万人と40年前の約半分まで減少しました。就業者に占める割合も1980年の17.2％から2019年の7.9％まで低下しています。

　この間に自営業の職業構成も変化しています。図表6-6で1980年と2010年の自営業主の職業別就業者数を確認すると，多くの職業で就業者が減少していることがわかります。30年間に就業者を大きく減らした職業として生産工程従事者等（120万人）や販売従事者（130万人）が挙げられます。どちらも高度経済成長期に自営部門の中心を占めていた製造業や小売業に関わる職業です。町工場や商店の経営者をイメージするとわかりやすいかもしれません。

　自営業で増加している数少ない職業が，2010年で2割弱を占める専門的・技術的職業です。近年，定型的な仕事がAIに代替される可能性や，雇用されない働き方が様々に議論される中で，非定型的で創造的な仕事を行う自営専門職

図表6-6 ▶自営業主の職業構成

	1980年	2010年
総数	9,380,088	5,457,564
専門的・技術的職業従事者	713,600	903,130
管理的職業従事者	78,152	94,682
事務従事者	72,418	54,700
販売従事者	2,027,140	711,385
農林漁業作業者	2,738,250	1,081,239
サービス・保安職業従事者	865,308	792,361
運輸・通信従事者	150,666	110,520
生産工程従事者等	2,720,962	1,507,252
分類不能の職業	13,592	202,295

（注1）自営業主は雇人のある業主と雇人のない業主の合計。
（注2）生産工程従事者等の内訳は，1980年が「技能工，生産工程作業者及び労務作業者」「採掘作業者」，2010年は「生産工程従事者」「運搬・清掃・包装等従事者」「建設・採掘従事者」。
（出所）「国勢調査」

が注目されています（仲［2018］）。

　中小企業の起業にも目を向けてみましょう。日本政策金融公庫では融資を行った新規開業企業に1991年から継続的にアンケート調査をしています。この調査によると，経営者の開業時の平均年齢は1991年調査の38.9歳から2018年調査の43.3歳へとゆるやかに上昇しています。同じ期間の29歳以下の割合は14.5％から6.9％に減少しており，30代と40代の起業が主流となっています（日本政策金融公庫総合研究所編［2019］）。

（2）転職と起業に関する社会学の理論

① 社会ネットワークの役割

　転職プロセスでは求人情報を探索することが重要ですが，その際に役立つのが社会ネットワークです。社会学者のマーク・グラノヴェター（Mark Granovetter）は，交流頻度の低い人との弱いつながりのほうが，交流頻度の高い人との強いつながりよりも望ましい転職結果が得られるという「弱いつながりの強さ（Strength of Weak Ties）」仮説を提起しました（Granovetter［1995=1998］）。

　一見すると強いつながりのほうが，親身になって転職の相談にのってくれたり，じっさいに力を貸してくれる結果，転職が成功するように思います。しかし，本人の知らない求人情報を得られやすかったり，知らない人への橋渡しがしやすいのは，弱いつながりのほうです。「弱いつながりの強さ」仮説は様々な国で検証されており，なかには仮説が当てはまらないケースもあります。日本の場合がそうで，強いつながりのほうが高い年収や職務満足度，会社への帰属意識に結びつきやすいという研究結果があります（渡辺［1991］）。

　図表6-7では完全失業者（仕事をせず仕事を探している人）が主に利用した求職方法と入職者が利用した入職経路を示しています。最も利用されている求職方法は公共職業安定所（ハローワーク）で，次に多いのが求人広告・求人情報誌です。社会ネットワークにあたる「学校・知人などに紹介依頼」の利用率は4.0％と高くありませんが，社会ネットワークが役立っていないわけではありません。入社時の入職経路をみると「縁故」の割合は約20％でハローワークと同程度になります。おそらく転職活動中であることを知った人が転職先を紹介してくれたということなのでしょう。社会ネットワークは，意図的に活用

される手段というより，転職活動が埋め込まれる環境のようなものだといえるかもしれません。

図表6-7 ▶求職方法と入職経路（25〜34歳・男女計）

求職方法	公共職業安定所に申込み	民間職業紹介所などに申込み	労働者派遣事業所に登録	求人広告・求人情報誌	学校・知人などに紹介依頼	事業所求人に直接応募	事業開始の準備	その他	
	36.0%	2.0%	4.0%	32.0%	4.0%	4.0%	2.0%	12.0%	
入職経路	職業安定所	ハローワークインターネットサービス	民営職業紹介所	学校	広告	その他	縁故	出向	出向からの復帰
	18.2%	6.0%	6.6%	2.5%	32.2%	11.7%	20.6%	1.6%	0.8%

（出所）上段：「労働力調査（2016年度）」，下段：「雇用動向調査（2016年度）」

② 環境に埋め込まれた起業

　起業というと，中小企業を世界的な企業に育て上げた名経営者や，革新的なサービスを生み出したベンチャー企業経営者など，起業家の人となりや彼らが生み出した商品・サービスの革新性に注目が集まる傾向があります。

　それに対して組織社会学には，企業をとりまく環境に注目して企業の生死のメカニズムを説明するポピュレーション・エコロジーという分野があり（Hannan & Freeman［1977］），起業に対する社会学的アプローチの1つとなっています（磯辺［1998］）。

　ポピュレーション・エコロジーでは，企業の環境である業界の年齢，つまり生まれたばかりの新興業界なのか成熟した業界なのかといったライフサイクルに注目します。社会学者のハナンとフリーマンは，今後の成長が期待される業界（業界内の企業数が少ない段階）では，周囲からの承認である正当性（legitimacy）を獲得するのが難しいため廃業率が高くなるといいます（Hannan［1998］）。そこで企業が正当性を獲得するために重要になるのが信頼性（reliability）と説明能力（accountability）です（Hannan & Freeman［1984］）。前者は品質の高い製品・サービスを安定して供給することであり，後者は自社

のガバナンスなどを外部に説明できることを指します。ポピュレーション・エコロジーの視点によると，参入する環境の特徴を十分に検討し，周囲のアクターの承認を得る工夫をすることが成功する起業の第一歩だといえるでしょう。

4　これからの転職と独立

　会社を辞めたあとの選択肢として主要なものは別の会社で働く転職ですが，雇用されずに独立することも選択肢の1つです。たとえば，会社を辞めて通訳の仕事を始めた人が通訳会社と業務委託契約（請負契約）を結べば，その人は自営業主（個人事業主）になりますし，趣味の自転車を生かして空いている時間にUber Eatsのドライバーをすれば「ギグ・ワーカー」です。「フリーエージェント」や「ギグ・ワーカー」が，日本社会で主流の働き方になるとはいえませんが，案外私たちの身近にある働き方だといえます。

　個人請負の就業には，複数の組織から請けた仕事を自律的に組み合わせて働く「ポートフォリオ労働者」と捉える肯定的な見方と，企業のコスト削減動機によって収入を低く抑えられた「周縁化された労働者」とみなす否定的な見方があります（佐野ほか［2012］）。個人請負の中には実態としては雇用契約に近く，労働法で保護すべきものがあるという指摘もあります（大内・内藤［2010］）。雇用されない働き方へ踏み出す際には，社会的保護や生活保障のあり方などを事前に調べて準備する必要があります。

　起業に関する新しい動きとしては社会起業家（ソーシャル・アントレプレナー）が挙げられます。社会起業家とは事業活動を通して社会的課題を解決する社会変革の担い手であり（谷本編［2006］），市場や政府が解決しにくい課題を解決する主体として注目されています。地球規模で生じている課題，特定地域で顕在化している問題，社会的課題として認識されにくいマイノリティの問題など，様々なレベルの社会的課題が存在するなかで，課題解決を志向する社会起業家は今後さらに注目度を増していくものと考えられます。

　本章では戦後の日本社会における転職と独立の動向を駆け足で振り返ってきました。転職者比率に大きな変化がみられないことや，自営業者比率が大きく減少してきたことをふまえると，近い将来に転職や独立が大きく増えることは

考えにくいでしょう。しかし冒頭で指摘したように，離職や転職を一度も経験せずに定年まで勤め上げるキャリアをたどる人はそれほど多くありません。そして転職の機会は20代から30代の時期に多くおとずれます。苦労して入った会社を辞めるのはもったいない気がするかもしれませんが，チャンスを逃さないことも重要です。

　イントロダクションで会社を辞めるか悩んでいたAさんのお悩みには，今の会社に留まるのが無難で正解という回答もあるかもしれません。しかし筆者は転職や独立を過度におそれる必要もないと考えています。自分の人生やキャリアを前向きに模索することを心から応援したいと思います。

（福井康貴）

📖 ブックガイド

Granovetter, M. S. [1995] *Getting a Job: A Study of Contacts and Careers,* 2nd ed., University of Chicago Press.（渡辺深訳 [1998]『転職―ネットワークとキャリアの研究』ミネルヴァ書房）
　　ホワイトカラーに対する調査から転職において弱いつながりが強みを発揮することを指摘したM・グラノヴェッターの著作。社会学の古典の1つです。

Pink, D. H. [2001] *Free Agent Nation: How America's New Independent Workers Are Transforming The Way We Live,* Grand Central Publishing.（池村千秋訳 [2014]『フリーエージェント社会の到来　新装版―組織に雇われない新しい働き方』ダイヤモンド社）
　　企業組織に所属せず専門性を活かして働くフリーエージェントについて，様々な実例を紹介するミクロな視点と社会的なインパクトなどのマクロの視点を織り交ぜて生き生きと描き出しています。

＼ 参考文献 ／

磯辺剛彦 [1998]「起業プロセスの社会学的アプローチ―ポピュレーション・エコロジーと制度理論」『三田商学研究』41（5）：39-66
入山章栄 [2019]『世界標準の経営理論』ダイヤモンド社

大内伸哉・内藤忍［2010］「労働者とは誰のことか?」『日本労働研究雑誌』597：32-37

川口大司［2018］「第1章　労働と人口」『岩波講座日本経済の歴史　第五巻　現代I　日中戦争期から高度成長期（1937-1972)』岩波書店

加瀬和俊［1997］『集団就職の時代―高度成長のにない手たち』青木書店

清成忠男［1970］『日本中小企業の構造変動』新評論

佐野嘉秀・佐藤博樹・大木栄一［2012］「個人請負就業者の「労働者性」と就業選択　―個人請負就業への志向と教育訓練機会に着目して」『日本労働研究雑誌』624：55-69

沢井実・谷本雅之［2016］『日本経済史―近世から現代まで』有斐閣

谷本寛治編［2006］『ソーシャル・エンタープライズ―社会的企業の台頭』中央経済社

鄭賢淑［2000］「第3章　自営業層の戦前と戦後」原純輔編『日本の階層システム1　近代化と社会階層』東京大学出版会

鄭賢淑［2002］『日本の自営業層―階層的独自性の形成と変容』東京大学出版会

日本政策金融公庫総合研究所編［2019］『2019年版　新規開業白書』

仲修平［2018］『岐路に立つ自営業―専門職の拡大と行方』勁草書房

原純輔［1979］「第6章　職業経歴の分析」富永健一編『日本の階層構造』東京大学出版会

渡辺深［1991］「転職―転職結果に及ぼすネットワークの効果」『社会学評論』42（1）：2-16

Granovetter, M. S. ［1995］ *Getting a Job: A Study of Contacts and Careers,* 2nd ed., University of Chicago Press.（渡辺深訳［1998］『転職―ネットワークとキャリアの研究』ミネルヴァ書房）

Hannan, M. T. ［1998］ "Rethinking Age Dependence in Organizational Mortality: Logical Formalizations" *American Journal of Sociology,* 104（1）：126-164.

Hannan, M. T. & J. Freeman ［1977］ "The Population Ecology of Organizations," *American Journal of Sociology,* 82（5）：929-964.

Hannan, M. T. & J. Freeman ［1984］ "Structural Inertia and Organizational Change" *American Sociological Review,* 49（2）：149-164.

Mulcahy, D. ［2016］ *The Gig Economy: The Complete Guide to Getting Better Work, Taking More Time Off, and Financing the Life You Want,* AMACOM.（門脇弘典訳［2017］『ギグ・エコノミー―人生100年時代を幸せに暮らす最強の働き方』日経BP社）

Pink, D. H.［2001］*Free Agent Nation: How America's New Independent Workers Are Transforming The Way We Live,* Grand Central Publishing.（池村千秋訳［2014］『フリーエージェント社会の到来（新装版）―組織に雇われない新しい働き方』ダイヤモンド社）

第7章

「ずっとパート・アルバイトではいけないのか」

イントロダクション

　楽器店で販売のバイトをしている。自分の好きなギターなどを売る仕事なので，とても楽しい。お客さんとも趣味が一緒なので，接客も，仕事をしているという感じがしない。自分の専門的な知識を活かせるので，とてもこの仕事に向いていると思う。

　大学生活もあと半分ほど。そろそろ就活（就職活動）のことをちゃんと考えなくてはいけない。でも，興味がもてそうな仕事を探すのはむずかしそうだ。

　就活は大変そうだから，もし可能なら，卒業後も，このまま楽器店でのバイトを続けたい。そんなことを，少し冗談めかして店長にいったら，それは大歓迎とのことだった。

　アルバイト先の楽器店はチェーン店で，いろいろな地域に店舗がある。正社員になると，転勤でいろいろ動かなくてはいけない。自分がいる店舗の社員さんもこの2年ほどで何回か変わった。店長になると事務の仕事が増えて，接客をあまりできなくなる。それだったらバイトのままのほうがいい。

　一度，家族に相談したら，趣味と仕事は別だとか，アルバイトでは今はいいかもしれないけれど将来は困るとかいわれた。とにかく就職活動をしっかりして，正社員になりなさいとのこと。そんなこといわれなくても，そうするつもりではある。

　しかし，そもそも正社員とアルバイトとで，何がちがうのだろう。バイトのほうが気楽なのは分かるけれど，このままバイトを続けるのと，正社員になるのとでは，どんなちがいがあるのだろうか。

1　非典型雇用と非正社員

（1）非典型雇用の働き方

①　典型雇用と非典型雇用

　皆さんにも，アルバイト経験があるでしょうか。たとえば飲食店や小売店でアルバイトをすると，「アルバイト社員」のほかに，「社員」あるいは「正社員」と呼ばれる人がいます。あるいは，スーパーマーケットなどには，「パート社員」がレジなどで仕事をしています。家電量販店などでは「契約社員」と呼ばれる働き方も普及しています。これらパート社員，アルバイト社員，契約社員などの働き方は，たいてい「非典型雇用（atypical employment）」に分類されます。聞きなれない用語かもしれません。

　「非」「典型雇用」ですから，典型的ではない働き方という意味です。それでは，典型的な働き方，すなわち「典型雇用」とは何かというと，(1) 雇用される期間に定めがなく（無期雇用），(2) 基本的に週5日間，9時から5時までなど，企業が定める基本的な労働時間で勤務し（フルタイム勤務），(3) 雇用される企業から指揮命令を受ける（直接雇用），という働き方を指します。

　最も基本的なタイプの働き方というような意味で「典型」という表現が使われます。正社員の多くは，このような典型雇用に分類できます。

　そして，典型雇用の条件となる (1) 無期雇用，(2) フルタイム勤務，(3) 直接雇用という3つの条件のうち，1つでも満たさないものがある働き方は，「非典型雇用」に分類されます。これを整理すると，**図表7-1**のようになりま

図表7-1 ▶典型雇用と非典型雇用の分類

		雇用期間	労働時間	雇用関係
典型雇用		無期	フルタイム	直接雇用
非典型雇用	パートタイム労働		パートタイム	
	有期雇用	有期		
	派遣労働			間接雇用

注）網掛け部分は，特に問われないことを示します。

す。非典型雇用に分類される働き方について，少し詳しく見てみましょう。

② パートタイム労働

　パート社員やアルバイト社員などは，ふつう正社員よりも短い時間だけ働きます。学生であれば，授業のない時間帯や曜日だけアルバイト社員として働くことがよくあります。子育て中の既婚女性などは，子どもが小学校などに行っている平日の昼間の時間帯だけパート社員として働いたりもします。

　このようにフルタイム勤務ではなく，より短い時間だけ勤務する短時間勤務（パートタイム勤務）の働き方を「パートタイム労働」といいます。(2) フルタイム勤務ではない点で，非典型雇用のタイプの1つに位置づけられます。

　アルバイト社員やパート社員などの名称にかかわらず，短時間勤務の働き方であれば，パートタイム労働に分類されます。

③ 有期雇用

　アルバイト社員やパート社員のほか，契約社員などは，ふつう企業と，1カ月，3カ月，6カ月，1年などの期間の定められた雇用契約を結びます。このような働き方を「有期雇用」といいます。(1) 無期雇用（雇用期間に定めがない）ではない点で，非典型雇用の働き方です。

　アルバイト社員やパート社員の多くは，短時間勤務でもあるので，パートタイム労働かつ有期雇用ということになります。なお，契約社員では，フルタイム勤務の割合がより高くなっています。

④ 派遣労働

　派遣労働は，事務の職場や，モノづくりに関わる生産や技術系の職場などで普及しています。派遣労働に従事する派遣労働者は，人材派遣業を営む企業に雇用されます。派遣労働者に賃金を支払うのは，雇用主である人材派遣企業（派遣元）です。しかし，就業先の企業（派遣先）が指揮命令（仕事の指示など）を行います。

　典型雇用では，指揮命令を行う企業が社員を雇用して賃金を支払います。これに対し，派遣労働は，指揮命令を行う企業が直接，社員を雇用していません。

このような関係を間接雇用と呼びます。直接雇用ではないため，非典型雇用の働き方に分類されます。

（2）非典型雇用の分類の利点
①　共通の基準による分類

　法律（労働者派遣法）による明確な定義のある派遣労働を除き，企業が直接雇用する社員については，アルバイト社員やパート社員，契約社員といった区別や名称を，企業は自由に決められます。

　とはいえ，それぞれの働き方について，社会的にもおよそのイメージが共有されています。そのため，企業が社員の募集を出すときには，①学生を含む，若い年齢の人たち（若年層）を念頭に置くときにはアルバイト社員，②より年齢の高い女性層を主に募集したい場合にはパート社員，③フルタイム勤務の場合には契約社員というように，区別することが多いようです。

　しかし，こうした区別は，厳密なものではありません。採用後，企業内では，それぞれを区別せず，「パートナー社員」などの同じ名称で呼ぶ場合もあります。

　こうしたなか，パートタイム労働や有期雇用，さらには派遣労働といった非典型雇用の分類は，各企業での名称や，各人のもつイメージのちがいを超えて，共通の基準を用いて働き方を明確に分類できるという利点があります。

②　評価から中立的な分類

　非典型雇用と似た用語として，「非正規雇用（non-regular employment）」という用語もあります。基本的には，非典型雇用と同じような分類になります。ただし非正規雇用という用語は，正規雇用と比べて「正式ではない」とか「望ましくない」というような，批判的な意味で用いられたりもします。

　確かに日本の現状において，正社員と比べてパート社員やアルバイト社員，契約社員，派遣社員などの働き方は，平均的に見ると賃金が低く雇用が不安定な傾向にあります。

　しかし他方で，仕事内容や働く場所，勤務する曜日や時間帯を選べたりするなど，働く人にとって正社員の働き方にはない利点もあります。そのため，こ

れらの働き方に満足している人も少なくありません。仕事に何を求めるかによって，同じ働き方でも各人の評価は変わってきます。

　非典型雇用という用語は，非正規雇用という用語と比べて，このような働き方に対する評価からはより中立的であることにも利点があります。それゆえ，学術的な分類の際によく用いられています。

2　正社員と非正社員

（1）正社員と非正社員の区別

　日本では，アルバイト社員やパート社員，契約社員は，正社員と区別して「非正社員」と総称されます。正社員以外が非正社員ということになります。

　ところがそもそも，典型雇用の場合とは異なり，正社員には明確な定義がありません。実は法律上も正社員に明確な定義はないのです。そのため基本的には，企業がそれぞれ正社員と位置づける社員が正社員ということになります。この点は，アルバイト社員，パート社員，契約社員などと同様です。

　とはいえ正社員の働き方についても，およそ社会に共有されたイメージがあります。企業は，そうしたイメージから全く自由に正社員を定義できるわけではありません。結果として，働き方の面で，正社員と典型雇用（無期雇用，フルタイム勤務，直接雇用）とは大きく重なります。

　しかしたとえば，正社員でも育児や介護などの都合で，期限を定めて短時間勤務することがあります。また「短時間正社員」として，正社員という位置づけで，かつ短時間勤務の働き方をもうける企業もあります。これらの働き方は，パートタイム労働として非典型雇用に分類されます。正社員かつ非典型雇用ということになります。

　このような例からは，企業が，典型雇用と非典型雇用の区別とは異なる基準で，正社員と非正社員を分けていることが分かります。それでは，正社員と非正社員にはどのようなちがいがあるのでしょうか。正社員と非正社員という区別の，働く人のキャリアにとっての意味と，企業にとっての意味について，考えることにします。

（2）働く人にとっての「柔軟性」

① 非正社員比率の高まり

　総務省の「労働力調査」という基本的な統計からは，1980年代以降，日本の雇用者（employee）全体に占める非正社員の割合が高まってきていることを確認できます。いまではおよそ雇用者（公務員も含む）の10人に4人ほどは非正社員です（統計上の表現は「非正規の従業員・職員」。ただし呼称にもとづく「非正社員」の範囲と正確には一致しない）。

② 「柔軟」な働き方

　このように非正社員が増えた理由としては，まず働く人の中に，「柔軟」な働き方へのニーズが高まったことが挙げられます。ここで「柔軟」とは，働く人の視点から見て，働く場所や曜日・時間帯，期間などが，自由に決められるという意味です。

　日本企業では一般に，正社員の場合，企業の指示に従い，企業内の様々な仕事や職場で働くことが求められます。また基本的には，フルタイム勤務が求められます。さらに，長期の勤続も期待されます。このような正社員の働き方は，働く側から見ると，企業の指示や仕事に強くしばられる，拘束度の高い働き方です。

　これに対し，非正社員では，たとえば学生であれば，自宅や学校から近いなど都合のよい場所や，学業（授業時間）と両立しやすい曜日や時間帯，夏季休暇中などの働きやすい期間を選んでアルバイト社員などとして働くことが可能です。働く人の視点から見て，拘束度の低い「柔軟」な働き方といえます。

　このような「柔軟」な働き方としての利点は，学業と仕事との両立を図りたい学生や，家事・育児と仕事とを両立させたい人などが，アルバイト社員やパート社員などとして働くことを積極的に選ぶ理由となっています（佐藤[2012]）。ひとつには，このように働く側にニーズがあることが，非正社員の働き方が広がる要因となっています。

③ 「不本意」な非正社員

　他方で特に1990年代以降は，学生ではない35歳くらいまでの若い年齢の人た

ちがアルバイト社員やパート社員，契約社員などとして働くことも増えました（小杉［2010］）。このような若年層の非正社員を「フリーター」と呼ぶこともあります。

　こうした若年層の非正社員の中には，本当は正社員として働きたいのにその機会がなったためやむをえず，つまり「不本意」ながら非正社員として働いているという人も少なくありません。こうした「不本意」な非正社員は，より年齢の高い層でも見られます。

（3）企業が非正社員を雇用する理由

①　柔軟な人数の調整

　このように見ると，非正社員の増加の理由を，働く人の側の「柔軟」な働き方へのニーズだけに求めることはできません。「不本意」に非正社員として働く人が少なからずいるためです。

　また，もし働く側のニーズが大きいとしても，他方で企業の側にもニーズがなければ，これほどまでに非正社員が増えることはなかったでしょう。

　それでは，企業の側はどうして非正社員を求めるのでしょうか。これを説明する考え方として「数量的柔軟性（Numerical Flexibility）」というものがあります。こちらは企業にとっての「柔軟」さです。

　「数量的柔軟性」とは，業務量（仕事の量）の変化に合わせて，働く人の数を企業が自由に調整できる程度を指します。たとえば，飲食店では，時間帯では朝食や昼食，夕食時，曜日では土日などに来客が多くなります。ゴールデンウィークなどの連休期間などにも普段より来客数が増えたりします。これに応じて，業務量は，時間帯や曜日，時期などにより増減します。

　そこで企業としては，業務量の多くなる時間帯や曜日にパートタイム労働を利用したり，業務量の多い期間に限定して有期雇用を利用したりします。これにより，業務量に合わせた人数の調整ができます。高い数量的柔軟性を得ることができるのです。このほか，派遣労働者を人手が必要な期間だけ受け入れることなども数量的柔軟性につながります。

②　人件費の抑制

　企業は，このような数量的柔軟性を利用することで，賃金など人にかかる費用（人件費）をより低く抑えることができます。業務量が少ない時間帯や曜日，期間には，働く人の数を減らすことで，賃金の支払いを減らすことができるためです。

　このほかたとえば，学生であったら，もし正社員として働けばより高い賃金が得られるとしても，学業との両立を考えると，働く曜日や時間帯に融通の利きやすいアルバイト社員としての働くことを選ぶでしょう。子育て中の既婚女性なども，家事や育児との両立を重視してパート社員として働くことを選んだりしています。

　それゆえ，企業としては，働く人のニーズに合う働き方の選択肢をもうけることによっても，人件費を抑えつつ，働く人を確保することができます。

（4）正社員と仕事への柔軟な配置

①　仕事への柔軟な配置

　そうであれば，企業は非正社員だけを雇用して，人件費をより大きく減らしたらよいのではないかと思うかもしれません。

　しかし，企業にとって正社員を雇用することには，非正社員とは異なる大きな利点があります。「機能的柔軟性（Functional Flexibility）」という考え方が，これをうまく説明します。

　「機能的柔軟性」とは，仕事と人との結びつきがゆるやかである程度を指します。機能的柔軟性が高ければ，企業は，社員にある仕事を固定的に担当させるのではなく，社内の様々な仕事を行わせることができます。

　これにより，業務量と比べて人の多い職場から，業務量と比べて人の少ない職場へと社員を移すことができます。つまり社員の配置を柔軟に変更できます。これにより，人が過剰な職場にいる社員の解雇（雇用関係を終了すること）を避けることができ，雇用保障（雇用を守ること）を実現しやすくなります。

　さらに機能的柔軟性が高ければ，企業が社員の人材育成を進めることが容易になります。ここで人材育成とは，組織にとって有用な能力をもつ人としての人材を，教育訓練などを通じて企業内で育てることを指します。

　企業は機能的柔軟性を利用して，社員の人材育成のために様々な仕事を経験させ，社員の能力の幅を広げることができます。また，機能的柔軟性により可能となる雇用保障は，長期的な人材育成の前提ともなります。

② 正社員と非正社員の組み合わせ

　企業は，このように正社員という機能的柔軟性の高い働き方をもうけることで，長期的に，仕事に関する能力（技能）の高い社員を社内のさまざまな仕事で活用できます。技能の高い社員が活躍することは，製品やサービスの質を高め，売上を高めることにつながります。

　他方で企業は，先ほど見たように，数量的柔軟性の高い非正社員の働き方を用意することで，人件費を抑制できます。そこで企業は，正社員と非正社員を組み合わせて雇用することで，売上の拡大と人件費の抑制とを行い，安定的に利益を確保しようとしています。

　さらに企業業績が低迷するときには，企業は正社員の雇用保障のため，まず有期雇用の非正社員の人数を減らす傾向にあります。正社員の雇用保障を実現するうえで，数量的柔軟性を担う非正社員を雇用するという関係もあるのです。

（5）正社員と非正社員の人材育成とキャリア

　以上から，企業は，正社員を長期的な人材育成の対象と位置づけていることが分かります。大学等を卒業後すぐに正社員として入社した新卒採用の社員にも，やがては管理者や経営者としての管理的仕事や，高度な専門的仕事での活躍を企業は期待しています。他方で，非正社員に対しては，あまり長期的な人材育成を必要としない定型的な仕事での活躍を期待します。

　正社員と非正社員の間の，このような企業の人材育成の方針のちがいは，働く人のキャリアに影響を与えます。すなわち，正社員には，企業内で徐々に高度な仕事を経験し，長期的に活躍するようなキャリア形成の機会が開かれます。これに対し，非正社員が経験する仕事は，より狭い仕事の範囲に限定されます。

　このようなちがいに対応して，正社員には，技能の向上や仕事の高度化に応じて賃金が上がるような賃金制度が用意されます。これに対し非正社員については，賃金制度上，入社後に賃金が上がらなかったり，上がるにしてもその上

限がより低くもうけられたりしています。

　若くて勤続期間が短いうちは，正社員と非正社員との間で，仕事内容や賃金のちがいが小さいこともあります。「柔軟」な働き方である分，非正社員として働くほうが魅力的に感じるかもしれません。

　しかし，正社員と非正社員の間にある企業内キャリアの差は，勤続期間がのびるとともに次第に広がります。企業内での人材育成の機会のちがいが，そうした差を決定的なものとします。

3　雇用システムと非正社員の基幹化

（1）雇用システムの視点

　このように，日本企業において，正社員と非正社員の間には人材育成や企業内キャリア，賃金制度などの面で大きなちがいがあります。企業内での人事管理上の位置づけが異なるためです。

　この点は，先進諸国の中でも，とりわけ日本企業に特徴的です。たとえば，イギリスでは，日本で見るような正社員と非正社員の区別はあまり一般的ではないようです。

　実は，数量的柔軟性を担う雇用者グループと，機能的柔軟性を担う雇用者グループとを組み合わせて人事管理を行うというアイデアは，1980年代にイギリスの研究者が「柔軟な企業（flexible firm）」モデルとして提案したものです（Atkinson［1985］）。しかし，その後のいくつかの調査研究は，イギリス企業に，そうしたモデルに対応するような人事管理がほとんど見あたらないことを明らかにしています。

　この背景として，イギリスの企業では，職務の価値を基準とする社内での社員のランクに応じて賃金を支払う「職務給」とよばれる賃金制度が普及しています。これは「仕事に応じた賃金を支払う」という企業内での社員への賃金配分のルールと見ることができます。

　こうした「仕事に応じた賃金を支払う」ルールのもとでは，仕事の変更にともない賃金の水準が変わることがあります。それゆえ仕事の変更には，社員による賃金の確認と同意が求められます。また，社員には「この仕事で雇われて

いる」という意識が強まります。そのため異動や昇進を含め仕事の変更は，社員の同意や選択が条件となります（第5章により詳しい説明があります）。したがって，日本の正社員のように，機能的柔軟性を特定の雇用者のグループに期待することはむずかしいのです。

　また，イギリスでは多くの企業が職務給の賃金制度を用いているため，労働市場（採用と転職の場）において，企業を横断する形で「仕事に応じた賃金」の相場ができています。そのため企業間での社員の転職も容易となります。それゆえ企業が特定の社員のグループに対して長期的に人材育成を行う方針を立てても，社員が長く勤めるとはかぎりません。

　さらに「仕事に応じた賃金」というルールのもとでは，日本企業のように社内で正社員と非正社員とで異なる賃金制度をもうけることは難しいと考えられます。同等の仕事を担当している社員には，社員のグループによるちがいをもうけず，同じ基準で同等の賃金を支払うことが基本となるためです。

　こうしたなか，イギリスの企業では，正社員と非正社員という区別をもうけず，社員各人の意思をふまえて異動や昇進が行われます。また同等の仕事に従事する社員は，フルタイム勤務かパートタイム勤務か，有期雇用か無期雇用かという働き方のちがいを問わず，基本的に同等の賃金が支払われるのが一般的と見られます（佐野［2021］）。

　日本とイギリスにかぎらず，各国で普及する人事管理の特徴は，このように，それぞれの社会で受け入れられる賃金配分のルールや，労働市場の特徴との間に対応関係をもちます。それらは，社会を単位として，1つの体系（システム）を成していると見ることができます。そうした全体を「雇用システム」といいます。

　このように，雇用システムの中に人事管理を位置づける視点は，社会学が大事にしてきたものです（Dore［1973＝1993］；Marsden［1999＝2007］）。

（2）非正社員の基幹化

　もちろん雇用システムも変化します。日本の人事管理における正社員と非正社員の位置づけにも変化が見られます。非正社員の基幹化という現象です。

　主に1980年代以降，個々の企業内でも非正社員の比率が高まる傾向が確認さ

れています。これは，社員の人数つまり「量的」な面で，非正社員が企業や職場での「基幹」的（主力となる）労働力となったという意味で「量的基幹化」といいます。

またこうした量的基幹化にともない，非正社員の仕事の内容も高度化しています。これを仕事の「質的」な意味での基幹労働力化という意味で，「質的基幹化」といいます。このように，「量的」にも「質的」にも非正社員の基幹化が進んでいます。

そうなると企業は，非正社員についても，ある程度，長期的な人材育成の対象と位置づけるようになります。賃金制度も，能力の伸びや仕事の高度化に応じて賃金が上がるしくみへと整備されます（本田［2007］）。こうした人事管理の変化は，非正社員として働く人の中に，企業内で仕事内容や賃金を高度化させるようなキャリアを歩む機会を広げます。

それでも正社員と比べると，非正社員として経験する仕事はより狭い範囲にかぎられます。そこで企業は，非正社員から正社員への転換のしくみ（正社員登用制度）をもうけるようになってきています。そうした企業では，非正社員として入社した社員も，正社員となることで，より高度な仕事で活躍する機会が広がります（佐野［2011］）。

4　正社員と非正社員のキャリアのちがい

（1）正社員と非正社員のキャリア

このような変化があるものの，日本企業の多くが，正社員と非正社員の区別をもうけ，それぞれに異なる企業内キャリアを期待していることは変わりません。

現状における正社員と非正社員の企業内キャリアのイメージを図に示すと図表7-2のようになります。上で指摘したように，非正社員も企業内で徐々に高度な仕事を行うようになっています。それでも正社員と非正社員の間の企業内キャリアのちがいは，依然として大きいといえます。それゆえ働く側にとって，正社員か非正社員かという選択は，働き方だけでなく企業の中でのキャリアを左右する大きな関心事となります。

図表7-2 ▶ 正社員と非正社員の企業内キャリア（イメージ）

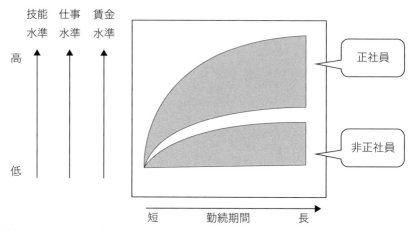

（注）グラフの上下の幅はバラつきがあることを表現しています。

　近年では，法律（パートタイム・有期労働法）の改正などを背景として，正社員と非正社員の間の賃金の差をなくすうえで，「仕事に応じた賃金」としての職務給の賃金制度を取り入れる企業も見られます。

　もしこうした動きが本格的に進むならば，上で見たイギリス企業のように，正社員と非正社員の区別自体もなくなるかもしれません。雇用システムという見方に立てば，賃金配分に関するルールの変化は，互いに関連しあう人事管理の全体にも影響を与えずにはおかないためです。

　とはいえ，こうした動きがどれだけ進むかは不確実です。とりわけ多くの日本企業にとって，正社員として長期的に技能の高い社員を育成し活用することの利点は大きいと考えられます。それゆえすぐに多くの企業が，正社員と非正社員の区分をなくすことはないでしょう。

（2）非正社員として働くこと

　このような見通しのもと「ずっとパート・アルバイトのままではいけないのか」というタイトルの問いに答えたいと思います。イントロダクションでこうした疑問をもった大学生は，アルバイト先での現在の仕事が好きで，転勤もな

く，店長などの管理者にならずに済むことが，アルバイト社員を続けることの利点と見ていました。確かにそうした利点はあるでしょう。

しかし他方で，図表7–2のイメージのように，正社員のほうが企業の長期的な人材育成の対象として能力を伸ばし，やがて管理者としての仕事にかぎらず高度な仕事を担当し，賃金を高める機会が多くあります。転勤を含む異動により，広い範囲の仕事を経験することは，こうしたキャリア形成の一環という面があるのです。

アルバイト先での今の仕事は確かに楽しいかもしれません。とはいえ正社員として広く仕事を担当するなかで，新たな仕事でより充実した経験を得る機会も広がります。ですから特に大学生や若い人など，仕事経験が少なくこれから技能を伸ばすべき人であれば，正社員としての就職活動にぜひ積極的に取り組んでほしいと思います。

現在では，「職種限定正社員」や「勤務地限定正社員」など，職種や勤務地に限定のある正社員の働き方をもうける企業も増えています。これらの「限定正社員」では，通常の正社員と比べて昇進の機会が小さい場合もあります。それでも非正社員として働くより，高度な仕事を経験する機会は多い傾向にあります。選択肢としてよいかもしれません。

しばらく正社員として働いてみて，やはり非正社員として働くほうがよいと思うようになるかもしれません。生活の変化により，賃金や技能を高める機会などよりも，働く時間や場所，期間などを選べることの優先順位が高くなる場合もあります。非正社員として働くことを選ぶのは，その時でも遅くはないでしょう。正社員よりも非正社員として働く機会のほうが，後からでも見つけやすいはずです。

(佐野嘉秀)

📖 ブックガイド

佐藤博樹・佐藤厚編著［2012］『仕事の社会学（改訂版)』有斐閣ブックス
　社会学の視点から非典型雇用についてより詳しく整理しています（第9章)。

上林千恵子編著［2012］『よくわかる産業社会学』ミネルヴァ書房
　非正社員を含む働き方の多様化を社会の中に位置づけて理解できます。

＼参考文献／

小杉礼子［2010］「第1章 学卒労働市場の縮小とフリーターの増加」『若者と初期キャリア』勁草書房

佐藤博樹［2012］「第6章 非典型労働の実態」『人材活用進化論』日本経済新聞出版社

佐野嘉秀［2011］「正社員登用の仕組みと非正規社員の仕事経験—技能形成の機会への効果に着目して」『社會科學研究』62巻3・4号：25-55

―――――［2021］『英国の人事管理・日本の人事管理—日英百貨店の仕事と雇用システム』東京大学出版会

本田一成［2007］『チェーンストアのパートタイマー』白桃書房

Atkinson, J.［1985］*Flexibility, Uncertainty and Manpower Management*, IMS Report No89, Institute of Manpower Studies.

Dore, R.［1973］*British Factory - Japanese Factory*, University of California Press.（山之内靖・永易浩一訳［1993］『イギリスの工場・日本の工場（上・下）』ちくま学芸文庫）

Marsden, D.［1999］A *Theory of Employment Systems*, Oxford University Press.（宮本光晴・久保克行訳［2007］『雇用システムの理論』NTT出版）

第8章

なぜ貧困は生きづらさにつながるのか

💬 イントロダクション

　『健康で文化的な最低限度の生活』。生活保護を題材にし，2018年には
ドラマ化もされた漫画のタイトルです。その中にこのようなエピソードがありま
す。主人公（ケースワーカー）が担当した40代の男性は保護費の半分以
上を17年前に作った借金の返済に充て，月3万円で暮らしていることが判明
しました。主人公は債務整理のために法テラス（国が設立した法的トラブ
ル解決の総合案内）に行くことを勧めますが，男性はそれを拒みます。その
理由を探る中で，男性は父親の印刷会社を継いでから現在に至るまでの経
緯をポツリポツリと話します。
　「親父が50代で死んだんで早くに継ぎまして，従業員は多い時で20人くら
い。でまあ，チラシなんかも刷るってんで，設備投資どんどんやって…まあ，
調子に乗ったんですね。まず一社大きい取引先が倒産しまして…それからで
すね，業績がどんどん悪化して従業員の給与支払いも滞ってきて…。何とか
巻き返そうと借金して，知人にも妻の父親にも助けてもらったりして…。結局
周囲に迷惑かけるだけで終わりました。（中略）借金の取り立てがキツくて，
妻が精神的にまいってしまいましてね。最後は私のほうから別れてくれと言い
ました。そして娘にも，もう15年以上会ってません。もう二度と会うつもりもあ
りません。残ったのは借金だけです。全部自分の責任です。もうこれを返す
ことだけが私の生きてる理由みたいなモンです。」（柏木ハルコ『健康で文化
的な最低限度の生活』第2巻より）

1　日本に貧困はあるのか

（1）貧困とは何か

　「貧困とは何か」と問われて，あなたならどう答えますか。「決まっている，それはお金がないことだ」と答えるかもしれません。それは間違いではありません。確かにお金は貧困の重要な一要素です。ではこう問われるとどうでしょう。「戦後の日本で貧しい状況に置かれた人と現代の日本で貧しい状況に置かれた人を比べると，どちらがより生きづらいでしょうか」

　読者のほとんどが戦後の日本を直接経験したわけではないので，この質問に答えるのは難しいかもしれませんが，人々を取り巻く環境が戦後と現代で大きく異なることは簡単に想像できると思います。そうです。一言で貧困と言っても，その状況下にいる人々の具体的な生活や体験内容は，時代や社会によって大きく違います（西澤［2015］）。単純に金銭的・物質的に豊かでないことだけでなく，周囲の人々からどのように見られているか（見られていると感じているか）が，生きづらさを左右します。このような視点に立って貧困という現象を捉えることが，他の学問とは異なる"社会学的"な貧困問題へのアプローチです。したがって本章では，「なぜ経済的に貧しいことが生きづらさに結びつくのか」という疑問を紐解いていくことにしましょう。

（2）絶対的貧困と相対的貧困

　2009年に「日本の貧困率は15.7%　厚労省が初公表」という記事が朝日新聞に掲載されました。貧困というと，食べるものが無く飢えに苦しむ光景や凍え死ぬほど衣服，住居が揃っていない光景を思い浮かべる人がいるかもしれません。確かに世界にはそのような無視できない問題がありますが，日本人の15.7%が同じような状況下にあるわけではもちろんありません。この数値が表しているのは相対的貧困です。相対的貧困とは，ある社会（日本）の中で生活する上で，多数の人々が当たり前のものとして享受している生活ができない状態を指します。それに対して，食べ物や住居など物質面で，人間らしい最低限の生存条件が欠如した状態を絶対的貧困と言います。

　貧困は非常に多面的な概念であり，本来1つの指標で測れるものではありません。相対的貧困率も非常に大ざっぱな指標であり，相対的貧困状態にある個人や世帯が一様に困窮しているわけでもありません。また，世間一般に広く知れわたるときは，このような統計的指標よりも，ホームレスやニートといった「かたち」によって，貧困の存在はしばしば発見されます（岩田［2017］）。

　しかしながら，この指標は国際的，時系列的に貧困状況を把握する際にある程度役立つからこそ，日本のみならず他の国でも用いられています。経済協力開発機構（OECD）が公表している国別の相対的貧困率（2021年時点で最新の比率）によると，日本の貧困率は37カ国中7番目，日米欧主要7カ国（G7）の中では最も高い数値となっています[1]。

　世界でも有数の経済大国である日本の貧困率がなぜこれほど高いのか，そして経済的な貧しさが生きづらさとどう関連しているのかを理解するために，終戦以降の歴史を辿りながら，解説していきたいと思います。まずは次節で，どのようにして戦後の貧困から日本が抜け出したのかを社会学の観点から見ていきましょう。

2　こうして貧困から抜け出した
―戦後からバブル期までの日本の貧困

（1）なぜ戦後の貧困から抜け出せたのか

　第二次世界大戦後の日本は，文字通り焼け野原で，多くの人が食べる物にも困ったことはご存知だと思います。岩田［2017］の第1章では，被災都市を中心に食べ物や衣服などの生活物資が絶対的に不足し，階層にかかわらず「みんなが貧しかった」時代の様子がありありと描かれています。1960年ぐらいまでは，「貧困の克服」が世の中でも研究（生活研究）でも大きなテーマでした。では，どのように克服していったのでしょうか。

　戦後の日本経済が急速に成長したのは，1950年代半ばから70年代前半までの高度経済成長期です。成長を支えたものの1つは，言うまでもなく労働力です。数多くの雇用が生まれ，様々なキャリアと経験を持った人々が職に就き，経済成長の担い手になると同時に，賃金も大きく上昇しました。その中で多くの

人々に安定した生活をもたらしたのが，第1章と第2章で取り上げた日本的雇用慣行と企業福祉です。長期安定雇用や年功型の賃金制度は，生活を保障し人生設計の見通しをつけることを可能にしました。また，働いている個人（主に正社員の男性）だけでなくその家族（妻や子ども）も視野に入れた企業福祉は，家族全員が豊かで安定した生活を享受することにつながりました。経済基盤が整ったことで，「夫は仕事，妻は家事・子育てを行って，豊かな家族生活をめざす」という標準家族モデルが普及したのです。人々は稼得した給与を，住宅や家電製品などの消費，子どもの教育への投資に使いました。より良い住宅に住み，新製品を購入し，高い学歴を得る機会を子どもに提供することで，経済的な豊かさや情緒的な豊かさ，生きがいを家族全員で共有したのです（山田[2005]）。

　経済の持続的成長は1973年のオイルショックを境に失われ，それ以降，低経済成長時代（安定成長期）を迎えるものの，安定した雇用や標準家族モデルの根幹は維持されたまま時代は推移します。「一億総中流社会」という言葉が象徴するように，経済格差は低いレベルを維持し，大多数の国民が中流意識を持つようになりました。確かに男性の収入の伸びは鈍化しましたが，妻がパート労働で家計を補助的に支えることで，生活水準を保ったまま，家族全員で豊かな生活を送る時代が続いたのです。

（2）高度経済成長期，安定成長期の貧困

　そうは言っても，貧困がゼロになったわけではありません。確かに多くの人は，安定した雇用の下，標準的で豊かな生活を送る「主流」に乗ることができました。しかしながら，取り残された人々も当然存在しました。主に日雇労働者世帯や家内労働世帯[2]，母子世帯，老齢世帯，その他世帯（無職や失業世帯を含む）の人が該当します（岩田[2017]）。その一部は，生活保護の対象になりました。図表8-1は，1952年から89年までの保護率（人口千人あたりの割合）の推移を示したものです。1952年は23.8‰でしたが，50年代半ば，60年代半ば，80年代後半に低下し，89年には8.9‰となっています。

　旧生活保護法（1946年制定）と新生活保護法（1950年制定）では，すべての国民を無差別平等に保護することが掲げられています。しかし生活保護を受給

図表8-1 ▶被保護率の年次推移（1952〜89年）

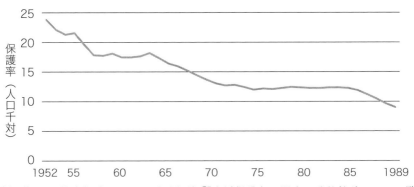

（出所）国立社会保障・人口問題研究所『「生活保護」に関する公的統計データ一覧
　　　　第16表』

しうる世帯のうち，実際に受給したのはわずか4分の1と推計されています
（副田［2014］）。捕捉率が低い原因は，稼働能力があるために生活保護が受け
られない失業者が多かったこと，相当厳格な資格審査が課されたこと，そして
保護の対象となりうる個人側の知識の乏しさや申請・受給に伴う後ろめたさか
ら権利を行使しない人が多かったことが挙げられます。

　捕捉率の低さは，生活保護で保障される最低生活基準ギリギリかそれを下回
る水準で暮らしていながら，保護の枠外に追いやられていた人々の存在を意味
します。政府も1950年代半ばにはそれを問題視し，保護ライン以下の生活を
送っている世帯（低消費水準世帯[3]）の把握に努めました。厚生省『厚生行政
基礎調査』によると，低消費水準世帯の推計数と総世帯に占める割合は1955年
が約204万世帯（10.8％），1965年が約153万世帯（5.9％）となっています。ま
た，橘木・浦川［2006］は，貧困世帯比率を推計した13の研究結果を総合的に
見て，1960年代から80年代の貧困率は5〜10％だろうと述べています。

（3）忘却される貧困

　終戦直後の貧困が特別なものではなかったのに対して，高度成長期以降に貧
困に陥った人々は，主流から逸脱したマイノリティとみなされました。社会の
少数派は，財と権限を持っている層やそれと連動した国家権力から資格外とみ

なされ，社会から締め出されます。これを社会的排除[4]と言います（西澤[2015]）。

　社会から排除された人々は，その他の「ふつう」の人々にとって異質な他者であり，直接接点を持つことはほとんどありませんでした。なぜなら貧困の当事者が寄せ場地区などに空間的に隔離されたためです。また，「ふつう」の人々から向けられる冷ややかな眼差しによって，排除された人々は自らを恥じ責めるようになり，居場所を失い，社会から孤立していきました。統計的に見れば，貧困に苦しんでいる人は当時も一定数存在したにもかかわらず，その問題がメディアなどを通して広く認知されることはほぼありませんでした。一億総中流の認識が人々に広がる一方で，貧困は忘れ去られていったのです。

3　こうして貧困がまた生まれた
―バブル崩壊から現代までの日本の貧困

（1）なぜ貧困はまた生まれたのか

　経済の高度成長，安定成長の下，低水準で推移していた貧困率は1990年代初期のバブル崩壊により一変しました。

　図表8-2は1990年から2018年の生活保護の被保護率（人口千人あたりの人数）と相対的貧困率（人口百人あたりの人数）を示したものです。被保護率をみると1990年代は8‰をずっと下回っていましたが，2000年から上がり始め，2018年は16.6‰となっています。相対的貧困率は，1991年の13.5％から徐々に上昇し，2012年に16.1％まで上がりました。

　貧困率の上昇に伴い，様々な言葉で貧困の存在が人々に認識されることになります。ホームレスやフリーター，ニート，年越し派遣村，ネットカフェ難民，下流といった言葉です。ホームレスは中高年男性が中心ですが，それ以外は若者の就労問題と結びついた貧困の形態を表す言葉です。

　若者の就労環境が厳しくなった主な原因は，パートやアルバイト，派遣社員などの非正規雇用の増加です。工業からサービス業への移行やグローバル化の進展により，柔軟な労働力としての非正規雇用へのニーズが高まりました。

　もちろんすべての非正規雇用が劣悪な働き方というわけではありません。生

図表8-2 ▶被保護率と相対的貧困率の年次推移（1990〜2018年）

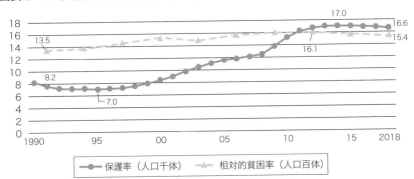

(注)『国民生活基礎調査』の相対的貧困率の測定は3年ごとに実施されているため，
　　1991年から2018年までの3年おきの数値を点線で結んでいる。また，2018年は
　　OECDの所得定義に合わせた新基準の貧困率も公表されているが，ここでは旧
　　基準の値を示している。
(出所) 被保護率は，国立社会保障・人口問題研究所『「生活保護」に関する公的統
　　計データ一覧 第16表』。相対的貧困率は，厚生労働省『国民生活基礎調査』

活との両立といった理由で，この働き方を積極的に選んでいる人も多くいます。
しかしながら，正規雇用の職に就けなかったなどの不本意な理由で非正規の仕
事を選択せざるを得なかった人も，若者を中心にみられます。新卒採用の枠が
絞られた時期は，そのような若者が急増しました。
　その中には，景気が良くなれば正社員の職を探せばよいと考えていた人もい
ました。しかし新卒一括採用が崩れることはなく，景気が良くなった時は，そ
の時代の新卒者が採用され，非正規雇用の職でキャリアを積んできた人が中途
採用されることは極めて稀でした。その結果，一度非正規雇用の職に就くと，
そこから抜け出すことができず滞留する一定数の若者が問題視されるようにな
りました。昨今，氷河期世代[5]の問題がニュースで取り上げられていることか
らもわかるように，この問題は根本的な解決法が未だ見つからないまま，現在
に至ります。

（2）貧困の規定要因

　貧困に陥りやすいのは，どのような世帯や人でしょうか。世帯要因について
は，世帯構成や世帯主の属性が貧困に影響します（橘木・浦川［2006]）。貧困

リスクが高いのは単身世帯，特に母子世帯や単身高齢者世帯です。また，世帯主が低学歴者や非正規雇用者，ブルーカラー職の雇用者，自営業者の世帯は，貧困リスクが高いことがわかっています。

　一方，個人が貧困に至る過程は，性別によって異なります。男性は本人のキャリアと貧困の関連が強く，学歴や初職は現職を媒介して貧困を規定します。ただし職歴上で一度でも失業を経験すると，その後の貧困リスクに持続的な負の影響を及ぼし続けます。

　それに対して，女性の貧困に大きく影響しているのは婚姻状況や夫の職業といった家族要因です。女性本人の学歴や初職は夫の職業を媒介し，貧困リスクに間接的に影響しています。ただし昨今は，看護師，教員，保育士といった専門職女性の貧困率が低いなど，本人の就業状況が貧困リスクに直接影響している傾向も見られます（森山［2012］）。

（3）子どもの貧困

　近年は，大人だけでなく子どもの貧困への関心も集まっています。厚生労働省『国民生活基礎調査』によると，2018年の子ども（17歳以下）の貧困率は13.5％でした。特に貧困率が高いのは，ひとり親の世帯です。この問題は，第13章で詳しく説明されていますので，そちらをお読みください。

　一方，ふたり親の世帯でも貧困率が一様に低いわけではありません。母親の仕事の有無や働き方で貧困率は異なります。2016年の厚生労働省『一般職業紹介状況』を用いて子どものいる夫婦世帯の貧困率を計算した周［2019］によると，母親が正規雇用の共働き世帯の貧困率は2.4％なのに対して，非正規雇用の場合は8.5％，専業主婦の場合は5.6％となっています。

　こうした状況が分かっているのなら正規雇用で働けばよいではないかと思うかもしれませんが，正規雇用に求められる仕事の水準の高さ，育児との両立，一度正規雇用の職を辞めた後に再び正規雇用の職に就くことの難しさなどから，希望していても実際は難しいと考えている母親も少なくありません。

　子どもの貧困は，二重の意味で問題視されています。1つは，幼少期の貧困は成長した後の収入や学力，健康に長期的な影響を及ぼすという点です（阿部［2008］）。もう1つは，「生まれた家」という本人の努力ではどうしようもない

要因によって生じている点です。このように貧困状態が親から子どもに連鎖することを貧困の世代間連鎖と言います。

（4）貧困の世代間連鎖

　なぜ，世代間連鎖が生じるのでしょうか。そのメカニズムを解明することは貧困対策を講じる上で非常に重要です。子どもの貧困研究の第一人者である阿部彩は，連鎖に至る複数の「経路」があることを指摘しています（阿部［2008］，2014）。本稿では主な3つの経路に言及しましょう[6]。

　1つめは金銭的経路です。貧困に陥らないためには，高い学歴を持つことが重要ですが，十分な収入や資産がないために進学を諦めざるをえない人も当然います。学校外での教育や活動にお金をかけられる家とそうでない家の格差もあり，それが進学に影響しているのかもしれません。中卒者や高卒者対象の条件の良い正規雇用のポジションは限定されていますので，非正規雇用の仕事しか見つからなかった場合や就職してもすぐに辞めてしまった場合は，貧困からなかなか抜け出せない状態が続いてしまう傾向にあります。

　2つめは家庭環境という経路です。困窮による親のストレスや健康状態の悪化は，子どもの健全な成長を妨げ，進学や就職面で負の影響を及ぼすと考えられています。また，しばしば親は子どものロールモデルになりますが，親が勉強や学歴に価値を見出していなければ，その考えは子どもにも波及し，勉強する気にすらならないかもしれません。さらには，文化資本（家庭の中で身につける立ち居振る舞いやマナー，常識など）の欠如が，就職活動時や人間関係を築く上でマイナスに働き，貧困の連鎖につながるという主張もあります。

　3つめは意識を介した経路です。親と子に対する数々の意識調査から，貧困世帯の親は子どもへの期待が低いことに加えて，子どもも自尊心や自己肯定感が低いことが指摘されています。つまり，子どもに対する親の期待が低いために教育をはじめとする投資を行わなかったり，期待の低さが直接子どもに伝わることで，学習や進学，就業意欲の低さにつながり，結果的に貧困状態が連鎖すると考えられています。

（5）自己責任論の浸透とその帰結

　貧困問題が多くの人に認識されるのに伴い，貧困は個人の責任か，社会の責任かという議論が盛んになりました。もちろん，どちらかが100％ということはなく両者が複雑に絡み合っていることは間違いないのですが，日本では自己責任論がまたたくまに浸透しました（西澤［2015］）。

　自己責任を主張する人々は，働いて自立することは当然であり，自身の努力で貧困を克服すべきだと考えています。自分の努力で道を切り開いてきたと自負している人ほど，そのように考えているようです。たとえば，世帯収入の高い人や自身が社会階層の中で上位に位置していると考えている人ほど，生活保護費の削減といった制度の厳格化を強く求めています（山田・斎藤［2016］）。

　もちろん障害や病気などの理由で働きたくても働けない人がいることは事実ですので，社会保障制度による救済を完全にゼロにすべきと考えている人はそうはいません。しかし，制度で救うべきは本当に必要な人だけであり，働いていない人が働いている人以上に得をすることは許されないと考えている人は少なくありません。

　日本の社会が「しっかり働いて自立する」という規範で成り立っている以上，この考え方は即時に否定されるものではありません。しかし，自己責任を主張する人の中で，当事者に直接会って話したことがある人は，どれほどいるでしょうか。

　生活保護に対する批判は，これまでもたびたび高まりを見せてきました。たとえば，NHKの番組で貧困を訴えた女子高校生が，本人の所持品などから本当は貧困ではないのではないかというバッシングを受けた事例が挙げられます。事の真偽はともかく，わずかな事例がテレビやインターネットなどのメディアによって拡散され，あたかも貧困を訴える人は努力していないというイメージが形作られ，ほぼ無批判に受け入れられる点に危険性が潜んでいます。なぜなら，このような考えが当たり前の社会になればなるほど，真に貧困に苦しんでいる人々は声を上げることができなくなるからです。

　ニートや下流など貧困を象徴する言葉が流布することで，「（彼・彼女らは）ふつうの生活を送る私たちとは異なる人々」という意識が多くの人に芽生えます。そうした意識の蔓延は，貧困に苦しんでいる人々の居場所を社会から奪い

ます。それは，当事者本人だけでなく家族全体をも巻き込み，地域社会から身を隠してひっそりと生きることを余儀なくされていきます。自己責任論が招いた帰結は，こうした社会の分断だったのです。

（6）社会構造の影響と貧困の固定化

　自己責任を主張する人は，努力で貧困を乗り越えるべきだと考えていますが，本当に努力で何とかなるのでしょうか。また，貧困に苦しんでいる人は努力してこなかったのでしょうか。努力による克服自体を否定するのは現実的ではありませんが，ここで重要なのは，努力するためのスタートラインは万人にとって平等ではないということです。子どもの貧困問題のように，生まれた家による貧困リスクの違いが最たる例です。

　時代の変化も貧困からの脱出を困難にしています。高度経済成長期から安定成長期までは，日本的雇用慣行や標準家族モデルという主流が構築され，大多数の人をその流れに乗せることで集団的に貧困に陥りにくい社会を形成しました。基本的な貧困対策はその主流に人々を乗せること，つまり雇用政策であり，生活保護などの行政の福祉政策は，その流れから逸脱してしまった人への対応という位置づけです。それらはかなりの程度成功を収めていましたが，持続的な経済成長を前提としていた点を見逃してはいけません。

　また，主流が形成されることは同時に，その流れに乗れた層（コア層）と乗れなかった層（周辺層）との間に二重構造という溝ができることを意味していました。主流に乗れた数が圧倒的に多かった時代は，この溝は目立ちませんでしたが，バブルが崩壊し持続的な成長が止まると，周辺層の数が増え，一般的にも問題視されるようになりました。つまり，安定したコア層と不安定な周辺層という構造は変化がないまま，周辺層の数が相対的に増えていったのです。二重構造下では，一度周辺層に陥るとそこからコア層に移るのは非常に難しいことが知られています。

　一般的に，日本は新卒一括採用が主で，新卒採用では採れない種類の仕事を担う人材を中途採用しています。しかし労働条件の良い会社の人ほど転職しませんので，そのようなポストはなかなか空きません。そのため，条件の良い会社に中途採用されるのは，相当の技能や知識を備えた人材で，かつポストが空

いたタイミングでなければ移ることができないことになります。その結果，いったん貧困に陥ると，働いても働いてもその状態から抜け出せない貧困の固定化現象が生じています。

（7）貧困リスクの個人化

　時代の変化による影響はほかにもあります。ドイツの社会学者ウルリッヒ・ベック（Ulrich Beck）は，経済的に先が見通せない現代では，安定的な雇用システムや家族などリスクの緩衝材となってきた制度がその機能を十分に果たせなくなっていると述べています。

　将来の見通しが立たないので，企業は長期的に雇用する従業員の採用を控えたり，生活を保障してくれていた年功的な賃金を見直すといった行動に出ます。また，昔ほど男性の雇用や収入が安定していないため，男女ともに結婚や子どもを作ることを躊躇したり，家族を築いても，様々なリスクを補い合うことが難しくなっています。それらの結果，現代ではリスクが個人に直接降りかかっています。

　これは，貧困リスクを回避したり抜け出すための能力の形成において，各個人が持っている資源の影響力が強まっていることを意味します。高度経済成長期のように集団的に貧困から抜け出すことはもはや不可能であり，貧困に陥らないこともそこからの脱出も個人の努力が「強制される」時代と言えるでしょう。

　むろん多くの人が努力して働いているからこそ，豊かな生活を享受できていることは紛れもない事実です。しかしその一方で，努力が報われるだけでなく，そう思えること自体が恵まれていることでもあります。努力の結果がどのようなものでもその報酬と責任が個人に負わされる時代において，努力を可能とする様々な資源を持つ人と持たない人との間に機会の格差があるということも忘れてはいけません。

4　貧困にどう立ち向かうのか

　残念ながら，貧困問題が今後解消に向かうと現時点で安易に言うことはでき

ません。また，前節で説明した通り，社会構造の変化による影響も大きいため，個人の努力によってやり直しができる社会を築くことは日本全体の課題です。しかし，社会のせいにして時を待っていても，個人の問題は一向に解決されません。では，私たちはどのように貧困に立ち向かえばよいのでしょうか。

　もし自分が貧困に陥った（陥りそうになった）場合，たとえば何らかの理由で仕事を辞めてしまったり，就職活動がうまくいかず卒業後に正規雇用の職に就けなかった場合を考えてみましょう。そこから抜け出すためには，言うまでもなく，より安定した雇用を目指すことが第一になります。

　最近の研究では，キャリアの中でつまずいても，その期間が短ければ短いほど，あるいは若い時であればあるほど，リカバーが可能なことが分かってきました。また，男女ともに専門職は貧困に陥りにくいことが分かっているので，職業資格を取るなど，専門性を身につけることなども有効だと考えられます。

　しかしながら，仕事を辞めた後，すぐに求職活動ができる状態にあるとは限りません。体調不良や家族の問題など，求職活動よりも優先させるべきことが根本的な原因の場合もあります。一言で貧困と言っても，そこに至る過程や背景は実に多様であり，個別具体的なケースを支援する組織や団体はいろいろな所にあります。福祉事務所や児童相談所といった行政機関だけでなく，医療機関，法律の専門家，貧困支援のNPOなどを，ケースに応じて活用することが必要になります。また，同じ境遇にいる人は必ずほかにもいますので，人とのつながりを保ち社会に居場所を確保しておくことが何よりも重要です。1人（家族）だけで抱え込まず，人に頼ることが大切な対策になります。

　イントロダクションで，貧困に陥った原因は様々であるにもかかわらず，「すべて自分の責任」と背負い込んだ男性のエピソードを紹介しました。この漫画の中でも，最終的に男性はケースワーカーの話に耳を傾け，法テラスを訪ねることで，解決に向かいます。もちろん漫画のようにすべてがうまくいくわけではありませんし，すぐに支援を受けてくれるとも限りません。貧困の当事者は，自身が陥っている状況を隠すために人との接触を避け，迷惑をかけまいと他人の声かけを拒むこともしばしばあるでしょう。しかしそれでも，孤立させないためのちょっとしたお節介が，我々には求められているのではないでしょうか。

　そのためには，先に挙げた多様な支援の手段があることを知っておくことに加えて，たとえ本人や身近な人々が困窮していなくても，「ふつう」の人々ができる貧困対策を学んでおくことが重要です。それは，貧困に苦しむ人々に向けるまなざし，つまり無知からくる偏見や思い込み，共感を失うことが当事者の生きづらさにつながっていることを理解し，正しい知識を身につけることです。私たちは，知らず知らずのうちに，自己責任を重んじる新自由主義的な価値観が浸透した社会に慣れ親しんでいます。その価値観が形作られる際に社会規範やメディア等の情報の影響を受けていることを自覚し，自分の考えを批判的に捉える思考を持つことが，社会を良い方向へと変える力になります。

　自らが経験していないことを自分事として理解するのは難しいことですが，他者の経験を目撃することも，私たちの社会や政治への態度，生き方を見直すきっかけになります。よって，本を読んで知ることや現場で直接見て学ぶことも，他者，そして貧困を理解する重要な経験と言えます。貧困は多分に主観的で社会的なものですので，その理解こそが貧困に苦しんでいる人を救い，貧困にやさしい社会へとつながるでしょう。

（森山智彦）

注

1　OECD Data（https://data.oecd.org/inequality/poverty-rate.htm）
2　家内労働世帯とは，委託者から部品や原材料の提供を受けて，自宅で個人または家族と物品の製造や加工を行い，その対価として賃金を受け取っている世帯を指します。
3　低消費水準世帯とは，保護を受けていない世帯のうち，被保護世帯の平均消費水準以下の生活水準にある世帯を指します。
4　岩田（2008）によれば，「社会的排除」はEU諸国の社会政策担当者たちの政策推進のために使われてきた言葉であり，明確な定義はありません。ただし各国の定義には，普通の社会の諸活動への参加の欠如や，複合的な不利の経験の中に生じるといった共通の特徴が見られます。
5　氷河期世代とは，1970〜1984年頃に生まれ，1990年代半ば〜2000年代前半の就職が厳しい時期に社会に出た世代を指します。
6　阿部（2008, 2014）は，3つの経路以外にも，遺伝子，職業，健康，地域・近隣・学校環境を介した経路を指摘しています。

📖 ブックガイド

岩田正美［2017］『貧困の戦後史—貧困の「かたち」はどう変わったのか』筑摩選書

　貧困の背景や原因を深く知るために，歴史的な経緯を理解することが重要です。この章でも簡単に紹介しましたが，本書で更に詳しく学べます。

金子充［2017］『入門貧困論—ささえあう／たすけあう社会をつくるために』明石書店

　貧困と社会保障の論点を，社会学的な観点からまとめた入門書です。現場の声も踏まえて書かれているため，貧困問題をリアルかつ体系的に学べます。

Lister, R.［2004］Poverty, Polity Press.（松本伊智朗監訳・立木勝訳［2011］『貧困とはなにか—概念・言説・ポリティクス』明石書店）

　社会や時代によって変わる貧困の「概念」に注目した本です。貧困という言葉，現象を多面的に捉える際に認識すべきことを教えてくれます。

＼ 参考文献 ／

阿部彩［2008］『子どもの貧困—日本の不公平を考える』岩波書店
───［2014］『子どもの貧困Ⅱ—解決策を考える』岩波書店
岩田正美［2008］『社会的排除—参加の欠如・不確かな帰属』有斐閣
───［2017］『貧困の戦後史—貧困の「かたち」はどう変わったのか』筑摩選書
周燕飛［2019］『貧困専業主婦』新潮選書
副田義也［2014］『生活保護制度の社会史〔増補版〕』東京大学出版会
橘木俊詔・浦川邦夫［2006］『日本の貧困研究』東京大学出版会
西澤晃彦［2015］『貧困と社会』放送大学教育振興会
森山智彦［2012］「職歴・ライフコースが貧困リスクに及ぼす影響—性別による違いに注目して」『日本労働研究雑誌』No.619, 77-89
山田壮志郎・斉藤雅茂［2016］「生活保護制度に対する厳格化志向の関連要因—インターネットによる市民意識調査」『貧困研究』16, 101-115
山田昌弘［2005］『迷走する家族—戦後家族モデルの形成と解体』有斐閣

第9章

地域に密着して働くことは楽しい？

　大学を卒業して東京で働きだして3年。仕事にも慣れてきたし，やりがいも感じている。でも，コロナ禍も経て，毎日満員電車で揺られながらの通勤が，正直，辛く感じるようになってきた。今の会社でこれから5年，10年働くことを想像してみると，どんどん忙しくなりそうだし，仕事は充実するんだろうけど，そればかりになってしまいそうだ。自分の人生，本当に会社の仕事だけでよかったんだろうか…。そんな不安を感じてきた。

　そうしたなかで見つけた電車の吊り広告。「田舎で働きませんか？」って，田舎じゃ稼ぎもよくないだろうし，きっと生活も不便だよなあ。でも，満員電車に乗らなくてよい人生は羨ましさも感じる。広告の写真に出ている人，なんだか幸せそうな，良い表情をしているなあ。もちろん広告だから，そういう演出なんだろうけど。でも，最近自分はいつ，あんな顔をしただろうか。気になって調べてみたら，意外に仕事はありそうだ。ただ，今から新しい仕事をして大丈夫だろうか。田舎は人づきあいが濃密で大変っていうけど，どうなんだろう。自然に囲まれた暮らしにも魅力は感じるけど，都会の便利さも捨てがたい。いったい，どうしたらよいだろうか？

1．地方移住やコミュニティへの注目の高まり

（1）地方移住への注目の高まり

　まず，都会よりも地方で働こう，地方で生きていこうという動きについて考えてみましょう。こうした動きは，最近はブームのように取り上げられることも多いものですから，皆さんも，ネット記事やSNS，新聞やテレビ等を通じて

図表9−1 ▶タイトルに「田舎暮らし」等を含む図書・記事の件数

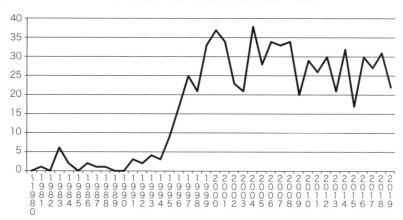

(注) 国立国会図書館蔵書検索で「田舎暮らし」「田舎ぐらし」「農村ぐらし」「農村
　　移住」「田舎移住」「農村回帰」「UIターン」「Iターン」をキーワードに，年別
　　に図書・雑誌記事のタイトルを検索。雑誌のタイトルの場合は創刊年に1件カ
　　ウントした。
(出所) 筆者作成

ご存じかもしれません。

　ためしに，国立国会図書館のデータベースを使って，地方で働くこと・地方
で暮らすことに関わるキーワード（「Iターン」とか「田舎暮らし」など）を
タイトルに含む書籍や記事を探してみると，1990年代半ば頃から増えていった
ことがわかります（**図表9−1**）。また，東京の有楽町には，地方移住を考える
人がよく訪れるNPO法人ふるさと回帰支援センターという組織があるのです
が，過去10年の間に，移住相談に来る人の数が10倍（2009年の2,942人から
2019年には34,613人）に増えています（ふるさと回帰支援センターHP参照）。
都会に住んでいる人のなかで，地方で働こう，地方で生きていこうと考えてい
る人が，今，増えているのです。

（2）コミュニティへの注目の高まり

　コミュニティには様々な定義がありますが，広く知られているのは，R.
M.マッキーバー（Robert Morrison MacIver）の定義でしょう。彼は，同じ関

心や目的に沿って人為的につくられる集団であるアソシエーションと対比しながら，コミュニティについて，同じ場所や地域で一緒に生活しているという意識を共有している自然発生的な集団と定義しました（MacIver［1917＝2009］）。

そして今，都会のなかでこうしたコミュニティを再評価するような取り組みが数多くみられるようになってきました（ここで「再評価」と書く意味は，次節以降で詳しく説明します）。

具体的には，都会において地域で新しいつながりを創ろうという動きが，いろいろな形で出始めています。地域に住む高齢者と近隣の大学に通う学生をつなげるような取組みや，子育て世代でつながる／子育ての支援につながるような取組み，仕事とは別に地域でのつながりを創り何か新しいことを行おうという取組みなど，様々な形で地域でつながりを創り出す取組みが生まれてきているのです。

たとえば，私が勤める大学のある東京都文京区でも，こうした取組みが次々と生まれてきています。2013年にオープンした「こまじいのうち」は，地域の民家を開放し，気軽に憩える「居場所」にすることを目指した施設ですが，ここでは，地域の高齢者と学生，子育て世代の新しいつながりが生まれています。

2015年にオープンした「さきちゃんち」は，まちの人々で子どもたちを見守り育てることを目指した施設で，子どもたちと地域の人々との新しいつながりが生まれてきました。その後，入居施設の建て替えに伴い一旦閉鎖しますが，地域の方々の協力も得て，コンセプトを多世代交流に広げながら，元の施設の近隣に移転・再オープンしています。

2016年に生まれた「文京まちたいわ」というグループがあるのですが，ここには文京区内に住む人／勤める人が任意に定期的に集まっています。そして，自分の行っている／行いたい地域の活動について紹介したり，相談しながら新しいつながりを創り，新しいつながりをもとにした新たな活動が生まれてきています（**写真9-1**）。都心にほど近い文京区の場合，平日の夜間の早い時間でも，こうした地域での取組みに働きながら参加しやすいということもあるようです。

もちろん，こうした活動が生まれた地域にも，以前から長らく存在している町内会・自治会組織（東京23区では町会と呼ばれることが多い）があります。

写真9-1 ▶文京まちたいわフェスの様子

実際，文京区は町会の活動が活発で，様々な行事が町会や地区町会連合会単位
で行われてきています。現在は，こうした伝統的な地域コミュニティの活動は
もちろんのこと，それらとは別の様々な地域のつながりを求める活動が生まれ
てきているのです。もちろん，こうしたことは以前からもありましたが，現在
は，これらの活動を行政が支援するようになっていたり，あるいは，企業が社
会貢献活動の一環でお金や場所を提供するようになっています。また，そうし
た取組みに，仕事を持ちながら関わる人も数多くいるのです。

（3）地方移住やコミュニティへの注目の高まりの意味を考える

　地方で働こう／地方に移住しようという動きと，都会においてコミュニティ
を再評価する動き。一見すると全く関係ないような話かもしれませんが，実は，
この2つの動きには共通している背景があります。

　近代以降，どちらも，ある時代までは高くは評価されないものでした。移動
するといえば，多くの人は豊かな暮らしを目指して地方から都会へと移動する
ことを目標にしました。つまり，地方よりも都会のほうを高く評価してきたの
です。また，学校を卒業してから引退するまでは，コミュニティに関わること

よりも仕事を優先すべきであるという考えも根強くありました。

　しかし，現在，必ずしもそうした考えばかりでもなくなりました。都会から地方に移住を希望する人も増えていますし，仕事とコミュニティでの活動を両立して暮らしていこうという人も現れています。ここには，人生のなかでの仕事の位置づけの変化を見て取ることができます。この章では，そうした変化を概観しながら，現代社会において働いていくこと，現代社会を生きていくことについて考えていきましょう。

2　拡大と成長の時代
―都市で働くことを通じて自己を実現する時代

（1）近代化と都市への人の移動

　近代という時代を迎えると，どの国においても周辺部から中心部への人の移動が生じます（この場合の「近代」というのは「Modern」の翻訳語で，世の中が変化することが当たり前になった時代以降，現在までを含めた概念のことです（Giddens［1990＝1993］））。

　イギリスの歴史家であるクライヴ・ポンティングによると，ヨーロッパで近代化が進み始めた1800年頃には，世界人口の1.4％（2,500万人）しか都市に住んでいませんでしたが，1980年には50％（25億人）を超えたとされています（Ponting［1991＝1994］）。過去200年ほどの間に，世界的規模で都市への人の移動が生じたことがわかります。

　日本においても，明治維新を経て近代を迎えると，多くの人が地方から都市へと移動することになります。これについて，東京都の人口の推移を使って考えてみましょう。

　東京都総務局統計部によりますと，明治維新当初（1872年）の東京都の人口は86万人弱でした。それが現在は，約1,400万人。およそ150年間で16倍以上に増えたことになります（東京都HP参照）。細かく見ていくと，大正時代（1912-1926）から戦前にかけて顕著に増加しましたが，第二次大戦で大幅に減少します。しかし，その後，高度経済成長期（1954-1970）頃までに急激に増加しています。また，2000年代に入っても，ゆるやかに増加し続けていることもわか

図表9-2 ▶ 東京都の人口の推移（1872-2019）

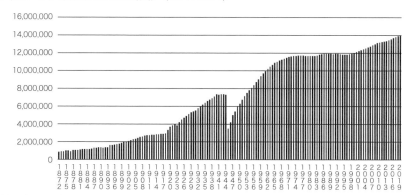

（資料）東京都総務局統計局「人口の推移（東京都，全国）（明治５年から平成31年・
　　　　令和元年）」
（出所）筆者作成

ります（図表9-2）。

（2）なぜ人は都市に向かうのか？

　最近の人口移動についての話は次節で扱うとして，ここでは働くということ
や生活という観点から，「近代になると，何故，人は都市に移動していくの
か？」について考えてみましょう。まず，近代になると，どの国でも自分たち
が国民であるという意識をもった人々を抱える国民国家が形成されていきます。
そして，多くの場合，国民は国内を自由に移動することができるようになりま
す。また，国民国家においては教育や産業振興は国を単位として行われ，多く
の場合，その中心は都市になっていきます。その結果，人々はより良い教育や
仕事を求め，都市へと移動していくことになるのです。

　東京の場合，特に大正時代に都市に人が集中した背景には，第一次大戦後の
重化学工業化の拡大という事情がありました。大きな港湾を抱える東京・大
阪・名古屋の三大都市圏で重化学工業化が進み，それを前提に商社や銀行，大
企業の本社が大都市に集まり，都市が拡大していったわけです（西村［2000］）。

（3）都市で暮らすこと・都市で働くということ

　高い教育を受ける機会や新しい産業が集中する都市は，まさに近代が具体的に現れた場所でした。

　これについては，19世紀末～20世紀初頭にかけて活躍し，社会学の学問的枠組みの形成に大きく貢献したゲオルグ・ジンメル（Georg Simmnel）の議論が参考になります。彼は，「大都市と精神生活」という講演のなかで，大都市に資本主義の特徴的なことが具体的に現れ，人々の生活様式（生活の仕方や考え方）に影響を与えていく様子を論じました（Simmel［1903＝1971］）。

　人々にとって都市という場所は新しさの象徴であり，また，働くという点から考えれば，様々なチャンスに溢れたフロンティアという側面がありました。実際，都市には農村にはまだない新しい文化，モノはもちろん，高い収入を得られる就業先がありました。

　もちろん，チャンスがあることとそれを掴むことは別の話です。日本においては，戦後，高度経済成長期に急速に都市が拡大するなかで，都市のなかで確実にチャンスを掴む方法として，大企業の正社員になるということが目指されることになります。急速に経済が成長するなかで多くの企業がその規模を拡大していく状況においては，一旦，大きな企業に入ってしまえば時代とともに企業も成長し自らの職位や給与も上昇するだろうという考えが，広く受け入れられることになります。そして，大企業に入るべく厳しい受験戦争を勝ち抜き，都市部の有名な大学に行くことが目指されていくわけです。

　こうした「正社員になり定年まで勤めあげる」生き方のことを，歴史社会学者の小熊英二は「大企業型」と分類しました。分類という以上ほかのものがあるわけで，彼は，地元に根差して働く「地元型」，そのどちらにも括れない（だからといって否定的な意味とは限らない）「残余型」というカテゴリーを提示します。そして，日本において，実際には高度経済成長期も今も，「大企業型」に当てはまるのは，全体の3割程度に留まる一方で，「大企業型」を目指した生き方が一般的なものであるとして，広く受け入れられていることを指摘しています（小熊［2019］）。

　読者の皆さんのなかにも，あまり意識せずに良い会社（大都市に本社のある大企業）に就職できるよう，良い学校（大都市にある入試難易度の高い大学）

に入ろうと努力を重ねて，現在に至る方はいるのではないでしょうか。

　19世紀末から20世紀初頭にかけて活躍したフランスの社会学者エミール・デュルケム（Émile Durkheim）は，個人の外にあって個人の考えや行動を規制する，社会のなかでの決まり事（規範）のことを社会的事実と名付けました（Durkheim［1895＝1978］）。「大企業型」の生き方は，実際にそのレールに乗る割合は別として，社会的事実として我々の考え，行動を規制しているわけです。

（4）都市で働くことと都市におけるコミュニティの弱体化

　こうした「大企業型」の生き方が受け入れられ，人々が都市へと移動していくことで，コミュニティも大きく変化していくことになります。

　近代化以前は，多くの人が地域に根差して働いていました。ですから，地域で一緒に生活しているということは，仕事も生活も共にしているということを意味したわけです（たとえば，構成員のほとんどが農業を営んでいたかつての農村を思い浮かべてください）。当然，関係も強固なものになりやすく，コミュニティは仕事においても生活においても重要なものとなっていました。

　しかし，先ほど提示した「大企業型」の場合には，仕事と生活は空間的に分離しています。日本の場合は，「大企業型」の企業で働く多くの人々は，郊外から長い時間をかけて通勤しましたから，仕事はコミュニティから分離されたものであることが当たり前になっていきます。しかも，日本型雇用システムのもとでは，働く人々は，その一員・メンバーとして企業に所属して働くことが求められます（濱口［2011］）。それは，見方をかえれば，かつてのイエに所属するように企業に所属して働くことが求められるということであり，長時間労働も常態化していきます（三戸［1994］）。居住地から離れた場所で働き，帰ってくるのは深夜という状況では，働きながらコミュニティに関わるということは，かなり制約を受けることになります。このようにして，担い手が制限されるなかで，コミュニティも弱体化していくことになるのです。

（5）都市に移動することと農村におけるコミュニティの弱体化

　また，人々が都市へ移動していくことそのものも，コミュニティの変化と関

係があります。農村から都市への移動は，当初は，農閑期等を中心に一時的に外に働き場を求める「出稼ぎ」という方法が主流でした。そして，高度経済成長期には農業の機械化が進み人手が次第に余るなかで，次男や三男といった農地の継承ができない人々が，都市へと仕事を求めて移住していくことになります。さらに，都市と農村の経済格差が拡がっていくと，家の継ぎ手であった長男の流出，そして，イエごと村から出ていく形である挙家離村という事態が生じてきます（日本村落研究学会［2007］）。このようにして農村のコミュニティの担い手が減少し，また，次第に農業以外の職に就く人々も増えるなかで，その弱体化が進むことになります。

3　拡大と成長の時代の終焉—自己実現の場はどこか？

（1）拡大と成長を前提としない社会の到来

「大企業型」が受け入れられ，また，長時間労働が受け入れられたのは，経済成長が続き人口も増大しているという背景がありました。というのも，そうした社会においては，「そこに所属し平均的に努力を重ねれば，拡大する企業のなかで昇進と昇給を重ねていくことができる」と，多くの人が信じることができたからです。

しかし，現在の日本の状況を見てみると，安定して経済成長が達成されると信じられるような状況にはなっていません。また，人口が増大し続け，自分よりも若い世代が自分たちの世代より会社に多く入ってくるだろうという展望が描ける状況でもありません。

それに加えて，そもそも「大企業型」の生き方を目指して大学に進学したところで，それが叶わないような構造になっているという指摘もあります。これについて小熊は，「2001年以降の大学卒業者数は，ほぼ55万人で一定して」おり，「大企業採用数約12万人と対比させれば，全体の競争状況がどのようなものであるかは想像できる」（小熊［2019］）と述べ，バブル崩壊等の景気動向とは関係なく，そもそも大学卒業者が以前ほど「大企業型」の職に就くことができなくなっていることを指摘しています。つまり，現在では，大学に進学しても大企業に就職できるとは限らないし，大企業に入社しても，平均的に努力を

重ねた結果として昇進と昇給を期待できるとは限らなくなっているわけです。

　かつても現在も，日本型雇用システムにおいては長時間労働が常態化していますが，近年になって「ブラック企業」という言葉が出現し，そうした働き方が問題視されるようになりました。この背景の１つには，かつてのように長時間働いた結果として，将来豊かになる・出世するといった展望を描けなくなったことがあるのでしょう。あるいは，雇用労働者のなかで，そうした展望を描ける雇用形態ではない非正規雇用者が増大したこともあるのかもしれません。

（2）都市から農村に移住して働く・暮らす

　それでも，良い学校を出て大きな企業に入ろうと，都市への移動は続きます。総務省統計局のまとめによると，バブル経済が崩壊したのちの1990年代中盤を除くと，人の移動は基本は地方から都市であり，近年では東京への一極集中が進んでいることがわかります（図表9-3）。一方で，都市に向かう地方の若者の場合，大卒以上の学歴を持たないと，経済的にはプラスになっていないという指摘もあります（石黒ほか［2012］）。

図表9-3 ▶ 三大都市圏の転入超過数の推移（1954〜2019）

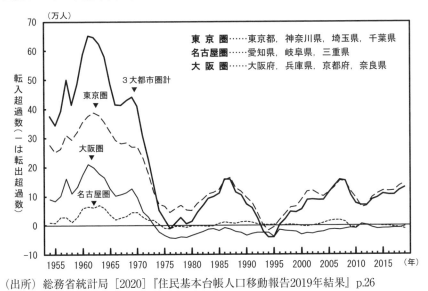

（出所）総務省統計局［2020］『住民基本台帳人口移動報告2019年結果』p.26

　こうしたなかで，大企業を目指し都市に移動するのでもなく，かといって元々の地元社会に根差して働くというわけでもなく，Ｉターンで（都市から地縁・血縁のない農村に移住して）働くという動きに注目が集まってきています。

　これには，様々な背景があります。まず，これまでの話を踏まえれば，大企業型はあたかも社会全体で目指されるもののように語られながらも，実際に実現できる人は３割程度ということでした。それであれば，そのレールから外れ，違う生き方を積極的に模索してみようという形の１つが，Ｉターンと捉えることもできるでしょう。

　それでは，その場合，何故，都市よりも地方が積極的に捉えられるのでしょうか。実際に農村に移住した人々に聞いてみると，都市は農村に比べると空気が汚いとか，混雑が激しくて暮らしにくいなど，都市を否定的に捉えている話がよく出てきます。

　ただし，こうした反都市主義的な考えは，随分と前からあるものでした（藤田［2002］）。一方で，近年になると，高度経済成長期とは異なり，農村を肯定的に捉える機会が増えているという指摘もあります。農村社会学者・農業社会学者の立川雅司は，イギリスの観光社会学者ジョン・アーリの唱える観光のまなざし論（観光というものの見方が近代に成立していく様子を指摘した議論）を援用する形で，1990年代以降，日本の農村は「人間性を回復する＜いなか＞」として肯定的に捉えられ，その意義が再評価されていく様子を論じています（立川［2005］）。

　また，移住者には，都市よりも農村のほうが新しいことにチャレンジできるという認識を持った人が多くいます。大都市は，何をするにもコストがかかり，競争相手も多い一方で，農村は，都市住民から見た場合に魅力的な資源に溢れ，また，コストや競争相手という側面でも有利であり，良好な関係を築ければ周囲からのサポートも受けやすいと捉えているのです。

　著者が聞いたなかで印象に残っているのは，最近，東京から山形県の山間部に移住した20代男性のＭさんの話です。

　彼は，まさに上述の理由で自分で人生を切り開くのは都市ではできないと感じていたところ，たまたま職場の縁で訪れた農村で，それをできると感じたと語っていました。家賃も高く競争相手もたくさんいる東京では，人脈も学歴も

資金もない自分が起業できるとも思えなかった。でも，ここなら，ここにしか
ないものを使って自分で工夫して仕事をすることができる。そして，ここに居
場所を見つけた，という話をしていました。居場所というのは，顔の見える関
係のなかで自分の存在が必要とされているという感覚，つまりはコミュニティ
のなかで役割をもって生きているという感覚のことを指すようでした。かつて
は，そうしたことが息苦しく，地方から都市に出る人も多かったわけですが，
現在は，都市のなかで居場所がないと感じる人々が農村に移住し，新しい仕事
を創り出しながら，コミュニティに支えられて暮らしていることがあるのです。

（3）都市でコミュニティに関わりながら生きる

　こうした，コミュニティを再評価するという動きは，実は，大都市において
も起こっています。（1）でも触れたように，大都市の中心部においても，コ
ミュニティに関わる活動が活発になりつつあります。これと関連しているのが，
都心回帰という現象です。1960年代の半ばから1990年代の半ばまで，東京23区
は人口が減少し続けていました。これが，1995年以降は増加に転じ，2010年代
まで一貫して増加し続けています（東京都HP参照）。こうして，大都市でも職
住近接で働く人々も現れ，働きながらコミュニティに関われる時間的余裕を持
つ人々が都心を中心に増加しました。

　また，かつての優良・大企業でさえ経営が危ぶまれるような事例も出てくる
なか，企業に人生を託すような働き方に対して疑問の声も上がるようになって
います。

　企業が「居場所」ではないという認識が広まるなか，再度，自分は何のため
に働くのか，どこに自分の存在意義を見出していくのかが問われるようになっ
てきています。そして，都市部における新しいコミュニティの形成の動きは，
これに対する回答の1つになっています。つまり，仕事とは別に地域のなかで
存在が認められ，地域のつながりのなかで役割を得る。そこに，自らの存在意
義を見出すという人も出てきています。また，地域に貢献することを生業とし
て成立させようと，社会的起業（社会的な問題の解決を目指して事業を創りあ
げること）を目指す動きも出てきています。

4　おわりに—何のために働くのか

　ここで紹介した 2 つの新しい動き—都市から農村に移住して働く・暮らす／都市でコミュニティに関わりながら生きる—は，どちらも，目に見えるコミュニティという範囲に何か関わりながら生きていくというものでした。それは，もちろん仕事を通じて関わるということもあるでしょうし，仕事とは別に自らの存在意義を確認するために関わるということもあるでしょう。どちらの場合でも，大きな組織の論理に従い，そのなかで自己実現を果たしていくという話ではありません。それよりも，自らの考えで新しいフィールドに飛び出し，そこで居場所を創り，そこに生きがいを見出そうというものでした。

　この章のタイトルは「地域に密着して働くのは楽しい？」というものですが，自分の居場所を創りだしながら働くことは，高い確率で楽しいものであるということができるでしょう。普通のレールとは少し外れるかもしれない，こうした新しい働き方・生き方が楽しいとわかった今，あなたは，どのような働き方・生き方を目指しますか？

（土居洋平）

📖 ブックガイド

石黒格・李永俊・杉浦裕晃・山口恵子著［2012］『「東京」に出る若者たち—仕事・社会関係・地域間格差』ミネルヴァ書房

　若者が地方から都市に出る社会・経済的な構造が豊富なデータをもとに示されています。なぜ多くの若者が地方から東京圏に移動するのか，そこにまつわる問題は何かが，具体的な事例をもとに理解できます。

松永桂子・尾野寛明編著［2016］『シリーズ田園回帰 5　ローカルに生きる・ソーシャルに働く—新しい仕事を創る若者たち』農山漁村文化協会

　都市から農村に移住した人を中心に，地域社会に根差して働く事例を豊富に紹介したものです。地域に根差して生きるということが，どのようなことかが具体的にイメージできます。

＼参考文献／

石黒格・李永俊・杉浦裕晃・山口恵子［2012］『「東京」に出る若者たち―仕事・社会関係・地域間格差』ミネルヴァ書房

小熊英二［2019］『日本社会のしくみ―雇用・教育・福祉の歴史社会学』講談社現代新書

立川雅司［2005］「ポスト生産主義への移行と農村に対する「まなざし」の変容」日本村落研究学会編『【年報】村落社会研究41 消費される農村―ポスト生産主義下の「新たな農村問題」』農山漁村文化協会

西村雄郎［2000］「近代都市形成」地域社会学会編『キーワード地域社会学』ハーベスト社

日本村落研究学会［2007］『むらの社会を研究する―フィールドからの発想』農山漁村文化協会

濱口桂一郎［2011］『日本の雇用と労働法』日経文庫

藤田弘夫［2002］「都鄙のユートピア―都市主義と「反」都市主義」『慶応義塾大学大学院社会学研究科紀要：社会学心理学教育学―人間と社会の探究』慶應義塾大学大学院社会学研究科

松永桂子・尾野寛明編著［2016］『シリーズ田園回帰5 ローカルに生きる・ソーシャルに働く―新しい仕事を創る若者たち』農山漁村文化協会

三戸公［1994］『家としての日本社会』有斐閣

Durkheim, E.［1895］*Les Règles de la méthode sociologique.*（宮島喬訳［1978］『社会学的方法の基準』岩波文庫）

Giddens, A.［1990］*The Consequences of Modernity*, Polity Press.（松尾精文・小幡正敏訳［1993］『近代とはいかなる時代か？―モダニティの帰結』而立書房）

MacIver, R.M.［1917］*Community: A Sociological Study*, Ayer Co Pub.（中久郎・松本通晴訳［2009］『コミュニティ―社会学的研究：社会生活の性質と基本法則に関する一試論』ミネルヴァ書房）

Ponting, C.［1991］*A Green History of the World: The Environment and the Collapse of Great Civilizations*, Penguin.（石弘之訳［1994］『緑の世界史（上）（下）』朝日新聞出版）

Simmel, G.［1903］*Die Großstädte und das Geistesleben.*（居安正訳［1976］「大都市と精神生活」『ジンメル著作集12 橋と扉』白泉社）

《参考ウェブサイト》

総務省統計局HP『住民基本台帳人口移動報告　2019年（令和元年）結果』（https://www.stat.go.jp/data/idou/2019np/kihon/youyaku/index.html，2020年2月28日参照）

東京都HP『人口の動き（令和4年中）』（https://www.toukei.metro.tokyo.lg.jp/jugoki/2022/ju22q10000.htm，2023年7月28日参照）

NPO法人居場所コムHP『こまじいのうち』（https://www.ibasho-com.org/komajii，2020年2月28日参照）

ふるさと回帰支援センターHP『2019年の移住相談の動向プレスリリース』（http://furusatokaiki.net/wp/wp-content/uploads/2020/02/furusato_ranking2019.pdf，2020年2月28日参照）

第 3 部

「普通の人生」
はあるのか

第10章

「未婚のままでいることは気楽か」

　私は姉と弟の3人きょうだい。姉は三十半ばだけれどまだ独身で結婚する気配はない。働いているけれどずっと実家に住んでいる。姉に「一人暮らししないの」と聞いたら，「そうしたいけれど，今の収入では家を出て生活するなんて無理」と言っていた。姉は大学を出て正社員として就職したけれど，仕事が忙しすぎて辞めてしまい，以来，ずっと派遣社員…。良い転職先を探してはいるみたいだけれど，これといったスキルや経験がないからなかなか条件の良い働き口は見つからないようで，少し焦っている。

　結婚しない姉のことを父も母もなぜかあまり心配していない。いつかは結婚するだろうと思っているようで，姉が生活費として毎月家に入れる3万円を結婚資金として貯金してくれている。結局，姉は働いているけれど，生活はすべて親がかりってことだよね。でもこんな状況は我が家だけではないの。同じゼミの仲間の家には，フリーターのお兄さんがいて，お母さんが身の回りの世話を全部しているらしい。お兄さんの収入だと結婚もなかなか難しいみたい。

　こんなことを見聞きすると，自分はどうなるのかと思うことがある。結婚はいつかしたいけれど独身は気楽。だってお母さんが何でもやっておいてくれるから。でも独身って本当にいいものなのかな。お父さんもお母さんもまだ元気だから頼れるけれど，お父さんはそろそろ定年だし，お母さんも最近疲れやすいようで，パートの仕事や家事の負担が重くなっているみたい。両親がもっと年を取ったときに，私も姉のようだったら…我が家の生活はどうなってしまうのかしら。

1　未婚期間の長期化と親子関係の変化・リスク

（1）ポスト青年期の出現

　若者は様々な過程を経て大人（成人）になります。この過程は「青年期から成人期への移行時期」と考えられ，安定した社会制度や社会経済環境のもとで，若者は学校卒業後に（正規雇用者として）職業生活に入り，親から経済的に自立し，配偶者・パートナーを見つけて結婚し親になるという過程の中で大人になっていくと考えられてきました。これまで多くの人々はこのような過程を当たり前と考え，その当たり前を前提に日本の社会制度も整えられています。

　しかし，社会や経済状況が変化する中で，若者が大人になる道筋は単一ではなくなり，また，その道筋が長く，かつ複雑になってきています。「学校を卒業→就職→結婚→子どもを持つ」という当たり前と考えられてきた過程は，誰もが経験できるものではなくなり，性別，職業，収入，親の経済水準などの個人が置かれている状況によって様々なパターンを生み出しています。

　宮本みち子［2004］は，青年期から成人期への移行のプロセスが長期化・多様化・流動化するなかで青年期と成人期の間に生まれた新しいステージを「ポスト青年期」と呼んでいます（図表10-1）。「ポスト青年期」とは，学生ではなく，職業・家庭両面でいわゆる＜一人前＞ではない移行的性格を帯びた時期を指します（宮本［2012］）。具体的には，学校は卒業していても自分の生計を独自で維持できている状態ではなく，多くは親の家に住み続けて独身生活を送っています。「ポスト青年期」は親への依存・半依存という特徴をもち，「ポ

図表10-1▶　ライフステージと親子関係

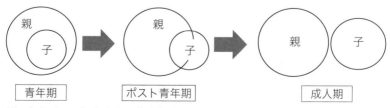

（出所）宮本（2004）をもとに筆者作成

151

スト青年期」が出現したということは，親への依存期間が長期化しているという現象を表しているといえます（宮本［2004］）。

（2）晩婚化・未婚化する若者：結婚意向と現実のギャップ

　「結婚」は若者が自立するための大きなライフイベントの1つです。結婚して自分の家庭を築くということは，生計をやりくりし（家計の管理），家族の生活設計を考えながら，家庭の様々な活動を長期間にわたって円滑に行っていかなくてはなりません。そのような絶え間ない検討と行動が，人々の自立を促していくのです。

　では皆さんは自分の結婚について考えたことがありますか。将来結婚したいですか。何歳ごろ，どんな人と結婚したいでしょうか。あるいは，結婚しなくてもよい，結婚できないかもしれないと考えることはありますか。

　読者の皆さんのような現代の日本の若者の多くは，男女ともに自分たちは「いずれ結婚するつもり」と考えていて，若者たちの意識としては結婚するのはまだ当たり前と思われているようです。では結婚の実際はどうなっているのでしょうか。

　まず，日本人の平均的な初婚年齢は，長期的にみると男女ともに上昇する傾向にあります。男性は30歳を超え，女性も30歳になろうとしていますが，30年間で男性は約3歳，女性も約4歳上昇しています。このように人々が結婚時期を先送りする傾向を「晩婚化」と呼びます。また婚姻件数や婚姻率も低下する傾向にあり，30〜34歳男性はおよそ2人に1人，女性はおよそ3人に1人，35〜39歳男性はおよそ3人に1人，女性はおよそ4人に1人が結婚していません（図表10-2）。

　さらに生涯に一度も結婚をしない可能性が高い未婚者（50歳時未婚者あるいは生涯未婚者と言われます）は，男性でおよそ3割，女性でおよそ2割となっており，この比率は今後も上昇すると予想されています（国立社会保障・人口問題研究所［2022］）。

　このような晩婚化や未婚化はなぜ起こっているのでしょうか。これにはいくつかの仮説が考えられています。まず，仕事と家庭生活の両立が難しいと考える高学歴の女性は，せっかく身に着けた知識やスキルを活かしたいと考え，仕

図表10−2 ▶年齢別未婚率の推移

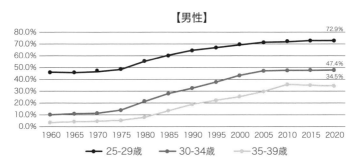

【男性】

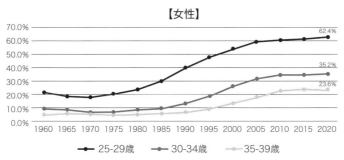

【女性】

（出所）総務省［2020］「国勢調査」をもとに筆者作成

事のキャリアを十分積んでから結婚しようと考えるというものです。また高学歴で経済力がある女性は一人で生きていけるから結婚しなくてもよいと考えるのではないかという説もあります。生涯にわたって仕事を中心とした生活を送りたい人や自由に人生を送りたいと考える人もシングルでいることを選択するかもしれません（非婚志向）。これらは，いずれも個人が自分のライフスタイルを中心に考え，主体的に未婚を選択しているという仮説です。

　一方で，近年有力なのは，男性の収入水準が低下したことによって，男女とも非主体的に未婚を選択している（せざるを得ない）のではないかという仮説です（山田［2007］；加藤［2011］）。日本は1990年代の半ばくらいからバブル経済の崩壊やグローバル化を経験して経済が低調な時期が長く続き，それ以前の時代と比べて，十分な収入を得ることが難しい男性が増えています。その結果，結婚をしたくても自分の収入で家族を養えないと考える男性は結婚に踏み

切れなくなります。また，経済力のある女性は結婚相手にも相応の条件を希望
する傾向があるかもしれませんが，結婚候補の男性の現実が自分の希望と合わ
なければ，いくら結婚に興味があってもあえて結婚を選択しないという状況も
生まれそうです。

　以上のように，結婚というライフイベントは，必ずしも個人の価値観やライ
フスタイルによって決定するもの・できるものではなく，現代ではむしろ，そ
の個人が置かれている社会経済環境によって，結婚したくてもできない人が出
てきているのです。

（3）親の存在は加齢とともにセーフティネットからリスクへ

　日本の未婚者は親との同居率が高いという特徴があります。図表10-3は
国勢調査をもとに，配偶関係別・男女別の親との同居率を年齢別に見たもので
す。グラフの上方にあるのは，未婚男性と未婚女性の親との同居率ですが，有
配偶男女と比べると大きな違いがあることがわかります。年齢とともに同居率
が低下するのは，親が年を取って入院したり施設で暮らすようになったり，あ
るいは他界してしまったためと考えられます。

図表10-3 ▶配偶関係別・年齢別　親との同居率

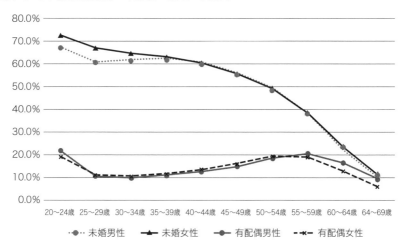

（出所）総務省（2015）「国勢調査」をもとに筆者作成

　かつての日本では，結婚した長男が親元にとどまり，三世代同居になるケースが多かったのですが，現在三世代同居は低下する傾向にあり，代わりに成人した未婚子が成人前から継続して親元にとどまるケースが多くなっています。

　ではなぜ，多くの若者は成人後も親との同居を続けるのでしょうか。親に干渉されずに生活したいと思う若者はいないのでしょうか。まず日本では，子どもは結婚を契機に家を出る，つまり結婚までは実家にいるものといった考え方（離家規範）がまだ残っています。ですから，通学や通勤が物理的にできないといった事情がないと，結婚前に実家を出て生活しようと考える人はあまり多くいません。親も「子どものためならできるだけのことはしてやりたい」という意識があるので，子どもにあえて家を出るよう促すこともないのです。

　子どもは親と同居していれば，多少の生活費を家に入れることはあるにせよ，家賃，光熱費，食費などの支出は抑えられますし，母親が家事もやってくれます。何かあっても親に頼ることができるため，子どもにとって親は多少わずらわしい存在ではあっても，自分の生活を守ってくれる「セーフティネット」なのです。

　しかし，親がセーフティネットの役割を果たしてくれることには期限があります。父親が定年を迎えて年金生活になれば親の経済力は低下しますし，親の体調が悪くなれば家事を頼ることもできなくなります。さらに進んで親の介護が必要になれば，今度は子どもが自分の生活や仕事を調整して親の面倒をみなければならなくなります。親を経済的に支えなくてはならないことも起きてくるでしょう。

　つまり，親の年齢とともに経済状態や身体状況が変化すれば，今度は，子どもがかつての親の役割を果たす「役割逆転」が生じます。その時に，子どもが十分に自立していれば親を支えることができますが，そうでなければ，親子が共倒れしてしまうことがあります。若い頃に自分を守ってくれた親が今度は自分の生活を脅かすリスク要因に変化する可能性があるのです。

　結婚や親子関係によって成り立つ家族・世帯は，多くの人々の生活を守るセーフティネット機能があります。しかし，そのセーフティネットはいつまでも続くものではないですし，未婚化が進む社会ではセーフティネットを持たない（持てない）人々が増えます。では，我々はどうしていけばよいのでしょう

か。次節では，結婚や親の存在が人々を守っていた時代についてみていきます。

2　結婚適齢期からの解放とパラサイト生活

（1）高度経済成長期から1990年代前半までの標準的な生き方

　人は就職，結婚，出産といった様々な人生上の出来事を通じて社会的な役割を獲得し，その役割に期待される行動をとりながら生活をしています。このような個人がたどる生涯にわたる各種役割経歴の束としての軌跡をライフコースと呼び，この軌跡は，役割取得の時機（タイミング），順序，間隔によって描き出すことができます（岩上［2013］）。

　1970年代の高度経済成長期から1990年代の前半くらいまでの日本には，多くの人がたどる標準的なライフコースがありました。この背景にあるのは「近代家族」という考え方です。「近代家族」とは，家族メンバーが家族愛の絆で結ばれ，プライバシーを重んじ，夫が稼ぎ手で妻は主婦というように性別役割分業し，子どもに対して強い愛情と教育関心を注ぐような家族を指します（落合［2019］）。この時代，そして現代にいたってもなお多くの人々が典型と考えている家族形態です。

　この近代家族をベースにした標準的なライフコースでは，男女は20代半ばくらいまでに結婚し，結婚後に子どもを2人くらい産み，結婚相手と生涯をともにし，幸せに暮らすこと，そして，その夫婦の子どももまた親と同じような人生を送ることが前提になっていました。女性に対しては，この年齢までに結婚すべきという「結婚適齢期」があり，その年齢をクリスマスケーキになぞらえて表現されることもありました（クリスマスケーキは12月25日までしか売れないように，女性も25歳までででないと結婚できないという考え方）。

　しかし1980年代に入り，女性の高学歴化や男女雇用機会均等法の制定（1985年。1986年施行）などを背景として男女の職業領域における機会の平等化が志向されるようになると，女性の職業キャリアに対する関心が高まります。かつては結婚後には家庭に入り「○○の奥さん」と夫に付き従う影のような存在として扱われていた女性たちでしたが，彼女たちにとって結婚後に仕事を辞めることは必ずしも標準ではなくなりました。

　働きながら妻や母親役割を担う女性，子どもを持たずにあるいは独身のまま
で仕事をする女性たち，男性と同じようにキャリアを追求したいと考える，い
わゆる「キャリアウーマン」といわれる女性たちも目立つようになり，女性の
ライフコースは多様化しつつあると社会が考えるようになりました。かつての
ような20代の半ばまでに結婚しなくてはならないという社会からの圧力も徐々
に和らいでいきました。

　90年代前半はバブル経済が崩壊したものの，まだ日本社会に経済力があった
時代でした。そうした良好な経済情勢を背景に，基礎的生活条件を親に依存し
ている「パラサイト・シングル」（山田［1999］）が知られるようになります。

（2）パラサイト・シングルの「社会問題化」

　標準的なライフコースのもとで稼ぎ手となるべき父親は，日本経済が好調で
あった1990年代前半までは，企業に正規雇用者として長期雇用され，年功的に
賃金は上昇し，1人の稼ぎ手で十分に家族を養えるくらいの経済力を持つ存在
でした。定年時には退職金が支給され，退職後も年金によって豊かな生活を維
持することができました。またこの当時は，学校を卒業した子どもたちも順調
に正規雇用者として就職ができていたので，親子両世代が経済的なゆとりを
持っていられる状況でした。

　そのため先に述べた離家規範や父親が豊かなことが背景となり，子どもたち
は就職して自立できるだけの経済力を持つにもかかわらず未婚のまま親との同
居を続け，親に依存し続けるようになったのです。

　新入社員で収入はまだ少なくても，わずかな生活費を家に入れれば必要な生
活費用のほとんどを親が払ってくれるので，子どもは自分の収入のほとんどを
自分のためだけに使うことができます。また食事の世話や掃除，洗濯も無料で
母親がやってくれます。人によっては，母親がお弁当を作って昼食としてもた
せてくれることもあるそうです。

　山田昌弘はこのような成人しても依然として親に守られる生活を送っている
若者たちを「パラサイト・シングル」と命名しました（山田［1999］）。「パラ
サイト」とは寄生虫のことです。親のすねをかじって生活する若者を寄生虫と
表現したのです。

　「パラサイト・シングル」は1990年には1,000万人に達し，多くの親たちが実感する現象として注目されました。そして同時に，当時の議論として，成人した息子や娘が結婚もせずいつまでも親のすねをかじる生活を送っていてよいのかと，自立を先送りする若者を問題視する議論に発展しました。

　しかし，事はそう単純ではなくなってきます。前節で触れたように，バブル崩壊を発端として日本の経済環境が悪化するとともに，若者たちの就業環境も不安定になります。そして，このような不安定さが若者の経済的自立や結婚をより困難なものへ導くようになるのです。

3　重なり合う親子のライフコースとキャリア選択

（1）依存から抜けられないパラサイト・シングル

　1990年代の前半にバブルが崩壊すると，日本は長期の景気低迷期に入り，多くの企業が新卒採用を控えたため，その後2000年代初めくらいまでに就職活動時期を迎えた世代の若者は非常に困難な就活の現実に直面します。

　この若者たちは「就職氷河期世代」と呼ばれ（おおよそ1970年～1980年の間に生まれた人々を指す），正規雇用者としての内定を取れず，やむを得ず非正規として働かなくてはならない若者が社会に多数出現することになりました。景気悪化の影響は親世代の雇用や収入にも影響を及ぼすため，従来は安定した雇用環境によって支えられていた親子の生活が変化することになります。

　図表10-4は，景気の状態と若者を支えるしくみを表しています。太い実線はつながりが強いこと，点線はつながりが弱いことを示しています。

図表10-4▶景気の状態と若者を支えるしくみ

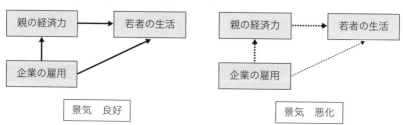

　景気が良好な時代（左側の図）には，企業の雇用が親の経済力を支え，親の経済力が若者を支えるという強い経路がありました。同時に，企業が若者を雇用することを通じて生活を支えていました。しかし，景気が悪化した局面（右側の図）では，企業が社員を雇用し続けたり十分な賃金を払い続けたりすることが難しくなるため親の経済力が低下し，親の経済が若者の生活を支える力も弱くなります。企業が若者の生活を支える経路も脆弱になりました。

　若者が正規雇用者になれず非正規雇用で働いていると収入が不安定なため，たとえ本人が望んでも親元から自立することはできませんし，結婚の見通しをたてることも難しくなります。このように若者が仕事の機会の喪失のために実家を離れたくても離れられず，親への依存から逃れられない現象が生じていることはイギリスですでに議論になっていました（Jones & Wallace［1992=1996]）。日本でも景気と就業環境の悪化がきっかけとなり，自立できるだけの経済力を持たないために，真に親に依存せざるを得ないシングルが増えたのです。

　就業状況が結婚に及ぼす影響として**図表10-5**を見てください。これは，男性の従業上の地位・雇用形態別の有配偶率です。いずれの年齢においても正規の職員・従業員として働いている男性の有配偶率は，非正規の職員・従業員として働いている場合よりも高いことがわかります。

　新卒時の就活の不利によって安定的な収入を得ることが難しいと結婚はさらに先送りされ，壮年期（35〜44歳）に入っても親との同居は続きます。先に示

図表10-5 ▶ 男性の従業上の地位・雇用形態別有配偶率

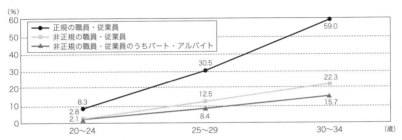

（注）数値は，未婚でない者の割合。
（出所）内閣府［2021］「令和3年版少子化社会対策白書」

した図表10-3でも見たように，35〜44歳の壮年未婚者の親との同居率は6割を超えています。

　このように中年期に入っても依然として独身で親と同居し，親の家計に頼りながら生活している状況は，近年「黄昏同居」（日経新聞電子版 2017.1.15）や「アラフォークライシス」（NHK「クローズアップ現代＋」取材班［2019]）と呼ばれ，高年期に入った未婚者が貧困に陥る可能性があることが指摘されています。

（2）依存の先にある役割逆転と未婚子のキャリア

　未婚の成人した子どもが親に依存せざるを得ないのは，日本の社会保障制度が標準的なライフコースを歩んでいる男女を念頭に置き，標準以外のコースを歩む人を守る役割が十分に果たせていないからです。すでに見てきたように景気後退などの要因によって企業が働く人を守る余裕がなくなると，未婚者は親以外に頼りにできる先がなくなります。

　しかし，ひとたびセーフティネットである親に何かが起こったらどうなるでしょうか。日本の未婚の子どもは親との同居率が高いため，そのまま親の面倒をみる役割へと移行していきます。これまで親と同居することでパートやアルバイト，派遣社員といった非正規雇用ながら何とか生活をしていた人たちが，親の看病や介護を一人で行うことになり，両立できずに仕事を辞めてしまったとしたら，たちまち子どもの生活は影響を受けます。

　たとえば，筆者が2019年にインタビューした40代の未婚女性の中にも，突然母親の介護が必要になったときに，父親にも，一人っ子であったためにきょうだいにも頼れず，単身で働きながら介護を始めたものの，母親の介護費用を作るために自宅を売却し，結果的に正規雇用の仕事も辞めざるを得なくなったというケースがありました。積極的に選んだかどうかはともかく，配偶者やパートナーを持たずに生きてきた人の中に，家族の誰かが弱い立場に置かれた際に，突然，自分の経済状態やキャリアに影響を受けざるを得なくなってしまう場合があるということがわかります。

4　リスク社会における個人の自立と格差

　未婚のまま生きることに対する日本社会の考え方は標準的ライフコースを生きる人が多数であった時代に比べて変化し，現代社会を生きる日本人は多様なライフコースを受け入れるようになってきています。皆が同じような時期に同じ役割（夫や妻，親役割など）を獲得してそれを続けることが標準的，安定的，幸せなのだという考え方だけではなく，個人の役割の経歴を自分自身が主体的に検討・選択しようとする「個人化」を受け入れる時代になってきているのです。個人の生き方の選択肢が広がり，社会がその選択を受け入れていくことは皆が生きやすい社会を作るために重要なことです。

　ただし，単身で生きる人たちは，家計の維持・管理，老後も含めた長期的な生活設計やキャリア発達などを多くの場合，自分一人の力で行わなくてはなりません。親を助ける役割を一人で担わなくてはならない可能性もあるでしょう。そのため，このような一人で生きることのリスクも知り，キャリアや人生を設計してゆく必要があるのです。

　そして，リスクへ対処できる力は，経歴，経験や備えによって格差が生じることも知っておく必要があります。たとえば，いつかは結婚するだろうと考えて結果的に未婚期間が長くなっている人は，一人で生きることをそもそも想定していないため経済的な備えが不十分になりやすいと言われています（山田［2014］）。また，親をあてにして簡単に職を辞めてしまうとキャリアの継続性が失われ，長い貧困へつながることも指摘されています（直井［2015］；大風［2023］）。一方で，親の家を離れて生活している人は貯蓄や家計簿をつける習慣が備わっていたり，生涯独身であっても生活に困らず生きていける自信を持っています（大風［2021］）。

　人々の生き方の志向性が多様化する現代にあっては，ある生き方を選んだ人が決定的に不利な状況に陥ってしまうような格差は是正しなければなりません。しかし，残念ながら国の政策はそのような格差に対する視点を持ったものとはなっておらず，短期間のうちに変わることは期待できません。

　ですので，イントロダクションの相談にアドバイスをするとしたら，自分自

身のキャリアの行く末や親の状態など不確実性に満ちた将来に対応するためには，結果的にどのような人生を歩むことになったとしても慌てることのないよう，自律的なキャリアプランや人生設計を描き準備をしておくことが重要です。

（大風　薫）

📖 ブックガイド

Newman, K. S. [2012] *The Accordion Family Boomerang Kids, Anxious Parents, and the Private Toll of Global Competition*, Beacon Press, Boston.（萩原久美子・桑島薫訳 [2013]『親元暮らしという戦略—アコーディオン・ファミリーの時代』岩波書店）

　日本と欧米6カ国において，若者の親との同居期間が長期化している現象と，現象に対する各国の政策や捉え方の違いが示されている。

宮本みち子・小杉礼子 [2011]『二極化する若者と自立支援—「若者問題」への接近』明石書店

　研究者，ジャーナリスト，社会活動家がそれぞれの立場から，若者の実態と新たな若者政策の実現に向けた改革案を提起している。

\ 参考文献 /

岩上真珠 [2013]『ライフコースとジェンダーで読む　家族 [第三版]』有斐閣

NHK「クローズアップ現代＋」取材班 [2019]『アラフォークライシス—「不遇の世代」に迫る危機』新潮社

大風薫 [2021]「中年期シングル女性の生活設計における課題—持続可能な生活に向けて」『生活経営学研究』56：18-24

——— [2023]「シングル女性の仕事と貧困リスク—未婚期間の長期化に見る就業継続可能性の低下要因」『日本労働研究雑誌』750：38-48

落合恵美子 [2019]『21世紀家族へ—家族の戦後体制の見かた・超えかた [第4版]』有斐閣

加藤彰彦 [2011]「未婚化を推し進めてきた2つの力—経済成長の低下と個人主義のイデオロギー」『人口問題研究』67（2）：3-39

総務省 [2015]『国勢調査』

総務省「2020」『国勢調査』

直井道子［2015］「コラム1　中高年女性が貧困に陥るプロセス」小杉礼子・宮本み
　ち子編著『下層化する女性たち―労働と家庭からの排除と貧困』

宮本みち子［2004］『ポスト青年期と親子戦略―大人になる意味と形の変容』勁草書
　房

宮本みち子［2012］「成人期への移行モデルの転換と若者政策」『人口問題研究』68
　（1）：32-53

山田昌弘［1999］『パラサイト・シングルの時代』筑摩書房

――――［2007］『少子化日本―もうひとつの格差のゆくえ』岩波書店

――――［2014］『「家族」難民　生涯未婚率25％社会の衝撃』朝日新聞出版

Jones, G. & C. Wallace［1992］*Youth, Family and Citizenship*, Buckingham, Open
　University Press.（宮本みち子監訳・鈴木宏訳［1996］『若者はなぜ大人になれな
　いのか―家族・国家・シティズンシップ』新評論）

《参考ウェブサイト》

国立社会保障・人口問題研究所［2022］『人口統計資料集2022年版』（https:www.
　ipss.go.jp/syoushika/tohkei/Popular/Popular2022.asp?chap=0　2023年4月4日現
　在）

内閣府［2021］『令和3年版　少子化社会対策白書全体版（PDF版）』（https:www8.
　cao.go.jp/shoushi/shoushika/whitepaper/measures/w-2021/r03pdfhonpen/pdf/
　s1-4.pdf　2023年4月4日現在）

第11章

結婚は幸せか

📠 イントロダクション

　結婚しない人が増えているらしい。そういう人生もアリだと思うけれど，自分としては，いつかは結婚したいと思っている。

　ただ，まわりを見ていると結婚で幸せになれるのかな…と，ふと疑問に思う。30歳をすぎたばかりの姉は，「恋人としては最高だった」という彼氏と3年もつきあった末に別れてしまった。彼の仕事が不安定だったのが原因らしい。そして最近，友人の友人から紹介されたという銀行勤めの人と，「結婚を前提に」つきあい始めた。でも何となく前のほうが楽しそうだった気がするな。

　高校時代の友人Aは，「養ってくれる人を探して，仕事をやめる」が口ぐせだけど，そういう人が見つかった気配はない。Aの気持ちはわからなくもないけれど，このご時世に，そもそもそんな人見つかるのだろうか。それに，仮に「養ってくれる」人があらわれたとしても，結婚したらしたで，相手の親に気を遣ったり，親戚とつきあったりっていうのはちょっと億劫だ。

　もし相手の収入が少ないなら，共働きするしかないかなとも思う。だた，それもやっぱり大変そう。大学で同じサークルだったBは，同級生の中では比較的早く結婚して，子どももいるけれど，仕事もしながら家事・育児で疲れ切っている様子だ。最近は連絡してもなかなか返事がこないし…。

1　近世の結婚から「近代家族」へ

　結婚はいつの時代にも同じような姿であったわけではありません。そのことを確認するために，少し時代をさかのぼったところから話を始めましょう。

　日本社会の近代化よりはるか以前の1700〜1800年代の徳川時代の結婚は，①

地域的に多様であり，②流動的であり，③プロセスとして考えられるようなものであったといわれています（落合［2004］）。奉公慣習や相続慣習，婚前の交際パターンの差異等によって初婚年齢には大きな地域差がありました。また嫁／婿がイエの成員として共に生活していけるかどうかを結婚初期に見極める過程がみられる地域もあり，うまくいかない場合には離婚となりました。その結果，離婚や再婚が多くなります。結婚の登録は，「家」の成員としてうまくいくことを見極めてから行う，子どもが生まれてから行うという地域もありました。その意味で，結婚はいくつものイベントを経て成立するようなものであったといえます。

　このような結婚は，その後の明治時代の家制度の浸透を経て変わっていきます。服部誠は，明治民法下での見合い結婚の広まりを，以下のように論じています。明治民法において妻は夫の「家」に入ることが規定され，妻の財産は夫が管理するため妻の財産権はなく，離婚は女性に著しい不利益をもたらすものとなりました。子どもが生まれてからの離婚は夫の家にとっても，その継承を不安定にするので，離婚に対する忌避意識が高まります。その結果，結婚はやり直しがきかないものとなり，相手をしっかりと見定めるために親が介入してくることになります。親は，より確実に結婚話をすすめるために，結婚を仲介してくれる仲人を頼りました。そのような仲人の仲介のもとで，見合いではじめて顔を合わせて結婚するような，見合い結婚が広がっていったのです（服部［2017］）。私たちの多くが「昔の結婚」としてイメージするような，親が決めた相手との見合いによる結婚は，明治時代の家制度の影響を強く受けた結婚だったといえます。

　第二次大戦後，結婚は再び大きく変化します。戦後の産業構造の変化によって雇用就業が一般的になったことにより，結婚とそれによって形成される家族は，地縁・血縁による共同体から切り離され，相対的に自律したプライバシーの領域となります。そうした近代社会の成立とともに現れる家族のあり方は「近代家族」と呼ばれます。「近代家族」はヨーロッパでは市民革命や市場経済の発達，19世紀以降の産業革命による大量の雇用労働者の出現などによって形成されました。産業化のプロセスがヨーロッパより遅れて始まった日本では，「近代家族」は第二次大戦後の高度経済成長期に社会の全域に広がります。

　落合恵美子は，理念型的にとりだした「近代家族」の特徴を，以下の8点にまとめています。(1) 家内領域と公共領域の分離，(2) 家族成員相互の強い情緒的関係，(3) 子ども中心主義，(4) 男は公共領域・女は家内領域という性別分業，(5) 家族の集団性の強化，(6) 社交の衰退，(7) 非親族の排除，(8) 核家族（落合［2019］）。

　すなわち家族は市場とは明確に分離され，共同体のネットワークから切り離され，プライバシーの保たれた，外部社会とは明確は境界線をもつ「集団」となります。そのような家族における結婚は，互いの愛情が重視され，また生まれた子どもを愛情をもって育てることが期待されます。

　山田昌弘は「近代家族」の基本的性格として，外の世界から隔離された私的領域であり，家族生活において情緒的な満足を得ることが期待されることに加えて，家族のメンバーが互いに，一定の生活水準の確保と労働力の再生産の責任を負うことを挙げています。

　「誰かが稼いだお金で商品を購入して消費し，誰かが家事労働を行うことによって，家族全員の生活の維持をはかり，次世代の労働力である『子ども』を産み，一人前の大人に育て上げ，日常生活の中で労働力を回復させなければならない」（山田［1994］pp. 44-45）ということです。生活保障機能が，近隣や村，親族集団などの共同体ではなく，家族に期待されていることも，「近代家族」の特徴だということができます。

　互いの愛情の重視は「近代家族」における重要な特徴ですが，そこにはある種の規範がともなっていました。千田有紀は，「近代家族」には3つの規範が存在すると指摘します。1）夫婦間の絆の規範としてのロマンティック・ラブ・イデオロギー，2）母子間の絆の規範として母性イデオロギー，3）家族の集団性の規範として家庭イデオロギーです（千田［2011］）。

　このうち，2）の母性イデオロギーとは，母親は子どもを愛するべきだ，子どもにとって母親の愛情に勝るものはないという考え方を指し，3）の家庭イデオロギーは，家庭を，このうえなく大切なものとする考え方を指します。1）のロマンティック・ラブ・イデオロギーとは，「一生に一度の恋に落ちた男女が結婚し，子どもを生み育て添い遂げる」，つまり愛と性と生殖とが結婚を媒介とすることによって一体化されたものです。このイデオロギーのもとで

は，愛と性と結婚と子どもが一連の過程として考えられ，相手を好きになれば結婚し，性関係をもち，その結果子どもが生まれることが当然の流れであると考えられました。ここには，生殖に結びつく関係こそが「自然」とする考え方が潜んでおり，ロマンティック・ラブ・イデオロギーは異性愛規範を内包するものだったということができます。

　このように，愛・性・生殖・生活保障が一体となった結婚は，「近代家族」の成立にともなって登場した，近代社会特有の結婚の姿であることがわかります。本章では，日本で「近代家族」が大衆化したといわれる戦後の高度経済成長期から現在にかけて，結婚が人々にとってどのようなものであったか，またその変化は戦後日本の社会変動とどのように関連し，現代における結婚の「悩ましさ」とどのように関連しているかをみていきます。

2　「結婚＝幸せ」の時代
―高度経済成長期から1980年代ごろまで

（1）産業化の進展と経済成長
　第二次大戦後，日本社会は農林漁業に従事する人々を中心とする社会から，雇われて働く人を中心とする社会に変化しました。そうした産業構造の変化のなかで，継ぐべき家業をもたない多くの人にとっての結婚は，当人同士の愛情や安らぎの追求といった意味合いが強いものとなります。

　この時代，多くの人々が結婚は幸せの実現であると，ある種の実感をもって考えることができたのには，当時の日本の経済成長とそれにともなう働き方とライフスタイルの変化が大きく関わっています。1950年代初頭から70年代初頭までの約20年間に，日本経済は著しく成長します。産業構造の変化のなかで，雇用は都市部において大量に創出されたので，多くの人々がよりよい仕事を求めて都市に移動する現象，すなわち都市化も起こりました（都市化について第9章で詳しく取りあげています）。

　こうした右肩上がりの成長を遂げている社会では，人々は結婚後の生活が，それ以前の生活よりも豊かなものになると容易に考えることができました。産業構造の転換によって，農林漁業に従事する家族に生まれ育った子どもの多く

は，会社に雇われて働くようになります。よりよい雇用労働の機会を求めて都市部に居住するようになれば，都市で花開く消費文化を享受することができます。さらには経済成長を背景に，雇用労働によって得られる賃金は，将来的に上昇していくことが見込まれます。結婚してからたどりうる生活の軌跡を，経済成長，賃金の上昇，都市化の進展と大衆消費社会の到来などと重ね合わせることによって，結婚はより豊かな（≒より幸せな）生活への入り口としてイメージされたのです。

（2）男性稼ぎ主型生活保障システムのもとでの結婚

　日本社会で，よりよい暮らし（≒幸せ）への入り口と思われた，この時代の結婚は，ある特定の「かたち」が想定されていたことには注意が必要です。

　それは「近代家族」と親和的な，夫が妻と子どもの暮らしを経済的に支え，妻がケアを担当するというものでした。日本社会は，人々をそのような結婚へ向かわせる社会システムを形成したのです。その社会システムとは，「男性稼ぎ主型生活保障システム」（大沢［2007］）と呼ばれるものです。

　男性稼ぎ主型生活保障システムとは，男性に安定的な雇用と賃金を保障するように労働市場を規制し，それを前提とした社会保険制度を備え，妻と子どもは世帯主に付随して保障されるようなシステムを指します。そこではケアは妻が担うことが前提とされ，ケアに関する社会的な支援は，家族（妻）が担えない場合に限り例外的に提供されるにすぎません（大沢［2007］）。

　このシステムは，様々な生き方を中立的に支えるのではなく，「男性が女性と子ども（と高齢者）を経済的に養い，妻がケアを担う家族」をモデル（標準）とし，そのモデルに沿って生きようとする人々を集中的に支援するシステムでした。このようなシステムのもと，労働市場は男性が稼ぐことを前提に構成されました。

　高度経済成長期には大企業を中心に長期雇用慣行や年功賃金制度が拡大しましたが，それが適用されたのは基幹的業務を担う男性労働者に限られていました。男性の賃金については，家族を養うに足る水準の賃金，すなわち「家族賃金」を保障すべきであるという考え方が採用されましたが，一方で女性の労働は一時的・家計補助的なものとみなされ，賃金は低く抑えられました。

　また，社会保障制度も男性稼ぎ主を中心に設計されました。社会保険制度においては，日本では1961年に国民皆保険・皆年金体制が実現しますが，妻の医療や老後の生活リスクには，夫の社会保険制度が対応することを前提に制度が設計されました。たとえば医療に関していえば，夫が加入する健康保険に，妻と子どもは被扶養者として加入することで，妻と子どもは保険料を支払うことなく給付を受けることができるようなしくみがつくられました。

　住宅政策は，男性稼ぎ主を前提とした，持家取得の推進を中心に進められました。男性稼ぎ主が安定的な雇用を前提に住宅ローンを組んで持家を取得し，ローン返済を終えた持家が老後の生活保障となるような，人生にわたる住まいの標準的な「梯子」が想定され，そうしたライフコースを歩もうとする人たちを集中的に支援するような政策が展開されました（平山［2009］）。戦後しばらくの間，長期・固定低金利の住宅ローンを提供する唯一の機関であった住宅金融公庫からの融資は，単身者には供給されず，家族を形成しなければ住宅政策の恩恵を受けることができませんでした。

　さらに日本の社会保障システムにおいて，企業福祉の果たす役割が大きかったことも，稼ぎ主である男性を支援することで，女性・子どもが間接的に支援されるしくみを強化した側面があります。企業は社会保険料の事業主負担を担うとともに，退職金，住宅手当，家族手当等を支給し，健康診断・疾病予防のためのサービスや保養所の利用等の従業員向けの福利厚生プログラムを提供しました。こうした企業福祉の受益者は直接的には従業者本人ですが，その家族も間接的にその恩恵を受けることが想定されています。

　妻の立場にある女性には，ケア役割が強く期待されました。1978年厚生白書は，三世代同居が「家族機能に即してみれば大きな利点」をもつこと，そのひとつは老親の介護が期待できることであると指摘し，さらに家庭における介護の担い手として「主婦」をあげています。そのような三世代同居を，「福祉における含み資産」と記述しました（厚生省［1978］）（介護については第14章で取りあげています）。

　このような生活保障システムは，夫が稼いで妻子を経済的に支え，妻がケアを担うという生き方を制度的に優遇するもので，「近代家族」と親和性の高いものでした。こうしたシステムに支えられて，「近代家族」は幸せの象徴とな

り，人々の支持を得たのです。1979年においては，「男は外で働き，妻は家庭を守るべきである」という考え方に対して，70％以上の人が「賛成」または「どちらかといえば賛成」の態度を示しています（内閣府男女共同参画局[2017]）。

3　「結婚＝幸せ」への疑問

（1）近代化のさらなる進展と「近代家族」との矛盾

　高度経済成長期を経て男性稼ぎ主型生活保障システムが形成されるプロセスは，日本社会の産業化が進展し，福祉国家化が進むプロセスと重なるものでした。そうした，いっそうの近代化のなかで，近代産業社会は，その原理（＝市場社会の原理）を貫徹させようとするなかで，それ自体が作り出したしくみ（＝「近代家族」）との間に矛盾が生じるようになるという指摘があります。そしてそのことが，結婚を単純に幸せとはイメージしにくい状況を生み出します。

　ドイツ社会を観察したウルリッヒ・ベック（Ulrich Beck）は，福祉国家の枠組みのなかで雇用労働が広がることによって，階級社会は解体され，社会階級の個人化といった事態が進行していると指摘します。経済的な豊かさ，法で規制された労働市場と社会保障の整備，教育機会の拡大などによって，人々は階級を形成して社会的・政治的に行動する契機をなくし，その代わりに，自分自身がよりよく生きられることに関心を向けるようになります。生活保障の鍵は労働市場にあるため，よりよい仕事に就くために教育を受けようとし，解雇や失業という事態に対しては，法で定められた個人の権利に基づいて，職業安定所に出向いたり，場合によっては法廷へ出向いて，個人でその権利を取り戻さなければならなくなります。つまり個人は，階級から解放されると同時に，労働市場や教育システム，社会保障法上の規制などの制度に，より直接的に依存するようになります（Beck [1986=1998]）。

　このような個人化の力学は，家族やパートナー関係にも，その影響を及ぼすとベックは論じます。発達した市場社会の原理は性の境界線を越えて適用され，性にかかわらず人は労働市場に適した人間となることが要請されます。このことは，近代産業社会の基礎をなすような，性別分業を前提とするような男女の

結婚とそれによって形成される家族との間に大きな矛盾を生じさせます。しかもそうした社会が有する矛盾は，個人的な矛盾に転嫁され，女性と男性の間に「世紀の紛争」の様相を呈しながら，「労働と生活，家事労働と職業労働などを再統合しようとする取り組みや実験」（Beck［1986=1998］p.221）が始まっていると論じられています。

　日本においても，戦後の産業化は女性の高学歴化と雇用就業者の増加をともなうものでした。女性の大学進学率は，戦後一貫して上昇しており，女性と男性の進学率の差も1980年代以降は縮小傾向にあります（総務省統計局［2022］）。また，女性の就業率は1970年代半ば以降上昇していますが，そのプロセスにおいて女性の就業者に占める雇用者比率も上昇しました。1975年には60％程度であった雇用者比率は，2022年には90％を超えています（「労働力調査長期時系列データ」より算出）。

　共働き世帯数も増加し，1997年以降は共働き世帯数が，男性雇用者と無業の妻からなる世帯数を上回るようになりました（内閣府男女共同参画局［2022］）。このような状況は，「近代家族」のもとで女性に期待されるケア役割と相矛盾し，とりわけ女性に大きな葛藤を生むようになりました。

　「夫は外で働き，妻は家庭を守るべきである」という考え方に対しては，趨勢的に「反対」「どちらかといえば反対」という回答が増えていますが，女性のほうが男性よりも常に「反対」の態度を示す人の割合が高い傾向が続いています（内閣府男女共同参画局［2017］）。結婚は，とりわけ女性においては仕事と家族のケア役割との二重負担の場ともなったのです。

（2）「純粋な関係性」

　個人化のプロセスは，人々を階級や地縁などの共同体から解放しました。そうした共同性の喪失を埋めるように，人々のパートナーをもつことへの欲求は，かえって高まりをみせたとベックは指摘します（Beck［1986=1998］）。そこで人々に志向されるのは，婚姻という制度や「近代家族」の役割配分に必ずしも基づかない「内面性を分かちもつ」ような関係性です。

　このような関係性のことを，アンソニー・ギデンズ（Anthony Giddens）は「純粋な関係性（pure relationship）」と表現しました（Giddens［1992=1995］）。

それは「互いに相手との結びつきを保つことから得られるもののために」関係を結び，かつその関係が「相手との結びつきを続けたいと思う十分な満足感を生み出していると見なす限りにおいて関係を続ける」（Giddens［1992=1995］p.90）ようなものです。そのような関係性の追求を現実的なものとすることには，避妊や人工妊娠中絶，不妊手術などの技術の発達も大きく寄与しました。

　「純粋な関係性」の希求に連なるような変化は日本社会にも見られます。ひとつは，離婚を後押しするような人々の態度の変化です。1992年と2005年の「国民生活選好度調査」では，2005年調査では1992年に比べて，離婚の増加を肯定的に受け止める人の割合が増加し，なかでも離婚の増加を「自分の生き方を大切にするようになったことの反映である」と捉える人が増加していると指摘されています（内閣府国民生活局［2006］）。ここからは，パートナーとの生活が「自分の生き方」に沿わない（満足のいくものではない）状況は，離婚の十分な理由になりうると考えられるようになっていることが読み取れます。

　また，第12章で詳しく取り上げますが，LGBTQのパートナーシップ，LGBTQ親の子育てには，あらかじめ社会によって準備された「役割」が存在しないなかでの，パートナー間での対話と交渉による合意形成のプロセス（神谷［2017］），「母親」か「父親」かを必ずしも明確にしない子育ての実践をみることができ，一対の男女の結びつきを核とし，愛・性・生殖が結婚のもとで一体化しているような「近代家族」を前提とするのではない生き方が示されています。

（3）変わらない男性稼ぎ主システムのなかでの結婚と家族

　日本社会においては，「近代家族」と親和的な男性稼ぎ主型生活保障システムは1980年代ごろにできあがった後にも大きく変更されませんでした。そのため，「近代家族」とそれに基づくような結婚をしない生き方には，大きな不利がともない，結果的に「近代家族」に沿わない生き方を選びにくい社会となってきました。人々が人生上の決定を行う際に依存せざるをえない日本社会の「制度」が，「近代家族」に沿わない選択をすることを大きく制約してきたのです。

　そのひとつの典型は，税制や社会保障制度における扶養制度です。この制度

のもとでは，夫が妻子を養うという家族（のみ）が保護の対象となります。そのため，妻が経済的に自立する，女性が結婚しないで生きていく，というような，この制度の保護の対象外となる生き方を選択しづらくなります。またこうした制度を前提に，家計補助的に働く女性が多いパート労働者の賃金が低く抑えられているという側面もあります。

　また日本でもひとり親家庭は増加傾向にありますが，母子家庭は経済的に困難に直面することが多く，そうした生活基盤の脆弱性によって，生活上の困難が生じやすいと指摘されています。離婚については第13章で取り上げますが，たとえば女性の申し出による熟年離婚のような現象は，現役時代の夫の収入に対する経済的依存によって妻の生き方がいかに制約されているかを物語っています。

　さらに生まれた子どもを同性パートナーとともに育てているカップルの事例では，産んでいない女性は実際に子育てを担っているにもかかわらず，社会的には「親」と認められず，役割葛藤に悩まされることが指摘されています（この点については第12章で詳しく論じられています）。

　このように「近代家族」に沿わない生き方を選択しようとする若者を排除するように進んでいるのが，第10章で取り上げた未婚化です。未婚化は，若者が結婚を望みながらもそこから遠ざけられるというかたちで進展しています。

　「出生動向基本調査」によると，「いずれ結婚するつもり」と回答した18～34歳未婚者は，2021年調査でも女性・男性ともに80％を超えています（国立社会保障・人口問題研究所［2022］）。一方で未婚率には大きな変化がみられます。「国勢調査」で年齢層ごとの未婚率をみると，2020年では，25～29歳および30～34歳男性では，未婚率がそれぞれ76.4％，51.8％，女性では25～29歳で65.8％，30～34歳で38.5％となっています。1970年には，25～29歳および30～34歳男性で61.3％，34.6％，25～29歳および30～34歳女性で18.1％，7.2％だったことをふまえると，未婚率が大きく上昇したことが分かります。

　未婚化の背景のひとつには，90年代以降の経済不況のもとで「男性稼ぎ主」を前提とするような結婚が，必ずしも実現可能でなくなってきたことが挙げられます。結婚に紐づいた生活保障システムのもとで，人々には依然として「男性稼ぎ主」をもつような結婚への誘因が働きます。けれども男性の雇用と賃金

の不安定化によって，制度が想定する「男性稼ぎ主」に，誰もが当然のように
なれる状況は失せてきました。不況へ対応するため企業は新規採用を縮小しま
したが，それは若年の，とりわけ男性の雇用状況の悪化につながりました。

　1990年の20〜24歳層の失業率は，男性3.7％，女性5.7％でしたが，2002年に
は男性15.2％，女性8.3％となっており，若年男性の失業率が急激に高まったこ
とがわかります（「労働力調査長期時系列データ」より）。同時に1990年代以降
は第7章で取り上げたように，非正規雇用者割合も増加しました。

　このような状況のなかで，女性の間には，結婚し，子どもを持ったあとも仕
事を続ける生き方を考える人々が増えています。（実際になりそうだと考える）
「予想」のライフコースとして「専業主婦」を選ぶ人は1990年代以降一貫して
減少する一方で，「両立」（結婚し，子どもを持つが，仕事も続ける）を「予
想」のライフコースとして選択する人が増加しています（国立社会保障・人口
問題研究所［2022］）。

　けれども，女性の家庭でのケア役割には大きな変化が見られていません。平
日・土日も含めた週全体の1日あたりの家事関連時間（家事，育児，介護・看
護，買い物の時間）の平均は，2021年においても女性が3時間24分，男性が51
分と大きな差がみられます（総務省統計局［2022］）。

　つまり，未婚化のもうひとつの背景として，男性稼ぎ主役割が脆弱化し，共
働きによる家計の維持を考える女性が増える一方で，結婚し，家事や子育てを
担いながら仕事を続けられる見通しが立たないことがあると思われます。家族
（＝女性）にケアの供給を期待するような社会は，家族に多くの「期待」を寄
せる社会なのかもしれませんが，家族に課せられるその負担の重さゆえに，か
えって人々を家族形成から遠ざけているのです。

4　これからの結婚を考える

　近代社会の結婚は，愛・性・生殖・生活保障が，ロマンティック・ラブ・イ
デオロギーのもとに一体化したものでした。しかしそのような状況は，いくつ
もの意味で変わってきています。これからの結婚を考えるときに，まず必要な
のは，結婚すれば愛・性・生殖・生活保障が必ずしも自動的に充足されるので

はない，という結婚に対する「冷めた目」なのかもしれません。

　愛・性は結婚によらずとも充足可能になっています。「恋愛のゴールは結婚であるべきだ」と考える人は若年層では相対的に少なくなっていると指摘されています（谷本・渡邉［2016］）。また結婚していない男女が性的関係をもつことに対して，「愛があればかまわない」と回答する人の割合は増加傾向にあり，2018年調査では47％にのぼると報告されています（荒牧［2019］）。愛が結婚を必然的に帰結するという考え方，結婚した人々の間にしか性関係を認めないという考え方は後退しています。

　さらに，かりに特定の誰かとパートナーシップをとり結ぶとしても，その関係は，それが維持できるような努力を，日々互いに必要とするような，骨の折れるものでありえます。ギデンズは「純粋な関係性」において，関係性の持続は当然視できるものではなく，その関係性が維持されると思える保証のようなものを，言葉や行いによって相手に与えなければならないと指摘します（Giddens［1992=1995］）。結婚は，それそのものが関係性の持続を「自然に」保証してくれるようなものではなくなる方向にあるといえるでしょう。

　日本では婚外子出生率はきわめて低く，現状において生殖は結婚と強く結びついているように見えます。ただ，子どもの養育が「結婚」したパートナー関係のなかで行われる状況が維持されているとしても，その内実は多様です。一方では，生殖補助技術の発達によって，パートナーとの性関係を介さないで子をもつこと，パートナーとの遺伝的なつながりをもたない子をもうけることも可能になっています。他方では，パートナーのどちらか（または両方）の再婚によって，血縁関係のない子どもを育てることもあるでしょう。また養子や里子を迎えて子を育てる実践も続けられてきました。パートナーとともに子どもを育てることは，パートナーとの性関係とその結果としての生殖という文脈だけではなく，次世代の養育にどのように関わるかという，より広い文脈に置き直す必要があります。

　男性稼ぎ主の安定的な所得を前提としつつ，ケアの供給は家族（＝女性）が責任をもつというしくみのもとで，結婚と生活保障はとりわけ日本社会では強く結びついてきました。けれども，先述のように男性稼ぎ主の地位は脆弱化し，女性がケアのもっぱらの供給者となることは，多くの女性にはすでに受け入れ

がたいものになっています。また，家族を形成することに付随して，経済的な扶養と家族メンバーへのケアの供給が強く期待されるような状況は，かえって人々を家族形成から遠ざけています。私たちは，結婚と生活保障とのつながりが強すぎることのほうを，疑問視する必要があるでしょう。そして，柔軟な発想で家族のあり方を考えることで，世間一般のイメージではなく，自分にとって幸せな生き方を見つけることができるはずです。

　結婚というかたちをとらずにパートナーと生活したり，子どもを育てたりすることは，今の日本社会ではたやすくはありませんが，そのほうが，より自分らしくいられるということもあるでしょう。結婚という選択をするならば，どちらがどれだけ働くのか，子どもをもつのかどうか，もつとしたらどのように子どもを迎え，そのケアを互いにどのように引き受けるのか…というパートナーとの絶えざる交渉・話し合いを覚悟しなければなりません。

　イントロダクションにあったような現代における結婚の「悩み深さ」は，かつては結婚のもとに一体のパッケージであると思われた愛・性・生殖・生活保障が，結婚とのつながりを弱め，そのつながりについて私たちに再考を迫ってくるようになったところにあるといえるでしょう。

（西村純子）

📖 ブックガイド

二宮周平［2007］『家族と法——個人化と多様化の中で』岩波書店
　法学の観点から，男性稼ぎ主型生活保障システムと家族の実情との齟齬について考えることができます。

黒須里美編著［2012］『歴史人口学からみた結婚・離婚・再婚』麗澤大学出版会
　江戸後半から戦前にかけての庶民の結婚について，歴史人口学の手法で検討しています。現代の結婚を相対化して考える一助となる1冊です。

＼ 参考文献 ／

荒牧央［2019］「45年で日本人どう変わったか（1）——第10回「日本人の意識」調査から」『放送研究と調査』2-37

大沢真理［2007］『現代日本の生活保障システム——座標とゆくえ』岩波書店

落合恵美子［2004］「歴史的に見た日本の結婚―原型か異文化か」『家族社会学研究』15（2）：39-51

――――［2019］『21世紀家族へ（第4版）―家族の戦後体制の見かた・超えかた』有斐閣

神谷悠介［2017］『ゲイカップルのワークライフバランス―同性愛者のパートナー関係・親密性・生活』新曜社

厚生省編［1978］『厚生白書（昭和53年版）』大蔵省印刷局

千田有紀［2011］『日本型近代家族―どこから来てどこへ行くのか』勁草書房

谷本奈穂・渡邉大輔［2016］「ロマンティック・ラブ・イデオロギー再考―恋愛研究の視点から」『理論と方法』31（1）：55-69

服部誠［2017］「第10章　近代日本の出会いと結婚―恋愛から見合へ」平井晶子・床谷文雄・山田昌弘編著『家族研究の最前線②出会いと結婚』日本経済評論社

平山洋介［2009］『住宅政策のどこが問題か―＜持家社会＞の次を展望する』光文社

山田昌弘［1994］『近代家族のゆくえ―家族と愛情のパラドックス』新曜社

Beck, Ulrich［1986］*Riskogesellshaft*, Suhrkamp Verlag.（東廉・伊藤美登里訳［1998］『危険社会―新しい近代への道』法政大学出版局）

Giddens, Anthony［1992］*The Transformation of Intimacy: Sexuality, Love and Eroticism*, Polity Press.（松尾精文・松川昭子訳［1995］『親密性の変容―近代社会におけるセクシュアリティ，愛情，エロティシズム』而立書房）

《参考ウェブサイト》

国立社会保障・人口問題研究所編［2022］「第16回出生動向基本調査　結果の概要」https://www.ipss.go.jp/ps-doukou/j/doukou16/JNFS16gaiyo.pdf（2023年6月21日現在）

内閣府男女共同参画局［2017］『男女共同参画白書 平成29年版』http://www.gender.go.jp/about_danjo/whitepaper/h29/gaiyou/html/honpen/b1_s03.html（2020年6月17日現在）

内閣府男女共同参画局［2022］『男女共同参画白書 令和4年版』https://www.gender.go.jp/about_danjo/whitepaper/r04/zentai/pdf/r04_tokusyu.pdf（2023年4月10日現在）

内閣府国民生活局［2006］『平成16年度 国民生活選好度調査』https://warp.da.ndl.go.jp/info:ndljp/pid/10361265/www5.cao.go.jp/seikatsu/senkoudo/senkoudo.html（2020年6月10日現在）

総務省統計局［2022］「学校基本調査　年次統計」https://www.e-stat.go.jp/stat-search/files?page=1&layout=datalist&toukei=00400001&tstat=000001011528&cycle=0&tclass1=000001021812&tclass2val=0（2023年6月21日現在）

総務省統計局［2022］「国勢調査　時系列データ」https://www.e-stat.go.jp/stat-search/files?page=1&toukei=00200521&tstat=000001011777（2023年6月21日現在）

総務省統計局［2023］「労働力調査　長期時系列データ」https://www.e-stat.go.jp/stat-search/files?page=1&layout=datalist&toukei=00200531&tstat=000000110001&cycle=0&tclass1=000001040276&tclass2=000001011681&tclass3val=0（2023年6月21日現在）

総務省統計局［2022］『令和3年 社会生活基本調査―生活時間及び生活行動に関する結果 結果の概要』https://www.stat.go.jp/data/shakai/2021/pdf/gaiyoua.pdf（2023年4月10日現在）

第12章

親になるということ

　子どもを街中でみかけると，つい微笑んじゃうぐらい子どもが好き。自分もいつか子どもを育てたいと思っているけど，絶対に結婚しなくちゃならないのかな。結婚している女の人は，夫や子どものために好きな仕事を我慢しているようにみえるし，家事もすごく忙しそう。私，ちょっとずぼらだし，そんなにきちんと家事ができるかなぁ。私は女だけど，よく男っぽいと言われるし，自分でもそうだと自覚してる。こんな私は世間が求める女らしい母性のある母親になれるかどうか，自分で自分を心配しちゃう。男の人の前ではいつも女らしくしなくちゃならないのかなぁ。女らしさを意識すると自分らしくいられなくてちょっとしんどくなる。結婚したり母親になったら，周りからますます女らしさを求められそうで，尻込みしちゃう。

　僕もさ，男だけど子どもが大好きで，将来子どもができたら，なるべく子どもとの時間をとれるような仕事に就きたい。周りの男友達には「男は稼げるほうがよくね？」なんてオヤジみたいなこと言うヤツもいるんだけど，僕はそんなに出世したいとは思ってない。残業も少ない仕事に就きたいし，仕事の後はなるべく家に早く帰って家族のために家のことをしたいタイプ。掃除も好きだし，料理も大好き。僕がつくった料理を彼女が美味しいといって食べてくれるときの笑顔がたまらなく好きだし，ここに子どもがいたらいいなぁってますます思う。「男らしくない」って母親には注意されるんだけど，なんで好きな女性や子どものために料理するのが男らしくないのかなぁ。

1 「母親らしさ」「父親らしさ」って何？

（1）11月22日は「いい夫婦の日」

　11月22日は何の日でしょうか。メディアの芸能ニュースでは「『いいふうふ
のひ』の今日，たくさんのカップルが入籍しました」と報道され，結婚した二
人の「暖かい家庭をともに築いていきます」などのコメントが芸能事務所を介
して毎年発表されます。時には「ちなみに○○（女性の名前）は妊娠しておら
ず，結婚後も仕事を続けるということです」などと補足されます。

　今日，結婚した「妻」は夫の姓を名乗り，「夫」の子どもを産んで「母親」
となってその子を育てることが期待されます。そして，芸能ニュースで「結婚
しても仕事を続ける」とわざわざ説明されるように，結婚や出産を機に女性が
仕事を辞めて家庭（子育て）に専念するものだとする風潮もいまだにあるよう
です。

　ですが，海外芸能にアンテナを立てている人はご存知のように，世界的にみ
れば結婚は「女」と「男」の間でしかできないわけではありません（ちなみに
戸籍制度と同様の制度を取り入れているのは日本を含め数カ国です）。「夫」の
いる英国の男性歌手や，女性の「妻」と結婚して一緒に子どもを育てている米
国の女優もいます。結婚する人の性別を問わない「婚姻の平等」が達成された
国々では，同性カップルが結婚し養子縁組や生殖補助技術にて子どもを迎え，
育てています。日本と異なる社会では結婚，親，家族にまつわる「当たり前」
も，私たちが抱くそれとは異なっているのです。

（2）どちらが「母親？」「父親？」

　日本社会にも，同性カップルとして子どもを育てている人たちがいます。筆
者は子どもを育ててきた女性カップルに，どのように子どもを迎えたのか，ど
のように子育てをし，周りの人にどのように自分たち家族について伝えている
のか，お話を聞かせてもらってきました。

　そして，いろいろな場で筆者が「同性カップルの研究をしています」と話す
と，結構な割合で「どちらが男役なの？」「どっちが女の役をするの？」と聞

かれます。「同性カップルの子育ての研究をしています」と言うと，今度は「どちらが母親役なの？」「どちらが父親役なの？」と聞かれて戸惑うことが多々ありました。

　同性カップルの人たちが日常的に子育てをする姿を知っている筆者は，当初，なぜこのような質問が投げかけられるのかわかりませんでした。よくよく考えてみたところ，こうした質問の背景には次のような想定があることに気がつきました。つまり，性別は「女」と「男」の２つだけで（性別二元論），その２つの組み合わせによってカップルが成立し（異性愛），性行為をして親となる「女」の人は「女らしい」「母親」となり（つまり「女役」），「男」の人は「男らしい」「父親」になる（つまり「男役」）のが「当たり前」，という前提です。このように人の性別を二種類に分けて，それぞれのカテゴリーに振り分けられた人に「女／男らしさ」を求める考えを，「ジェンダー」といいます。

　ジェンダーにのっとれば，女らしい「母親」は子どもを産んで（時には仕事を辞めて）子育てや家事に専念し，男らしい「父親」が仕事を続ける（子育てや家事はしない。できなくてもOK）ことになります。この性別役割分業は結婚を中心に組み立てられており，異性間で相互に補完的な役割を期待される異性愛的なしくみだといえるでしょう。もちろん，異性愛者が皆このような生活を送るわけではありません。ある一定の異性愛の形をモデルとし，他の性や生活のありよう（シングルの異性愛者も含みます）を「普通」ではないとする考えを「〔ヘテロ〕セクシズム」と呼びます（竹村［2002］）。

　〔ヘテロ〕セクシズムに彩られた近代家族（詳細は第11章参照）が「普通」だと思っている人にとって，「女」「女」や「男」「男」の組み合わせのカップル，言い換えると，異性カップルによって成立しない家族の生活は想像しがたいものとなるでしょう。必然的にどちらかが「女」役なのか「男」役なのか，どちらが「女親」役なのか，「男親」役なのかという疑問がそういう人たちにわいてくるわけです。

　では，同性カップルの子育ては，異性カップルのそれと比べ風変わりで全く異なるものなのでしょうか。「LGBTQ」を「普通の人たち」と切り離して考えることは，かれらはこの社会にいないもの，いたとしてもとても「変わった」形で存在しているという認識を強めてしまいます。そこでこの章では「親とな

ること」と無関係とされがちなLGBTQを社会のなかにきちんと位置づけ，私たちが「親となること」の何を当たり前としているのかを明らかにしていきます。

2　出産と子育てのための（異性）結婚

（1）一律化される家族のあり方—性・生殖・養育の一体化

　性別役割分業に基づく核家族（異性愛を前提とする近代家族）は，戦後の高度経済成長期に一般化したといわれています。

　戦前は女と男の間でも個人が自由に結婚相手を選べるわけではありませんでした。1960年代になってから異性間の恋愛結婚の割合が見合い結婚のそれを超えています（国立社会保障・人口問題研究所［2021］）。生涯（50歳時）未婚率は1960年代で男性は1.26％，女性は1.88％となっており，ほぼすべての人が異性と結婚し（国立社会保障・人口問題研究所［2023］），1972年には日本国内最高の婚姻件数を記録します（厚生労働省［2021］）。

　皆さんは「できちゃった結婚」（「おめでた婚」）という言葉を聞いたことはありませんか。日本では結婚していない男女のもとに生まれる子どもは，戦後から一貫して常に5％未満と低く，「子どもができたなら結婚する」のが当たり前とされています。結婚していない女と男の間に子どもができたら，とりあえず結婚はしておくのが日本の結婚のあり方です。つまり，生殖につながる性行為をし，結婚のなかで子育て（養育）するのが，この数十年で「普通」とされてきたのです（戦前もまた今日とは異なる家族の「普通」がありました）。

（2）生きづらさに追いやられる人
　　　—ひとり親，同性カップル，離婚した人

　しかし，社会における家族のあり方が異性間の結婚に集約されていくと，それに当てはまらない人たちがどうしても窮屈な思いをすることになります。

　すぐに思い浮かぶのは，ひとり親の人たちです。日本の企業社会は，正規雇用者に長時間労働を強いています。正規雇用として雇われる人の多くは男性です。もし，その人がシングルファザーだったら，家の仕事や保育園にいる子ど

182

もの送り迎えは，誰がすることになるのでしょうか。

　女性の多くは非正規労働者です。正規雇用として採用された後に出産を機に退職し，パートタイムなどで職場復帰する女性の賃金は，低く抑えられがちです。もし，この人がシングルマザーである場合，不十分な賃金でどうやって子どもを養っていくのでしょうか。自分一人で生きていくための生活費を稼ぐのもやっとだ，という女性も多いのではないでしょうか。

　近代家族こそが「普通」であり，それ以外の家族は「普通ではない」とする見方は，結婚していない異性愛の人たち，結婚の外で生まれた人たち，異性愛ではない人，生まれたときにあてがわれた性別とは異なる性で生きる人に，生きづらさをもたらしてきました。

　近代家族が急速に日本社会に広まっていく高度経済成長期は，性の多様性に関する社会の認識は乏しいものでした。同性愛は「変態」であり，結婚で異性愛に「治る」，性別越境を病理とみなす視点はむしろ近代化とともに強化されました（古川［1997］，赤川［1999］，赤枝［2011］）。男女が結婚することでなんとかやっていける社会は，結婚をしない人，できない人（同性カップルも含む），離婚をした人に，他者との親密な関係を築き，それを維持していくのに多大な労力を強いてきたといえるのです。

（3）結婚皆社会におけるLGBTQの子育て

　では，近代家族が主流化していくなかで，LGBTQは「子育て」においてどのような経験をしてきたのでしょうか。結論を先取りしていえば，ほとんどの人たちが異性と結婚した上で，子どもを産み育ててきたとみられます。

　ここでは，そのような経験をしてきた人たちの声を紹介します（インタビュー調査は2015年10月から2016年2月の間に実施。事例はSambe［2019］から翻訳）。かれらは1960年代後半から1970年代前半に生まれ，出生時に「女性」としての性別を与えられ，20代で（戸籍上異性との）結婚と出産を経験しました。結婚していた間，「専業主婦」の期間があります。

　周りが異性と恋愛結婚しているから，自分もそうするのが「自然」だと思っていたという人の例を紹介しましょう。女性への恋愛感情を自覚していたにもかかわらず，小林（仮名）さんは男性と結婚しています。男性の装いにしっく

りきていたにもかかわらず，小林さんは女性への恋愛感情を封印し，女性の格好をし，女性として振る舞う「女装期」に入ります。交際男性からプロポーズされたときの気持ちを調査者に問われて，話しにくそうにこう答えてくれました。

> 小林さん：うーん，やもう，（男性と）このまま付き合っていくことで。付き合って結婚するんだろうなっていうのがどこかにあったので。特にそんな。嬉しいとかまずないし。でも，なんか，やめてほしいともないし。ま多分，「はい」，その，「そうですね」ぐらいな。そんなに，感情が。そうですね，考えずに。そういう，あの，自然な流れなんだと思って。うん。

インタビュー当時（2015〜2016年）には，かれらは女性と交際していたり，性別移行のために戸籍名を男性名に変えるなどしていました。しかし，その10年，20年前は異性との交際と，その先の結婚に何の疑問ももたずにいたのです。異性と結婚して子どもを育てるものだ，という規範が本人のなかに無意識のレベルであったことがうかがえます。LGBTQも社会で主流とされる考えと無関係で生きることはできないのです。

3　女性カップルの子育て

（1）社会と子育ての変化

さて。話を社会における家族の変容につないでいきます（日本では現在では同性間の婚姻届が受理されないままですので，下記はすべて男女間の婚姻を指します）。

近年，再婚件数の初婚件数に対する割合は増加しており，夫婦ともに再婚か，いずれかが再婚かを併せると全婚姻数の26.3％を占め，4組に1組が再婚カップルとなっています（男女共同参画統計研究会編［2015］p.23）。離婚率の高まりは，その後の再婚と新たな配偶者とともに子どもを育てる「ステップファミリー」の増加も意味します。こうした家族では，法律上の「親」と「子」の

関係に必ずしも血縁があるわけではありません。

　さらに，生殖補助技術は生物学的不妊である男女のカップルが子どもを育てることを可能としました。夫ではない男性の精子を用いた非配偶者間人工授精は，戦後まもなくから医療機関で行われてきました。この技術で生まれた人たちは父親だと思っていた育ての親の男性が，実は生物学的につながりがないということを知って，自分のルーツを探しています。かれらは，夫婦間の性行為だけで人が産まれるわけではないこと，生物学的につながる大人と育てる大人が異なる場合があることや，生物学的な親を知るルーツ探しと育ての親を親として捉えることは別であることなどから，様々な問いを社会に投げかけています（非配偶者間人工授精で生まれた人の自助グループ・長沖暁子編著［2014］）。同時に，結婚相手と性交渉をし，産まれた子どもを生涯，結婚の中で育てるという性・生殖・養育のそれぞれの要素が分離していることを明らかにしています。

　生殖補助技術は，社会的不妊（生物学的に妊娠出産は可能であるが，医療等の制度を利用しなければ子どもをもうけられない）の同性カップルにも子どもを産み育てるという選択肢を与えることになります。LGBTQの側に立ってみると，異性と結婚したり，異性との性行為抜きには子どもを産み育てられなかった時代から，性の多様性への認知が進むなかで，同性のパートナー等（またはシングルで）と子どもを産み育てることのできる社会の到来を意味します。

　今日，自らの身体にて妊娠，出産のできる女性を中心に（ゲイ・バイセクシュアル男性は精子提供者（ドナー）としてカップルと関わる形で），LGBTQの子育ての形が登場してきています。彼らの経験から，「親になること」や「父親」「母親」とは何か，そのうえで，私たちの多くが何を当たり前としているのか，一緒に考えていきましょう。

（2）新たな世代の子育て

　それでは，提供精子（妊娠目的の性交渉を含む）によって妊娠し，生まれた子どもを同性パートナーとともに育てている人たちを紹介します（調査は2013年から2月から2013年9月の間に実施，以下名前はすべて仮名）。インタビュー当時，全員パートナーと同居して一緒に乳幼児を育てていました。1960年代生

まれの1人を除き，他は1970年代半ばから1980年代半ばまでの世代です。産んだ人は産前産後の休暇や育児休業を取得していますが，誰にも「専業主婦」の期間はありません。性自認（自分の性別をどう捉えるか）に揺らぎのある人もいますが，生まれたときに与えられた女性という性別に，強い違和感のないまま生活しています。

　かれらに共通の特徴は1960年代生まれの1人以外，異性との婚姻歴がない点です。かれらは互いを同性のパートナーと認識したうえで子育てを実践しており，性・生殖・養育が一体化していない家族を形成しているといえるでしょう。先ほどの異性と結婚し子どもを産み育ててきた前の世代と比べると，家族形成の初期の段階に大きな違いがあります。ただし，身近な友人や定位家族（自分が産まれ育った家族）の数名に伝えていても，保育園の全関係者に2人が恋人関係だと話しているわけではありません。

　次からは，親の性別にまつわる語りを拾いながら，どのように「親」が実践されているのかをみていきます。

（3）出産と授乳による経験の違い

　母親といえば，「出産」というイメージがつきまといます。同じ「女性」同士の子育てであるにもかかわらず，二人に異なる経験をもたらしているのが，「出産」と「授乳」という行為でした。出産していない阿倍さんは，授乳しているパートナーと子どもとの間には入ることができなかったと話しています。

　　　　阿倍さん：あの関係，体液を出して育てるっていう密な関係には，なかなかこう入れないところはあるかなと思って（略）やっぱその，ミルクあげるってだけではなくて，結局その，あげる時間のために，普段のこう，例えば（胸の）ふくらみの痛みとかね，だるさとか，全部彼女が引き受けてるわけじゃないですか。授乳中が大変っていうよりも，授乳することですべての体が，24時間，彼女はそれのために使ってるってことが，ああやっぱ大変だなとは。

　同様に，出産したパートナーとの身体感覚の差と子どもとの非対称的な関係

を，筒井さんは振り返っています。

> 筒井さん：（パートナーは）授乳してる間って本当に睡眠不足になったりとか。その例えば，授乳しながら寝ちゃったときとかにポーズが変えられなかったりとか。なんか結構大変だったらしいんですよ，体力的に。で，血あげてる（※母乳は血液からつくられる）わけですからハードですからね。体力的にも。すっごい八つ当たりされました。ははは。（略）とにかく，まあ（パートナーは）多少貧血気味でふらふらしながらいろんなことをやってるような状況ですから。「とにかく疲れてるのよ」っていう。（略）授乳するとかおっぱい欲しいとかになったら私が代わりにあげられるわけではないのであの，（子どもは）やっぱりママのところに行くから。

　出産をしていない人たちは授乳中の子育てにどのようにかかわっていいのか，戸惑っているようでした。出産した人は乳児のための身体の変化を経験し，日本では法律上も子どもの母親となることから，「母親」や「ママ」としての自覚を持ちやすいことがうかがえました。例えば佐藤さんは，「産んだから親だな」という意識があると明確に語っています。

　日本では現在のところ，同性カップル双方が法律上の子どもの親にはなれません。産んでない（つまり法律上の親ではない）人が社内の福利厚生を利用して，子どものための育児休業や看護休暇をとれる職場もあります。しかし，同性パートナーの存在を会社に伝えるのかどうか，伝える場合はどう伝えるか等，男女のカップルであれば向き合わずに済むハードルがたくさんあります。

　国の法律では両親が同性であるケースが想定されていないため，会社の対応はばらばらです。産んでない側が子どものために休暇をとれるかどうかは，勤める会社が同性カップルも利用できる制度を準備しているかどうかにかかっています。つまり，子どものために法律上の親と同等のことをしていたとしても，産んでない側は法律上の権利としてそれらが保障されていないのです。

　このように産んでない側は法律上の親という側面を持ち合わせていないため，自分が親であるという意識を早い段階から持つのは難しいと想像できます。

（4）徐々に「親」になる

「親」の自覚を持つのが難しかったと端的に語ったのは阿倍さんです。子どもが産まれてすぐは「あなたが嬉しいなら私もよかったみたいな」と言い，「今，子どものこと話して2人で喜びを分かち合ってるときの喜びとは全く違」うものだったと吐露します。興味深いのは，阿倍さんは自分の感情の変化を「男性」の立場と引き付けて語っている点です。

> 阿倍さん：世のお父さんが，すぐにお父さんのアイデンティティが持てないのは，すごいわかります。あんまり男性の立場に共感したことなかったけど，今回ばかりは，（略）やっぱね，あれは，一緒に暮らしてて初めて，やっぱ子どもって可愛いとか，その子との関係ができるから世話したいと思うんであって，自然に芽生えるもんではないなっていう。

出産しない男性が父親役割を獲得していく難しさは，産んでいない女性も同じだというのです。阿倍さんの語りからは，親となるには子どもの面倒を見るという実践，「一緒に暮らして」「その子との関係ができるから世話したい」という心からの気持ちが不可欠であることがわかります。

子どもを産んでいない側は，直接「出産」や「授乳」に関わっていないけれど，子どもの保育園への送り迎えや日常の家事・育児を通して，「親」という認識を持つようになっていました。

（5）他の人にどう名乗る／呼ばれるのか？

それでは，かれらはそれぞれ周囲からどのように受けとめられていると認識しているのでしょうか。

筒井さんは子どもにとっての第一優先は産みの「ママ」だと断言しながらも，保育園の職員からは「親代わり」として「受け入れられている」と話します。

> 筒井さん：ある程度やっぱり親代わりっていう感じではあります。それから母親，ではないけれども「母親と一緒にもうちゃんと子育てに関わって，同居をして子ども面倒見ている人」っていう形で受け入れられ

ているので，あの非常にこう，やりやすいですね。

　子どもの送り迎えをしている阿倍さんも，職員からは「あっちゃんママ」「(パートナーの) さっちゃんママ」と呼ばれ，「どっちが来ても母さん」という扱いを受けています。しかし，子どもにとっての母親は，「ひとり」だと強調します。以下は，阿倍さんが保育園にお迎えにいったときの他の園児とのやりとりです。

　　　阿倍さん：4，5歳の子になんか，「○×ちゃん（子どもの名前）のママなの？　ママどっちなの？」って聞かれたことはあって。(略) で，お母さんは，もう「ひとり（だけ）」っていう風に言ってるんですよ。「この人（佐藤さん）がお母さんだよ」って言って。「でも一緒にね，住んでるんだよ」とか，「(阿倍さんは) ○×ちゃんのおうちの人だよ」とかって言うと，まあ合点がいったような，いかないような顔はしてるんですけど「そうなんだ」みたいな感じで。

　阿倍さんは子どもたちに「一緒にね，住んでるんだよ」と生活の形態を伝えています。パートナーである佐藤さんも，保護者に「いつも迎えに来てるあの人は何なの？」と聞かれると，「一緒に育ててるんだ」と伝えています。出産をした上野さんも，保育園の人たちからは「いいねー，ママが2人もいて」と言われるといいます。産んでない側の女性たちは，保育園や保護者から「ママ」として認識されていますが，「親代わり」であっても「母親」と名乗ることはありません。よくよくみてみると，阿倍さんも共同生活をしている「おうちの人」ということは伝えながらも，自分は「母親」だと伝えてはいません。
　今回紹介しているカップルには，精子を提供した男性である「お父さん」や「パパ」が存在しています。紹介しているカップルはみずからを「女性」と捉えており，その上，子どもの父親が実際に存在していることから，産んでいない側の女性は「父親」とも名乗りません。自分が「父親」ではないことが，よかったともとれる発言もしています。

　　　阿倍さん：本当に子育てするにあたっては，どっちか，いわゆるお父さん的な，一般的な，典型的に家に帰ってこないし，自分のことをろくにやれなくって，土日だけは家にいて，子どもと遊ぶんだけどみたいな感じだと，やっぱそれは，育てにくいですよね。私もそんな，家事できるほうじゃないですけれども，別に彼女がつくってくれるの待ってるってことはないので。なんて言うの，やっぱそこは，どっちが役割ってないですよね。

　「典型的な」家族として，ここでは性別役割分業による男女の夫婦が想定されています。「女」と「男」の2つの性別に分かれた親がいないが故に，ジェンダーに基づく性別役割分業に縛られずに自由に家事育児ができていることがうかがえます。しかし，産んでいない女性たちはある葛藤に悩まされています。筒井さんは職場に「同居人の子」を育てていると伝えていますが，「家族」だと伝えていません。

　　　筒井さん：実際に育児短時間制度とかを取っている対象者ではないので。あの，そこで，例えば，まあある意味言ってみればプライベートな事情ですよね。あの，外から見たら家族には見えないですから。だから，そうするとプライベートな事情で遅刻早退を繰り返すと能力のない人になっちゃうんですよ，評価上。（略）だから外から見ると家族じゃないから制度も使えなくて。

　産んでいない側が子どものために仕事を休めないと，産みの親の側にも負担がかかります。上野さんのパートナーである筒井さんは，職場には同性のパートナーと子どもを育てていることを伝えていません。

　　　上野さん：（子どもに）熱が出ましたって電話かかってきても向こうは，あの，会社に言って休めないので。私は言えるけど，うん。私はね，その，いろんな休みの手当がつくから。子どもの看護休暇とかあるんで。そっち使えるけど向こうはなくて，全部有休になっちゃうので。

　阿部さんも，産みの母親がとっているような子どものための「公的な休暇」がとれないため，「権利って意味では保障されていない」と話します。

　産んでない女性たちは，パートナーとの子育てを実践し，日々「親」の役割を担っています。子どもとの愛着が作られ，保育園や他の保護者などからも「ママ」と認識されるなど，「親」としての自覚を深めてきました。しかし，子どもの「親」という役割が家庭の中で求められる一方で，社会的には「親」となりにくい状況に置かれてる場合は，役割葛藤に悩まされるといえるでしょう。

4　親になることの多様性

　これまで家族の形が高度経済成長期に男女の結婚を中心とするものに集約されてきたこと，LGBTQの子育ても変化してきている様子をみてきました。異性間の結婚が当然視される高度経済成長期には，LGBTQの多くも異性と結婚をすることで子どもを産み育ててきました。近年みられる女性カップルが子育てする家族においては，性別役割分業は特に意識されておらず，どちらが明確に「父親」なのか「母親」なのかは意識されているわけではありませんでした。異性カップルによる性別役割分業を当然とする家族観では，同性カップルの子育てはどう成立しているのか疑問に思われてしまいます。しかし，親の性別にかかわらずかれらは子育てを実践しています。それは，ひとり親の家庭にも当てはまることです。

　本章の冒頭で，母親になるからには女らしく振る舞わないといけないのかなぁ，子どもと妻を優先する父親はおかしいのかなぁという学生さんのお悩みを紹介しました。ここまで読んでくださった皆さんは，このお二人にどう声をかけたらよいか，もうおわかりかと思います。

　子どもを産まなければ親になれないわけではなりません。すでに子どものいる人とパートナー関係を結び，一緒に子育てをすることもあるかもしれません。養子縁組をして二人で育てることだってできます（日本の法律は男女の夫婦を想定していますけれど）。相手が異性だろうが，同性であろうがどんな性別の人でも子育てはできます。もちろん，一人で子育てをすることだってできます。無理して異性（人）を好きになったり，結婚しなくちゃと焦ったり，自分に

とって居心地のわるい「女らしさ」「男らしさ」に拘る必要もありません。子育てで重要なのは，親となる人の性別や人数，その人の「母親らしさ」「父親らしさ」などではなく，日々かかわることで培われる子どもとの絆と，それを可能とする社会です。

　周りの友達や親から「母親らしくない」「父親らしくない」と言われても，それを気にする必要はありません。自分が大切だと思う仕方で子どもと向き合って，子育てをしたらよいのですから。

（三部倫子）

📖 ブックガイド

江原由美子〔2001〕『ジェンダー秩序』勁草書房

野辺陽子〔2018〕『養子縁組の社会学—＜日本人＞にとって＜血縁＞とはなにか』新曜社
　私たちが当たり前だと思っていること（「血縁」，「女らしい行為」，「男らしい行為」）にガツンと言ってくれる2冊です。異性に「モテル」ために「らしさ」を気にして，窮屈になっていませんか。

＼ 参考文献 ／

赤枝香奈子〔2011〕『近代日本における女同士の親密な関係』角川学芸出版

赤川学〔1999〕『セクシュアリティの歴史社会学』勁草書房

竹村和子〔2002〕『愛について』岩波書店

男女共同参画統計研究会編〔2015〕『男女共同参画統計データブック—日本の女性と男性』ぎょうせい

非配偶者間人工授精で生まれた人の自助グループ・長沖暁子編著〔2014〕『AIDで生まれるということ—精子提供で生まれた子どもたちの声』萬書房

古川誠〔1997〕「近代日本の同性愛認識の変遷—男色文化から「変態性欲」への転落まで」『女子教育もんだい』70，31-36

Sambe. M.（Translation: Hara, M.）〔2019〕 "Heterosexual marriage and childbirth as a "natural course of life": parenthood as experienced by the generation before the 'LGBT boom'," Shiobara, Y., Kawabata, K., & Matthews, J. ed. *Cultural and Social Division in Contemporary Japan*, Routledge, 183-196.

《参考ウェブサイト》

厚生労働省［2021］『令和 3 年人口動態統計（確定数）の概況』
　https://www.mhlw.go.jp/toukei/saikin/hw/jinkou/kakutei21/dl/15_all.pdf（2023
　年 7 月21日現在）
国立社会保障・人口問題研究所［2021］『第16回出生動向基本調査（結婚と出産に関
　する全国調査)』
　https://www.ipss.go.jp/ps-doukou/j/doukou15/doukou15_gaiyo.asp（2023年 7 月21
　日現在）
国立社会保障・人口問題研究所［2023］『人口統計資料集（2023）改訂版』
　https://www.ipss.go.jp/syoushika/tohkei/Popular/P_Detail2023RE.
　asp?fname=T06-23.htm（2023年 7 月21日現在）

第13章

ひとり親として日本社会をどう生きるか

イントロダクション

　昨年離婚した姉がしばしば子どもを預けに来ることについて，両親が愚痴を言っている。「仕事を理由にしょっちゅう子どもを預けにくるし，そのくせ生活も不安定で，どうするつもりなんだ。こんなことだったら，離婚するべきでなかった。子どもだって，父親がいなくなって悲しいに違いない。あの子（姉）は無計画だ」と。

　たしかに，いまの姉の生活は決して楽そうではない。子どもを産んだときに仕事を辞めていたので，離婚後の再就職はとても大変そうだった。いまも，平日は保育園のお迎えに間に合うギリギリまで働いている。子どもと遊んだり，友達に会ったりする時間も十分に取れていないみたいだ。それだけ忙しく働いても，離婚前と比べると，生活はかなり苦しそうにみえる。

　でも，妹の私から見ても姉の元夫はかなりひどい人だった。家事や育児は完全に姉任せ。機嫌が悪いときは姉や子どもに当たっていたし，お酒を飲んでいると姉に手を上げることもあった。

　パートナーがどんなにひどい相手でも，子どもがいたら離婚を我慢しろというのはやっぱり納得がいかない。それに，たとえ両親がそろっていても喧嘩ばかりしていたら，それは子どもにとっても楽しい，幸せな生活ではないように思う。

　姉がいま苦労している原因は，実は離婚をしたことそれ自体ではなく，別のところにあるのではないか。姉と子どもがもっと楽しく，幸せに生きられるようになるためには，どうすればよいのだろう。

1　はじめに

（1）結婚は永遠に続くもの？

　かつて結婚は「死がふたりを分かつまで」続くものだといわれていました。一度結婚をしたら，パートナーのどちらかが死ぬまで，その関係性は継続すると考えられていたのです。いまでも結婚式の場では，永遠の夫婦関係を誓ったりもします。「病める時も，健やかなる時も，富める時も，貧しき時も・・・」という言葉を，皆さんも聞いたことがあるかも知れません。

　いずれ別れることを前提に結婚する人は現在でも少数派でしょうが，データ上では結婚が永遠に続くものだとは必ずしもいえなくなってきています。**図表13-1**は，有配偶離婚率（ある年の離婚件数を，同じ年の結婚件数で割った数値）の推移をあらわしたものです。1970年代以降，この数値は右肩上がりに上昇しており，近年ではおおむね35％前後で推移していることが分かります。

図表13-1 ▶有配偶離婚率の推移（%）

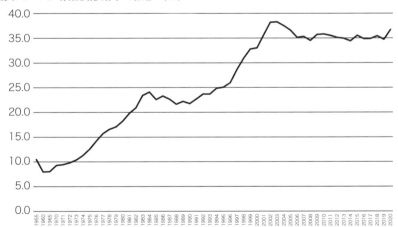

（出所）国立社会保障・人口問題研究所「人口統計資料集2022」より筆者作成

　有配偶離婚率はあくまでも「ある年における離婚件数÷結婚件数」という方法で算出されたものであり，結婚した人のうちどれぐらいの人が実際に離婚し

ているのかを，直接示すものではありません。ただ，人口学的な方法を用いた推計でも，日本は結婚したカップルの約3分の1が離婚する時代を迎えているといわれており（Raymo et al.［2004］），離婚は実質的に増加していると考えて差し支えないでしょう。

（2）ひとり親家庭の増加

　離婚の増加に伴い，「ひとり親家庭」も増えてきています。ひとり親家庭とは，その名前の通り，カップルの離死別や未婚者の出産を経て出現する，父親あるいは母親のどちらか一方と子どものみで暮らす家族のことを指します。離婚全体に占める子どものいる夫婦による離婚の割合は，およそ6割で一定しているといわれています（下夷［2008］）。そのため，離婚が増加すると，それに伴って，ひとり親家庭も増加するのです[1]。2015年のデータでは，子どもがいる核家族世帯の約25%，つまり4つに1つがひとり親世帯であるともいわれています（藤間［2019］）。

　近年の日本のひとり親家庭においては，母子家庭が圧倒的多数占めています。2020年の国勢調査によると，母子家庭の数が646,809，父子家庭が74,481です[2]。母子家庭が大多数を占めているのは，日本においては，離婚に際し，母親が子どもの親権を取得するケースが大多数であるためです。このことは，「母親（母性）が子どもにとって必要」という考え方が支配的であることを示唆しています。

　どれぐらいの子どもがひとり親家庭で暮らしているのでしょうか。図表13-2は，20歳未満人口1,000人に占める，親が離婚した20歳未満の子どもの割合の推移を示したものです。2002年の12.0%をピークに，その後もおおむね10%前後を推移しています。親が離婚すると，多くの場合で子どもはひとり親家庭での暮らしを経験することになりますので，大体10人に1人の子どもがひとり親家庭で暮らしていると推察できます。また，少し前のデータですが，2010年時点では，10歳から14歳の子どものうち，実に18%強がひとり親家庭で暮らしているとも推計されています（稲葉［2012］）。

　この章では，ひとり親家庭が直面する不利や困難と，その背後にある日本社会の問題を示し，社会を変えていくために個人にできることは何かを考えます[3]。

図表13-2 ▶ 親が離婚した20歳未満の子どもの割合の推移（対20歳未満人口比）

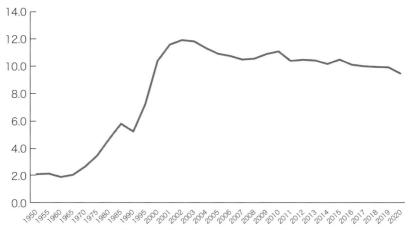

（出所）厚生労働省「2020年　人口動態統計」より筆者作成

　結論を先取りすると，ひとり親家庭に不利や困難をもたらしているのは，日本
社会の「家族主義」の問題です。ここでいう家族主義とは，「個人の福祉を満
たす最大の義務を家族に割り当てる体制」を意味します（Esping-Andersen
[1999=2000] p.78）。家族主義的な日本社会のなかで，ひとり親になった時に
どのように生きていけばよいのかを，この章の最後に考えたいと思います。

2　ひとり親家庭を「例外」とする日本社会

（1）「欠損」「病理」とみなされていた時代

　いまでこそ「ひとり親」という呼び方が一般的になりましたが，かつての日
本社会において，ひとり親家庭は「欠損家族（broken-family）」と呼ばれるこ
とが一般的でした。欠損家族とは，次のように定義されています。

> 少なくとも夫婦のいずれかが死亡，離婚，別居，遺棄，交通事故，労働
> 災害などの原因によって欠けて，夫婦健在の家族に比べて，物質的，精
> 神的安定を何ほどか失い，〈家族の基本的機能〉の一部に支障を来し，
> 集団統一性に障害をきたす場合（光川［1973］p.93）。

ここで「少なくとも」とされているのは，当時の日本社会では核家族以外の家族もたくさん存在していたためです。いずれにしても，家族メンバーが欠け，「家族の基本的機能の一部に支障をきたし」，「集団統一性に障害をきたす」状態のバリエーションの1つとして，ひとり親家庭は位置づけられていたのです。

「欠損」という概念には，親がひとりのみであることは「異常」であるという見方が潜んでいました（高橋 [1988]）。そして，「母親の疾病や売春や家出，そして子どもの非行，学業不振など，深刻な社会病理現象を発生せしめる」といわれるなど（大橋 [1972] p.180），「欠損家族」はさまざまな「病理」を発生させる原因であると考えられていたのです。このような偏見は，ひとり親家庭をより一層の苦境にたたせることにもなりかねませんでした（高橋 [1988]）。

（2）背景としての近代家族の普及と規範化

ひとり親家庭が「欠損」あるいは「病理」とみなされたのは，高度経済成長期頃に「近代家族」が普及し，規範化されたことと関係しています。落合恵美子によって提唱された近代家族の概念については，家族をテーマにしたこれまでの章でも取りあげてきました。もう一度おさらいしておくと「性別役割分業（男性が外で働いてお金を稼ぎ，女性が家の中で家事や育児を専任するあり方）にもとづき営まれる夫婦と子どものみの核家族」のことを指します（落合 [1989]）。近代家族が社会全体に広まって以降，もっぱら家族が教育や子育てを専任することが一般化しました。

実は社会学も，近代家族の規範化と無縁ではありませんでした。アメリカの社会学者であるパーソンズ（Talcott Parsons）による子どもの社会化論は，日本も含め，世界中で大きな影響を持ちました。パーソンズは，男性が家庭の外で働き，女性が家で家事育児を任うあり方の下で，子どもに社会のルールを教えて社会に適応させる「社会化」と，家族メンバー相互の情緒的なサポートの提供を行うことが，社会を維持していくための「家族の機能」であると論じたのです（Parsons & Bales [1956=2001]）。いまでこそ近代家族を規範化することに対して批判的である社会学も，かつては近代家族を「標準的なもの」として受け入れ，理論構築を行っていた部分があったということです。

近代家族が「あたり前のもの」となったことが，父母のどちらかが欠けてい

る状態は「欠損」であり，「病理」の原因であるとみなされるようになった1つの背景と言えます。冒頭で述べたとおり，近年の日本社会においてひとり親家庭は増加傾向にありますが，それにもかかわらず，いまだに日本の政策や制度は近代家族を前提に設計されているものが少なくありません。

　その結果，ひとり親家庭は社会の中で「例外的なもの」と位置づけられ，さまざまな不利や困難を経験します。次の節では，そうした不利や困難についてみていきましょう。

3　ひとり親家庭が経験する困難

（1）経済的困難

　ひとり親家庭が経験する困難の中で，もっともよく注目されるのが経済面での困難です。

　厚生労働省が2022年に実施した国民生活基礎調査によると，OECD の所得定義の新基準にもとづき算出した「子どもがいる現役世帯」（世帯主が18 歳以上65歳未満で子どもがいる世帯）の世帯員の相対的貧困率は，「大人が二人以上」の世帯員では8.6％であるのに対し，「大人が一人」の世帯員では44.5％です（厚生労働省［2023］p.14）。

　相対的貧困率とは，社会のなかで貧困と認められるライン（等価可処分所得の中央値の半分）を下回っている者の割合を指します。つまり，ひとり親世帯の半数近くが，社会の中で貧困と認められる状態にあるということになります。

　ひとり親家庭の経済的困難の1つの背景として，就労と子育ての両立の問題が挙げられます。ひとり親は稼得役割と子どもに対するケア役割を同時に担う必要があるため，長時間労働を伴う正規雇用として働くことに困難を抱えます。子育てをしながら正規雇用で働くことの難しさは，シングルファザーにもシングルマザーにも共通するものですが，一般的に女性は男性よりもケア役割を果たすことを強く求められるため（西村［2014］，斉藤［2018］），シングルマザーの方がより厳しい経済状況に追いやられる傾向にあります。先の国民生活基礎調査によると，生活が「大変苦しい」「やや苦しい」と回答した母子世帯の割合は，75.2％にものぼっています（厚生労働省［2023］p.16）。

　もう1つ，ひとり親家庭の経済的困難に関係する問題として，児童扶養手当
の制度的課題も指摘されています。日本において，児童扶養手当はその額も十
分ではなく，かつ支給要件も厳しいといわれています。1985年の最初の制度改
革以来，日本の児童扶養手当政策は，子どもと暮らしていない親（多くの場合
は父親）から養育費をとることでその支給を抑制する方向に展開してきました。
それにもかかわらず，子どもと暮らしていない親の扶養義務を徹底する制度，
たとえば養育費が未払いになった際の強制徴収に関わる制度などは，未整備の
ままです。そのため，ひとり親家庭は「私的扶養と公的扶養のはざま」に取り
残され（下夷［2008］p.191），経済的困難に直面するのです。

（2）住まいをめぐる困難

　経済的な苦しさは，生活基盤である住まいをめぐる困難にもつながるといわ
れています。

　いうまでもなく，住まいが確保されていることは，人々が生活していく上で
とても重要です。住まいがなければ就職活動を行うことも難しいですし，子ど
もが通う学校を決めることもできません。

　そのため，ひとり親家庭が住まいを確保するためのいくつかの公的支援も用
意されていますが，十分なものとはいえない状況にあります。葛西リサ［2017］
は次の3つの支援施策について，その問題点を指摘しています。

　1つ目は，児童福祉法に基づき母子世帯を支援する施設である「母子生活支
援施設」です。この施設は利用率の低さから年々数が減少しています。住まい
の確保に困っている母子世帯が一定数いるにもかかわらず，この施設はあまり
利用されていません。その背景として，そもそも施設の存在が十分に認知され
ていないことや，施設を利用することに対する当事者たちの抵抗感，施設環境
と現代の居住ニーズとのズレといった要因を，葛西は指摘しています。

　2つ目は，公営住宅優先入居制度です。これは，公営住宅入居申込者のうち，
住宅困窮度の高い者を優先するというもので，1955年11月に母子世帯も優先入
居の対象として位置づけられました。しかしながら，いまだに母子世帯に対す
る公営住宅優先入居制度を設けていない自治体があったり，そもそも優先枠が
絶対的に不足していたり，空きがあっても近くに雇用機会がなかったりするな

どの問題があると葛西は述べます。

　３つ目は，住宅資金，転宅資金の貸付制度です。これは，住宅資金（現在住んでいる住宅の増築や補修，あるいは自ら居住する住宅の建設及び購入費用）として上限150万円を，転宅資金（転宅に必要な敷金，前家賃，引っ越しのための費用等）として上限26万円を，それぞれ貸し付けてもらうことのできる制度です。ただし，貸付という性質上，利用に際しては返済能力に対する厳しい査定があるため，真に困窮しているひとり親家庭や，保証人がいないひとり親家庭が利用できないという問題があると葛西は指摘します。

（3）家庭経営面での困難

　第３に，家庭経営面の困難です。ホックシールドは，職場での仕事と家事育児を両立することで，母親は３つの仕事（＝「３つのシフト」）をこなさねばならなくなると指摘しています（Hochschild［1997=2012］）。３つのシフトとは，職場での仕事（＝第１のシフト），家庭での家事，育児（＝第２のシフト），自身が十分に相手をできないことに対する子どもの不満をなだめること（＝第３のシフト）を指します。

　第１のシフトである職場での労働が長時間にわたると，第２のシフトである家事，育児にかけられる時間はどうしても逼迫します。その結果，母親に十分な時間をかけて相手をしてもらえないことを不満に思う子どもをなだめる第３のシフトが発生する，というのがホックシールドの議論です。

　ホックシールドは，「家事，育児は女性が担うべき」というジェンダー規範のもとで女性が３つのシフトに追われる状況を問題化したのですが，ひとり親にとっても３つのシフトは大きな問題です。というのも，ひとり親はパートナーと負担を分担することがそもそも望めないため，自身の親（子どもにとっての祖父母）と同居しているのでなければ，すべてのシフトを一人でこなす必要があるためです。一般的に男性は家族生活で家内労働役割を期待されにくい（渡辺［1996］）ことに鑑みると，シングルファザーの場合，第２，第３のシフトをめぐる問題はさらに重くなりうるとも予想されます。

　このような３つのシフトの問題は，ひとり親に「時間貧困」（Vickey［1977］）の問題を生じさせます。時間貧困とは，職場での仕事と家庭での家事・育児に

追われる結果，自分自身が自由に使える時間が実質的になくなってしまう状況を指します。日本における実証研究においても，時間貧困が発生する要因として就業と子育ての2つが重要であること，時間貧困に陥りやすい世帯として最も目立つのがひとり親世帯であること，さらに，ひとり親世帯においては経済的な貧困と時間貧困とがほぼ同時的に発生しているケースが多いことが指摘されています（石井・浦［2014］）。

（4）親子関係における困難

　第4に，親子関係における困難です。親の離婚は子どもにとって大きなライフイベントであり，それを経験することで子どもの情緒が不安定になることや，子どもが別れた親を求めることで親子関係が悪化することがあるといわれています。後者，すなわち子どもが別れた親を求めることで発生する困難については，日本はカップルの話し合いのみで成立する協議離婚が多く，共同親権制度もないため，離婚後の子どもと別居親の面会交流についての取り決めが十分になされないまま離婚が進められることが少なくないことも関係しています。

　親の離婚による親子関係への影響については，量的，質的に議論がなされています。量的な研究としては，全国家族調査（NFRJ）のデータを用いて，親の離婚が親子関係良好度と親子間の会話頻度に与える影響を，稲葉昭英［2016］が検討しています。それによると，親の離婚を経験している場合，親子関係良好度も親子間の会話頻度も有意に低く，特に父子関係においてこの傾向は顕著です。これは，親の離婚後，父親と子は別居するケースが多い（＝子どもを母親が引き取るケースが多い）ため，関係が希薄化することをあらわしていると稲葉は述べます。また，子どもの学歴が高い場合は，離婚が親子関係に及ぼす影響が緩和されており，このことは，大学進学に至るまでの親子の生活歴などの効果をあらわしていると稲葉は論じています。

　離婚後の親子関係についてインタビュー調査から描き出した研究としては，志田未来［2015］があげられます。志田によると，親の離婚を経験した子どものなかには，「いま（ひとり親家庭）の方が幸せ」と，変化を肯定的にも解釈する子どもたちも存在する一方，ひとり親家庭になってからの同居親との関係は多様であり，子どもたちは複雑な感情を抱いているといいます。

（5）進学や就職で子どもが経験する不利

　ここまで見てきたように，ひとり親家庭はさまざまな困難を経験しますが，そこで育つ子どもが進学や就職における不利を経験することも指摘されています。

　たとえば，「社会移動と社会階層（SSM）調査」データを用いて，幼いときに父親と別れた者（早期父不在者）の不利を検証した余田翔平・林雄亮［2010］によると，早期父不在者は，短大以上の高等教育機関への進学で格差を経験しています。また，安定成長期（1973年12月から1991年２月まで）以降，早期父不在者は，そうでない人と比べ，ブルーカラーとして労働市場に参入する傾向が強まっており，大企業ホワイトカラーや専門職として初職に参入できる割合が低くなっています。この初職参入上の不利は，先述の教育達成の格差によって引き起こされていると余田・林は説明しています。日本においては学歴によってどのような初職につけるかが左右されるため，教育達成で不利な状況にある早期父不在者は，初職につく際にも困難を経験するということです。

　ただし，ひとり親家庭で育つ子どもの困難は経済的要因のみで説明できるほど単純でもありません。「日本版総合的社会調査（JGSS）」を用いて世帯構造と教育達成の関連を検討した余田翔平［2012］がこの点を指摘しています。それによると，確かにひとり親世帯出身者は高校進学や短大・大学進学といった点で二人親世帯出身者よりも一貫して不利な状況にあります。ただしその一方で，父子世帯は母子世帯よりも経済的には恵まれているにもかかわらず，父子世帯出身者と母子世帯出身者との間で教育達成の水準にほぼ違いは見られません。ひとり親家庭に育つことと子どもの教育達成との関連は，経済的要因だけでは説明しきれないことがこの結果からうかがえます。

4　離婚を「不幸」につなげない社会を作るために

　イントロダクションで主人公は「姉の苦労の原因は，実は離婚をしたことそれ自体ではないのでは」と考えていましたが，それは妥当な見方といえます。

　本章で見てきたような，ひとり親家庭が直面する困難は，離婚してひとり親家庭になることそれ自体ではなく，ひとり親家庭を包摂できない社会の構造か

ら発生していると考えるべきものです。先述した通り，日本の社会保障や社会福祉の制度は，近代家族を前提に設計されているため，ひとり親への支援施策が十分に展開されてきませんでした。その結果，ひとり親家庭が不利や困難に直面するのです。

　子どもを持って離婚した人を責めるのではなく，社会のあり方こそがひとり親家庭に不利や困難を帰結しているという見方に立ち，社会を変えていくことが求められます。ここでは，2つのことを提案します。

　1つ目は，ひとり親家庭の「制度化」（Cherlin［1978］）を進めることです。これは，ひとり親家庭を社会における例外とみなすのではなく，社会における重要なアクターの1つとして認め，包摂していくことを意味します。この制度化の達成のためにも重要なのが，2つ目の子育ての「脱家族化」（Esping-Andersen［1999=2000］）です。

　脱家族化とは，現在は家族が中心となって担うもの，担うべきものと考えられている子育ての負担や責任を，社会全体で公正に分担していくことです。つまり，子育ての脱家族化とは，子育てをめぐる家族主義を脱却していくことだと言い換えられます。家族主義的な社会においては，子どもを持つ選択をした者に大きな負担がかかります。とりわけひとり親には，ケア役割と稼得役割の双方をひとりきりで担うことが求められることとなり，その結果として，本章でみてきたようなさまざまな不利や困難が生じてしまいます。ひとり親家庭も含め，すべての人に多様な人生の選択肢を保障し，生活や幸福を守るためにも，子育ての脱家族化の推進が求められます（藤間［2020］）。

　最後に，社会を変えていくこととも関連し，ひとり親として日本社会で生きていく上で大切だと考えられることを2つ挙げます。

　1つは，自身や子どものニーズについて積極的に声を上げ，支援や制度を遠慮なく利用することです。日本の福祉は本人が申請しない限り提供されない「申請主義」が特徴ですが，その一方で福祉を受給することを恥と感じる人も少なくありません。実際，経済的に苦しいにもかかわらず，自立や自助に高い価値をおくがゆえに，生活保護の受給を自制するひとり親が存在する可能性も指摘されています（吉武［2019］）。ですが，利用されなければ「この制度は必要ない」と勘違いされかねません。必要な制度を積極的に利用したり，不足し

ているものについて要求したりすることで，ニーズの存在をアピールすることは，社会を変えるきっかけになると期待されます。

　もう1つは，家族を超えたつながりを作ることです。先の志田［2015］は，ひとり親家庭で育つ子どもが親子関係に対して持つ複雑な感情に対処するうえで，親戚との関わりや，同じくひとり親家庭で育つ他の子どもからの承認が重要であると述べています。家族を超えるつながりとしては，親戚や近隣住民のほか，当事者団体も重要な存在でしょう。「しんぐるまざあず・ふぉーらむ」や「全国父子家庭支援ネットワーク」をはじめ，ひとり親の当事者団体は全国各地で見られるようになっています。こうした団体にアクセスし，家族を超えたつながりを作ることも重要でしょう。

（藤間公太）

注

1　ちなみに，今日の日本において，未婚者による出産は総数としてはあまり多くありません。「子どもの出産は結婚した夫婦のもとで行われるべき」という価値観が支配的であるため，結婚前に妊娠が発覚した場合は妊娠先行型結婚（いわゆる「授かり婚」）が選択されるケースが多いためです。

2　国勢調査では，「母子世帯」「父子世帯」と表記されます。なお，ひとり親となった人が自分自身の親も含む三世代同居をしているケースなども存在するため，平成22年の国勢調査からは，「母子世帯（他の世帯員がいる世帯を含む）」「父子世帯（他の世帯員がいる世帯を含む）」というカテゴリでの集計も行われています。

3　ひとり親家庭形成後に，親が再婚して「ステップファミリー」を形成することももちろんあります。ステップファミリーもまた固有の困難を経験するといわれており（野沢・菊地［2020］），それを無視するわけではないのですが，本章ではひとまず議論をひとり親に限定します。

📖 ブックガイド

Esping-Andersen, G. & B. Palier［2008］Trois leçons sur l'Etat-providence, Paris: Seuil.（京極髙宣監修，林昌宏訳［2008］『アンデルセン，福祉を語る─女性・子ども・高齢者』NTT出版）

　　フランスの一般読者向けに分かりやすく書かれた書です。脱家族化と言う概念は家族を否定するものでは決してなく，むしろ家族の絆を守るためにこそ必要で

あることが論じられます。

西村幸満［2021］『生活不安定層のニーズと支援—シングル・ペアレント，単身女性，非正規就業者の実態』勁草書房
　人びとの「生活不安」について，調査にもとづき論じる本です。特に第6章では，シングルマザーがいわゆる「支援」にとどまらない助けを必要としていることが示されます。

＼ 参考文献 ／

石井加代子・浦川邦夫［2014］「生活時間を考慮した貧困分析」『三田商学研究』57（4）：97-121

稲葉昭英［2012］「家族の変動と社会階層移動」『三田社会学』17：28-42

————［2016］「離婚と子ども」稲葉昭英・保田時男・田渕六郎・田中重人編『日本の家族　1999-2009—全国家族調査［NFRJ］による計量社会学』東京大学出版会，129-44

大橋薫［1972］『都市病理の構造』川島書店

落合恵美子［1989］「近代家族の誕生と終焉」『近代家族とフェミニズム』勁草書房，2-24

葛西リサ［2017］『母子世帯の居住貧困』日本経済評論社

厚生労働省［2020］『2020年　人口動態統計』

————［2023］『2022（令和4）年　国民生活基礎調査の概況』

国立社会保障・人口問題研究所［2022］『人口統計資料集2022』

斉藤知洋［2018］「ひとり親世帯の所得格差と社会階層」『家族社会学研究』30（1）：44-56

志田未来［2015］「子どもが語るひとり親家庭—『承認』をめぐる語りに着目して」『教育社会学研究』96：303-23

下夷美幸［2008］『養育費政策にみる国家と家族—母子世帯の社会学』勁草書房

高橋満［1988］「離婚母子世帯の生活問題」『長野大学紀要』9（3）：63-74

西村純子［2014］『子育てと仕事の社会学—女性の働き方は変わったか』弘文堂

野沢慎司・菊地真理［2020］『ステップファミリー—子どもから見た離婚・再婚』KADOKAWA

藤間公太［2019］「ひとり親家庭」西野理子・米村千代編『よくわかる家族社会学』ミネルヴァ書房，168-9

───────[2020]「教育政策，福祉政策における家族主義」『教育社会学研究』106：35-54

光川晴之［1973］『家族病理学』ミネルヴァ書房

余田翔平［2012］「子ども期の家族構造と教育達成格差——二人親世帯／母子世帯／父子世帯の比較」『家族社会学研究』24（1）：60-71

余田翔平・林雄亮［2010］「父親の不在と社会経済的地位達成過程」『社会学年報』39：63-74

吉武理大［2019］「貧困母子世帯における生活保護の受給の規定要因」『福祉社会学研究』16：157-78

渡辺秀樹［1996］「父親の育児不安——シングルファザーの問題に焦点をあてて」『現代のエスプリ』342：165-71

Cherlin, A. J. [1978] "Remarriage as an Incomplete Institution", *American Journal of Sociology*, 84（3）：634-50.

Esping-Andersen, G. [1999] *Social Foundations of Postindustrial Economics*, London: Oxford University Press.（渡辺雅男・渡辺景子訳［2000］『ポスト工業経済の社会的基礎——市場・福祉国家・家族の政治経済学』桜井書店）

Hochschild, A. R. [1997] *Time Bind: When Work Becomes Home and Home Becomes Work*, New York: Henry & Colt Co.（坂口緑・中野聡子・両角道代訳［2012］『タイム・バインド　働く母親のワークライフバランス——仕事・家庭・子どもをめぐる真実』明石書店）

Parsons, T. & Bales, R. F. [1956] *Family, Socialization and Interaction Process*, London: Routledge & Kegan Raul.（橋爪貞雄・溝口兼三・高木正太郎・武藤孝典・山村賢明訳［2001］『家族　核家族と子どもの社会化（新装版）』黎明書房）

Raymo, J. M., M. Iwasawa & L. Bumpass [2004] "Marital Dissolution in Japan: Recent Trends and Patterns," *Demographic Research*, 11: 395-420.

Vickey, C. [1977]"The Time Poor: A new look at poverty," *The Journal of Human Resources*, 12（1）：27-48.

第14章

働きながら親の介護をすること

イントロダクション

　3年前に学校を卒業して就職した兄の仕事は全国転勤がある。今は会社の寮に住んでいる。東京，大阪，名古屋，福岡，札幌に拠点があって，3年ごとの人事異動でどこに赴任するか分からないという。私はまだ学生だけど，将来したい仕事がある。海外にも行ってみたい。でも，両親のことはどうするのだろう。

　父は去年還暦を迎えた。定年退職をして，今は嘱託で仕事をしている。だけど，父より2歳年下の母は2年前に病気をして手術をし，今もあまり身体が丈夫とはいえない。いずれは介護が必要になるのだろうか。そう考えると，実家から離れないほうがよいのではないかと思う。

　兄が長男なのだから，いずれは実家に帰って両親のめんどうを見てくれるはず…。兄が就職したときはそう思っていた。だけど，今年のお正月に実家で兄と会ったときには，両親が年老いても実家には帰らないと思うと言っていた。今の会社の仕事にやりがいを感じているから辞めたくないと兄がいうなら，私だけがしたい仕事を諦めて両親のめんどうを見るのは不公平だと思う。

　しかし，兄は結婚を考えている人がいるという。彼女は一人っ子だから，将来の介護を考えるなら彼女の両親を優先するという。うちには兄だけでなく私もいるけど，彼女の両親には彼女しか子どもがいない。だから，うちの両親は私に任せたいという。そういわれると，そうしないといけないのかなと思ってしまう。私にはもちろんまだ結婚の予定はないし，将来結婚するかどうかも分からない。

1　年老いた親の介護は誰が担うのか

（1）介護は女性の仕事か

　読者の皆さんは，イントロダクションを男性と女性どちらの悩みだと思って読んだでしょうか。妹＝女性の立場で読んだという人が多いかもしれません。しかし，弟＝男性の立場で読んだという人もいるでしょう。介護をするのは女性と無意識のうちに思っている人は，弟＝男性の立場でも読めると気づいて不意を突かれたような気持ちになったかもしれません。

　確かに，今でも介護の担い手（介護者といいます）の多くは女性です。「私」が妹だったら，男性である兄は女性である妹が年老いた両親の介護をしてくれると思ったという話になります。それに対して，女性である妹も自身と男性である兄の職業キャリアを等価に考えて，自分だけが仕事を諦めるのは不公平だという。そのような話として理解できます。

　しかし，「私」が弟だったらどうでしょう。兄も弟も男性だから介護のことは考えなくてよいといえるでしょうか。介護は女性の仕事だと考えていたとしても，姉や妹という女性がいなければ，兄であれ弟であれ，男性が介護をしないといけないですね。あるいは，身体の弱ったお母さんの介護をお父さんがするということもあるでしょう。お父さんも男性です。つまり，誰が介護をするとしても「介護は女性の仕事」といってお母さんを放っておくわけにはいきません。

（2）現代の家族における介護の担い手

　イントロダクションの中には，女性が1人登場しています。「兄」の結婚相手「彼女」です。いわゆる「長男の嫁」にあたります。

　確かに，昔の日本には長男が両親と同居をして，その配偶者（嫁）が介護をするという習慣がありました（袖井［1989］）[1]。しかし，イントロダクションの兄は実家の跡継ぎになるつもりがあるようにみえません。「私」とは対等な関係で両親の老後を考えているようです。

　「彼女」（兄の結婚相手）にも「長男の嫁」という責任感はないようです。そ

れよりも，一人っ子だから親の面倒をみるのは自分しかいないという責任感が前面に出ています。彼女は偶然にも女性でしたが，男性も一人っ子だったら同じことです。一人っ子同士の夫婦がそれぞれ自分の親の介護をする，そのようなケースも目立つようになっています。

　最後に，イントロダクションの中で「私」自身は将来結婚するかどうかわからないといっていますね。「妻が介護をしてくれる」という男性の発想は結婚することが当然という生き方を前提にしています。しかし，現代では生涯独身ということも珍しくなくなっています。それは「私」が女性であっても同じことです。つまり，「私」は男性か女性かを問わず，独身で介護をする可能性があります。

　このように，家族の介護をめぐる状況は今日，多様化しています。その多様な状況を整理することで，介護に直面したときのライフ＆キャリアを考えるための予備知識を以下で解説したいと思います。

2　女性にとっての介護問題

（1）なぜ女性が家族の介護をするのか
　年老いた家族の介護は長く女性の仕事だと思われてきました。しかし，なぜ女性が介護をするのでしょうか。

　手がかりとして，介護と同じく家族のケアという意味で議論が先行している育児をヒントにしてみましょう。第11章の結婚の章で，夫婦の役割について解説しました。夫婦とその子どもという家族形態と男性稼ぎ手システムを念頭に置いて考えたときに，結婚や出産を機に労働市場から退出した女性が，その延長線上で年老いた親の介護も担うという役割関係で介護役割も理解できます。

　あるいは，子育てが一段落した後でパートとして就業する女性はフルタイム勤務の男性に比べてケア役割と両立しやすいために男性より女性のほうがケア役割を担う傾向にあるという見方もできるでしょう。実際，雇用されて働く家族介護者で最も多いのは女性の非正規雇用者です（池田［2021a］）。

　このような見方は育児と介護というケアの間に役割の一貫性を想定しています。大和［2008］は戦後の日本の家族介護と社会保障制度の関係を分析し，男

性は養老年金制度によって老親扶養役割から解放される一方，老親介護は長く家族の役割とされていたため，女性は育児と介護にまたがって生涯にわたるケア提供者つまり「生涯ケアラー」になっているという指摘をしています。

　このケア役割の一貫性を世代間の助け合いという形で示したのが，第11章でも紹介した1978年の厚生白書です。日本の福祉政策は家族主義であるといわれますが，政府は欧米に比して高い日本の三世代同居率を福祉の基盤として評価し，育児期の子世代は親からの家事・育児支援が受けられる一方で，介護が必要になった親世代は子どもからの介護を受けられるという助け合いを期待していました。

　なぜ女性が年老いた親の介護を担うのかという問いに対する1つの答えは，育児というケアにおいて親から家事・育児支援を受けた返礼として介護というケアを担うことが期待されるからだということになります。

（2）働く女性の時代へ

　日本の家族主義的福祉政策の基盤として，政府がその価値を高く評価した三世代同居ですが，その後は評価が分かれることになります。背景に，女性の職場進出への期待があります。

　1985年制定の男女雇用機会均等法は，結婚退職制度や妊娠・出産を理由とする解雇つまりケア責任を理由に企業が女性を労働市場から排除することを禁止し，女性が性差別を受けることなく，生涯を通じて仕事を続けられる雇用環境の整備を企業に求めました。女性がケアだけでなく仕事もするという「仕事と家庭の両立」への関心が高まると，親との同居のプラス面とマイナス面の両方が意識されるようになります。

　前田信彦［1998］は，6歳未満の子を持つ育児期の女性のフルタイム就業には親との同居がプラスに作用する一方で，同居の親が75歳以上になると女性のフルタイム就業にマイナスの影響を及ぼすことをデータ分析によって明らかにしています。今でこそ育児休業（育休）をとって産後に復職し，時短勤務等の両立支援制度を利用して仕事と子育てを両立することが一般的になりつつありますが[2]，その前は多くの女性が同居親の家事・育児支援に頼ってフルタイムで就業継続してきました。その意味で，親との同居は好意的に評価できるとい

211

えますが，そのお返しとして介護離職をしてしまう，そのようなマイナス面も
あることに前田［1998］は注意を促しました。

　1990年代は仕事と家庭の両立が大きな関心を持たれた時代でした。1990年に
少子化が社会的問題となったことを機に，政府は少子化対策として仕事と育児
の両立支援に力を入れることになります。

　1985年制定の男女雇用機会均等法から育休に関する規定が独立し，企業に育
休を義務づけた育児休業法が1991年に制定されます。1994年にはエンゼルプラ
ン（今後の子育て支援のための施策の基本的方向について）が発表され，その
具体策として保育サービスの拡充が進められました。しかし出生率はすぐには
回復しなかったことから，1999年には新エンゼルプラン，2002年には少子化対
策プラスワン，2003年に少子化対策基本法と次世代育成支援対策推進法が制定
されるという流れで，育休取得促進と保育所の整備を柱とする仕事と育児の両
立支援に政府は2000年代も取り組むことになりました。

　こうして，女性が産後に育休を取り，子どもを保育所に預けて復職をすると
いう今では当たり前になった制度が整備されたことにより，仕事と育児の両立
支援の中心は，同居親に代表される親の育児支援から育休と保育所という社会
的支援に移っていきました（今田・池田［2006］）。

　さらに，仕事と家庭の両立支援の対象に育児だけでなく介護も含まれること
になり，1991年制定の育児休業法に介護に関する規定を加えた育児・介護休業
法が1995年に制定されました。育児休業法も育児・介護休業法も，女性だけで
なく男性も両立支援の対象に含めています。ですが，家族的責任にともなう離
職防止という趣旨に照らして考えるなら，女性労働者の支援の意味合いが強い
といえます。介護についても働く女性の離職を防止するという問題意識から両
立支援制度が法制化されました（袖井［1995］）。

　このように，女性は家庭でケア責任を果たすという性別役割は依然として根
強いものの，そのことを理由に労働市場から排除するのではなく就業すること
も支援するという発想で，女性のライフ＆キャリアを捉える考え方が日本社会
に広がっていきました。介護については，育児・介護休業法の施行により介護
休業が企業に義務づけられた1999年以降，徐々に両立支援の取組みが広がって
いきましたが，背景には少子高齢化の進行にともなう介護負担の増加と介護離

職への危機感があります。

（3）介護の脱家族化へ

　仕事とケアの両立の問題は，放っておくと仕事とケアの二重負担につながります。仕事もケアも完璧にやることなど無理ですので，仕事の負担かケア負担のどちらかを軽減する必要があります。

　育児・介護休業法は仕事の負担を減らす制度を規定していますが，もう1つケアの負担を減らす方策として，高齢者介護においても育児と同じく社会的なサービスを利用するという方法があります。それが介護保険制度です。

　介護保険とは，自分が将来介護を受ける時に備えて保険料を政府（地方自治体）に納め，これを財源にサービス提供事業者に支払う介護サービス利用料金の大部分をまかなうというしくみです。サービスを利用するときの窓口負担は小さいが，民間事業者が利益を出せるしくみが整ったことによって，介護サービスの利用者は飛躍的に増加しました。

　介護保険制度は1997年制定の介護保険法にもとづいて2000年に始まっていますが，その目的は「介護の社会化」にあります（池田［2002］）。その背景には，家族だけでは高齢者介護を支えきれないという問題意識がありました。「介護の社会化」とは，専門的にいえば「介護の脱家族化」です。

　第3章等でも紹介したエスピン＝アンデルセンによれば，脱家族化とは「家族への個人の依存を軽減する政策」（Esping-Andersen ［1999=2000］ p.78）です。そして，「女性（あるいは，少なくとも母親）が家庭の責任を負わされ，そのことが彼女たちの就労による完全な経済的自立を制限しているという事実を前提にすれば，彼女たちの脱家族化は，多くの研究が示唆するように，ただ福祉国家の肩にのみかかっている」（Esping-Andersen ［1999=2000］ p.78）と述べています。介護保険制度は，まさに家族への高齢者介護の依存を軽減する政策として実施されました。

　エスピン＝アンデルセンは欧米の福祉国家を，政府の公的支援に依存する社会民主主義（スウェーデン等の北欧諸国），市場によるサービスに依存する自由主義（英米等のアングロサクソン諸国），家族への依存が強い保守主義（独仏と南欧諸国）の3つに類型化しています。日本はどこに入るかといえば，厳

密にどこということは難しく，クルーガー＆ヤンドル［2013］や新川隆光
［2014］は「家族主義」と呼んで「保守主義」とも区別しています。

　つまり，家族の中で男性と女性のどちらがケアを担うかという問題とは別の
次元で，そもそも家族がケアを担うのかという問いがあるということです。

　育児においても保育サービスという脱家族化の方法があります。しかし，介
護保険制度は，より徹底した脱家族化を目指してつくられました。まず，介
護においては家族と離れて高齢者が施設で暮らすという選択肢があります。そ
の一方で，保育所のような通所介護のサービスもありますし，ベビーシッター
のように自宅に介護サービスの事業者が訪問するサービスもあります。そして，
これらのサービスは，介護を担う家族の状況ではなく，介護を受ける高齢者が
どの程度の介護を必要としているかを測る要介護認定にもとづいて提供されま
す。その意味で，家族抜きのケア提供システムです。

　この介護保険制度が提供するサービス（介護保険サービス）を使って親が子
どもに頼らず生活できるのであれば，イントロダクションの悩みは解決するで
しょう。つまり，家族が介護を担うのではなく，介護保険サービスによって十
分な介護を「お父さん」に提供できれば，「私」は親の介護のために自分の
キャリアを犠牲にする必要はなくなるといえます。

3　多様化する介護問題

（1）介護の再家族化

　介護はそもそも家族が担うケアなのか，そのように問うたときに，必ずしも
家族が介護をする必要はないという選択肢がみえてきます。

　少し考えてみたら当たり前のことです。前述のように，高齢者の中には一人
暮らしで配偶者や子どもがいない人もいます。そのような高齢者でも必要な介
護を社会的サービスによって受けられるのが介護保険制度です。前出のエスピ
ン＝アンデルセンの福祉国家の類型論の「社会民主主義」のように，最初から
社会的サービスを利用することを前提に家族が年老いた親の介護問題を考えて
いる国もあります。

　しかし，介護の脱家族化にはお金がかかります。高齢者の人口が増え，介護

を必要とする高齢者が増えていくと，収める介護保険料に対してサービスの利用料金が増えていきます。そのため，介護保険の保険料を上げたり，サービスの窓口負担を増やしたりして，財政収支のバランスを保つよう政府は努力していますが，高齢者に提供されるサービスにも制約が生まれています。

　介護保険制度が目指した介護の脱家族化は，実際には家族の介護を大幅に代替するほどは進んでいません。それどころか，介護施設への入所の条件が厳しくなったり，訪問介護サービスで利用できるサービスが制限されたりして，家族の介護負担が増す「介護の再家族化」（藤崎［2009］）が起きているという指摘もあります。

　実は，同じことは社会民主主義の国でも起きています。介護に限らず，医療や年金といった社会保障制度を維持するために，社会民主主義の国では，日本よりはるかに多くの税金を国民が払っています。しかし，高齢者の増加は必然的に年金や医療・介護の支出を増やしていくことになります。結果的に介護については家族への依存が徐々に強くなっていく傾向にあります（Jolanki et al.［2013］）。日本は人口に占める65歳以上の割合（高齢化率）が世界一です。介護の脱家族化という理念の一方で，介護の再家族化が問題になるのは，それだけ社会保障財政が厳しいという事情が背景にあります。

（2）男性の介護問題

　介護保険制度は，介護を担う負担の重さが問題になったことから介護の脱家族化を目指してつくられました。ですので，その脱家族化が難しいからといって再家族化しても，家族が従来通りに介護を担うことは難しいです。

　前述のように，福祉国家の類型論では日本は「家族主義」に分類されています。実際かつては高い三世代同居率を背景に家族に依存した政策を政府も強調していました。ですが時代は変化します。公的支援の充実した社会民主主義の国の政府を「大きな政府」と呼ぶことがありますが，これになぞらえて言えば，家族主義の福祉体制を支えていた日本の「大きな家族」は過去のものになりつつあります。三世代同居の世帯は減り，高齢者夫婦のみの世帯や単身世帯が目立つようになっています。また，介護の担い手となる子世代においては未婚化が進んでいます。これにより，家族の中に女性がいない男性が介護を担うケー

スが増えてきています。

　男性介護者の実情をまとめた津止・斎藤［2007］は，戦後の介護者の推移を整理し，伝統的な嫁（子の配偶者）による介護に代わって，実子による介護と配偶者による介護が増えていることを示し，これにともなって息子と夫という男性介護者が増えていることを指摘しています。

　夫による妻の介護は，子どもがいなかったり，子どもが実家から遠く離れていたりする夫婦を想像すれば分かりやすいと思います。息子による介護は独身の介護者（シングルケアラー）の増加や，夫婦がともに実親を介護するケースを想像すれば分かりやすいと思います。男性介護者は，今まで妻や母に一切の家事を任せていたところ，いきなり家事と介護のすべてを担うことになった当惑など，女性の介護者とは異なる悩みや苦労があることから，男性に焦点を当てた介護者の会（男性介護者と支援者の全国ネットワーク）もできています。

　男性介護者の増加は，仕事と介護の両立という問題に一石を投じることになりました。それは，働く男性介護者には正規雇用者が多いということです。先ほど雇用されて働く介護者の中で一番多いのは非正規雇用の女性だと述べましたが，2番目に多いのは男性の正規雇用者です。特に介護者が多い中高年には企業経営に対する離職の影響が大きい管理職やベテラン社員が含まれています。これにより，介護離職の防止に対する企業の関心が高まりました。

　もちろん重要な仕事を担っていれば男性も女性も関係ありません。前述の前田［1998］が分析対象としたように，フルタイム就業の女性が出産・育児期を乗り越えてキャリアを積んだ先で介護離職をしてしまうことは，女性本人だけでなく企業経営にとっても痛手でしょう。女性の勤続年数は延びており，女性管理職も増えていますので，その流れでも介護離職は切実な問題になっていたはずです。しかし，その前に男性介護者の存在により，企業は重要な人材の介護離職リスクという問題を経営課題として認識するようになりました。

（3）多様化する介護方針
　女性だけでなく男性も今は介護をします。それも女性の手伝い程度ではなく，主たる介護者として離職するリスクがあるほどの介護負担を負う男性が目立つようになっています。このことは，女性を念頭に置いてきた介護というものの

見方を考え直すきっかけになっています。

　たとえば，仕事と介護の両立困難の帰結として，離職が問題になってきましたが，男性は女性に比べて離職する割合が低いです。しかし，そのことは男性のほうが仕事と介護を両立できるということではありません。介護疲労が蓄積した結果，出勤はしていても仕事のパフォーマンスが低下するという問題は男性において顕著に表われます（池田［2021a］）。女性も男性も介護を理由に離職しますし，男性も女性も介護疲労で仕事のパフォーマンスが低下しますが，どちらかといえば女性のほうが離職傾向は強く，男性のほうが仕事のパフォーマンスに影響が出やすいということです。女性の介護責任の帰結として問題になった離職とは別の問題が男性を対象にした研究によって明らかになったのです。

　また，平山亮［2014；2017］は息子による老親介護の調査をもとに，男性が女性よりも介護をしないと思われているのは，実は介護をしていないのではなく，介護方針の違いだという知見を紹介しています。男性は，要介護状態にある老親の心身の機能をできるだけ長く維持したいという気持ちから，ギリギリまで手助けをしないことを介護方針としています。これは，老親に困ったことがあったら最初から手助けをする姉妹や妻といった女性とは異なる介護方針であるため，両者の間に介護方針をめぐる対立が起きることもあります。

　このような平山［2014；2017］の議論を踏まえて，池田［2021a；2021b］は介護方針の違いが仕事と介護の両立に及ぼす影響を検討しています。平山［2014；2017］が男性的な特徴とした，なるべく手助けをしない介護方針を自立重視的介護，女性的な特徴とした最初から手助けをする介護方針を献身的介護と呼び，短時間勤務を必要とする介護者が少ないことの背景に，多くの介護者が自立重視の介護方針であるという実態があることを，家族介護者を対象とした定量的調査から明らかにしています。

　もちろん要介護状態が重くなり，不自由なことが増えれば，自立重視の介護方針を貫くことはできません。しかし，まだ軽度の要介護状態にある高齢者とのかかわり方は多様化しており，そのことが働き方にも影響を及ぼしているのです。

　このように男性介護者の問題は，誰が介護をするのかという介護の担い手の

問題に留まらず，どのように介護をするのか，仕事と介護の両立困難の帰結として何が起こるのかというように，介護問題自体を多様化させています。

　近年は性別だけでなく年齢の面でも介護の担い手は多様化しており，若い介護者（ヤングケアラー）の問題も起きています。さらに，本章では親子関係に着目して介護問題を取り上げてきましたが，祖父母を介護する孫や，オジオバを介護する甥・姪といったように，誰を介護するのかという問題も多様化しています。その結果として，さらに新しい問題が起きるかしれません。それだけ柔軟な発想で介護問題と向き合うことが大事です。

4　柔軟な発想で介護に対応することが重要

　誰が介護をするのかという問いから本章は始まりましたが，社会の状況によって答えが様々にあり得ることを解説してきました。そして，介護の担い手の多様化にともなって，どのように介護をすることが望ましいのかという介護方針も多様化していることをみてきました。

　介護は個々に事情が異なるため，多様性が大きく，誰がどのように介護をするのかという実際の対応については，そのときが来てみないと分からない面が多々あります。しかし，大きな時代の流れとして，ａ）家族にだけ介護を任せるのではなくその一部であっても社会的サービスで代替していく介護の脱家族化の動きがあること，ｂ）家族においてもつきっきりのケアだけが望ましい介護ではなくなっていること，ｃ）仕事と介護の両立を支援する制度の整備が進められていることを心にとめて，介護に直面したときのライフ＆キャリアを考えることが重要です。

　かつては介護を家族以外の人に任せることに抵抗を感じる人もいましたが，近年では積極的に介護保険サービスを利用したほうがよいという考え方が広がりつつあります。それは，家族がつきっきりで介護をすることの弊害が様々な問題を引き起こしているという認識が社会で共有されつつあるからです。介護疲労の蓄積にともなう痛ましい事件がよく報道されますが，いつ終わるか分からず，時間の経過にともなって要介護状態が重くなって介護者の負担が増していく介護においては，介護を抱え込まずにサービスを利用することで適切な距

離を保つことが重要だという考え方が一般的になりつつあります（加藤
［2007］，NPO法人介護者サポートネットワークセンター・アラジン［2012］）。

　そうはいっても，サービスを十分に利用できなければ，やはり家族がつきっ
きりで介護をしないといけないと考える必要もありません。介護保険サービス
は財政制約によって供給不足になり，介護の脱家族化とは反対に介護の再家族
化が進む可能性は確かにあります。施設に入りたいけど入れない，デイサービ
スの利用時間が短い，訪問介護で利用できるサービスが限定される等々，希望
どおりにサービスを利用できない事態に直面することはあると思います。しか
し，高齢者介護は育児と違うという発想をもつことが重要です。

　育児においては子どもを片時もひとりきりにできないですから，保育時間が
短ければ，それだけ親は子どものために時間を割かなければならなくなります。
しかし，高齢者は介護が必要であっても大人ですから，特段の手助けを必要と
しない時間は一人で過ごせます。遠距離介護の場合，家族が離れて生活してい
る平日はサービスを利用しながら一人暮らしをしている高齢者もいます。

　ですので，自分のキャリアを犠牲にしてまで親の介護をしなければならない
と思う必要はないのです。要介護者と適切な距離を保つために外出の機会とし
て仕事に出たほうがよいという考え方もあります。介護離職をして一日中介護
に専念する生活が続くと精神的に参ってしまいます。仕事をやめれば経済的に
も苦しくなります。独身であればなおさらです。ですので，なるべく仕事をす
る，自分のキャリアを犠牲にしない範囲で介護を担うという考え方が重要です。
社会も，そのような仕事と介護の両立を支援する方向で制度の整備を進めてい
ますので，後ろめたさを持つことなく仕事をしてください。

　さて，イントロダクションのお悩みに戻って両親の介護を誰がするのかとい
う問いに答えるなら，家族の誰かがつきっきりでケアをしないといけないとい
う前提で考えないことが重要です。介護保険サービスを利用しながら，遠距離
介護で週末だけ「兄」と「私」が交代で介護をするという方法もあるでしょう。
誰がどのように介護をすべきか，あまり突き詰めて考えすぎず，柔軟に対応で
きる態勢をお兄さんと話し合ってみてはどうでしょうか。　　　　　（池田心豪）

注
1　さらに遡って江戸時代の武家では男性が老親の介護をしていたといわれています。
2　公務部門の教師や保育士，看護師の育児休業は1975年の特定職種育児休業法，そのほかの職業については1991年の育児休業法によって法制化されました。

📖 ブックガイド

春日キスヨ［2010］『変わる介護と家族』講談社現代新書
　　多様化する家族介護の実情を事例にもとづいて分かりやすく解説しています。

池田心豪［2021］『仕事と介護の両立』（佐藤博樹・武石恵美子責任編集　シリーズダイバーシティ経営），中央経済社
　　育児と異なる介護の特徴を踏まえて仕事と介護を両立するためのポイントを解説しています。

＼ 参考文献 ／

池田省三［2002］「介護保険の思想とシステム」大森彌編著『高齢者介護と自立支援——介護保険のめざすもの』ミネルヴァ書房，115-143

池田心豪［2021a］『仕事と介護の両立』（佐藤博樹・武石恵美子責任編集　シリーズダイバーシティ経営），中央経済社

————［2021b］「介護サービスの供給制約と短時間勤務の必要性：介護の再家族化と自立重視的介護」『社会保障研究』6 (1)，45-58

今田幸子・池田心豪［2006］「出産女性の雇用継続における育児休業制度の効果と両立支援の課題」『日本労働研究雑誌』(553)，34-44

NPO法人介護者サポートネットワークセンター・アラジン編著『介護疲れを軽くする方法』河出書房新社

春日キスヨ［2001］『介護問題の社会学』岩波書店

加藤伸司［2007］『認知症を介護する人のための本——ケアする家族をストレスから救う』河出書房新社

新川敏光［2014］『福祉国家変革の理路——労働・福祉・自由』ミネルヴァ書房

袖井孝子［1989］「女性と老人介護」マーサ・N・オザワ，木村尚三郎，伊部英男編『女性のライフサイクル——所得保障の日米比較』東京大学出版会，127-149

————［1995］「介護休業制度の現状と課題」『日本労働研究雑誌』No.427，12-20

津止正敏・斎藤真緒［2007］『男性介護者白書—家族介護者支援への提言』かもがわ
　出版

平山亮［2014］『迫りくる「息子介護」の時代—28人の現場から』光文社

―――［2017］『介護する息子たち—男性性の死角とケアのジェンダー分析』勁草書
　房

藤崎宏子［2009］「介護保険制度と介護の『社会化』『再家族化』」『福祉社会学研究』
　(6)，41-57

前田信彦［1998］「家族のライフサイクルと女性の就業」『日本労働研究雑誌』(459)，
　25-38

大和礼子［2008］『生涯ケアラーの誕生—再構築された世代関係／再構築されない
　ジェンダー関係』学文社

Esping-Andersen, Gøsta［1999］*Social Foundation of Postindustrial Economics*,
　Oxford University Press.（渡辺雅男・渡辺景子訳［2000］『ポスト工業経済の社会
　的基礎：市場・福祉国家・家族の政治経済学』桜井書店）

Jolanki,Outi, Mara Szebehely,& Kaisa Kauppinen［2013］Family rediscoverd？
　Working Carers of oloder people in Finland and Sweden, In Köger Teppo & Sue
　Yeandle［2013］*Combining Paid Work and Family Care: Politics and Experience
　in International Perspective*, Policy Press, 53-69.

Köger Teppo & Sue Yeandle［2013］*Combining Paid Work and Family Care:
　Politics and Experience in International Perspective*, Policy Press.

エピローグ

「 ライフ&キャリアはいつまで続くのか 」

イントロダクション

　お父さんはまもなく定年退職。でも，しばらくは今の会社で仕事を続けるらしい。昔は早く引退して悠々自適な生活を送りたいと言っていたけど，今は働きたいと言っている。

　年金をもらえるのがもう少し先だからかなぁ。定年退職をしてもすぐに年金をもらえるわけではないみたい。まだ私が就職していないから，今仕事を辞めたら家計が苦しくなるのかな。お父さん自身は，仕事を辞めて自分のお小遣いを減らされるのも困るって言っている。趣味のゴルフに行ったり，友達と飲みに行ったりするのに気兼ねしたくないって。

　それに何だかんだ言っても，仕事が好きみたい。会社では部下や後輩の指導係としてけっこうあてにされていると言っている。お母さんは健康のためにも仕事をしていたほうがいいって言ってる。仕事に行くと毎日規則正しい生活になるし，通勤で歩くから運動不足解消にもいいらしい。

　お母さんも数年前にフルタイムの仕事は辞めたけど，同じ会社でパートの仕事をまだ続けている。職場で若い人と話をすると刺激があるって言っている。普段は仕事をしながら，PTA活動やおばあちゃんの介護で知り合った人とたまに食事に行ったり，旅行をしたりするのが楽しいらしい。最近は近所でボランティアも始めたらしい。そんなこんなで，毎日出掛けている。

　私はこれから就職するけど，お父さんやお母さんの歳までずっと仕事をするのかと思うと気が遠くなる。おじさんは去年，定年退職したすぐ後にガンが見つかって亡くなってしまった。元気なうちに仕事以外にやりたいことをやっておけばよかったって，病院のベッドで話していた。私はいつまで働いて，どんな老後を迎えるんだろう…。

1　人生100年時代のライフ＆キャリア

　本書は，仕事と生活の様々な局面を取り上げて，我々の人生の選択の背景に
ある社会の動向を解説してきました。しかし，いったいいつまで人生は続くの
でしょうか。そんなことは誰にも分かりませんね。そのように言っては身も蓋
もないですが，ライフ＆キャリアの前提にある，いつまで生きるのかという問
題は，誰も自分で選択できません。

　しかし，ここにも時代の影響があります。本書でいう第1の時代に当たる
1960年の平均寿命は男性が65.3歳，女性が70.2歳でした。それが20世紀終わり
の2000年は男性77.7歳，女性84.6歳になり，2020年には男性81.6歳，女性は87.8
歳になっています。イギリスの経営学者であるグラッドン＆スコット［2016］
は，日本で2007年に生まれた子どもの半分は107歳以上まで生きると述べて話
題になりました。

　平均寿命の伸長は高齢者の暮らしだけでなく，現役時代も含む社会制度の組
み直しを必要とします。日本社会は，人々の生き方が年齢に縛られる「年齢規
範」が強い国だと言われています。15歳に中学を卒業したら高校に入学し，18
歳で高校を卒業したら，浪人をすることがあっても20歳前後で大学生になり，
新卒一括採用で就職するという年齢を基準とした横並び意識が強い社会です。
キャリアのみならずライフにおいても，「そろそろ結婚を考える歳だ」という
感じで，事あるごとに年齢を意識する人が多いです。

　ですが，平均寿命の伸長は，多くの人がその年齢を経験したことがなく，年
齢規範がまだない余白の時間が伸びることを意味します。その余白の時間をど
う過ごすかという問題に答えるためには，現役時代から老後に備えた生き方を
考える必要があります。そこで，本書の締めくくりとして老後を見据えたライ
フ＆キャリアのあり方を考えてみましょう。

2　定年退職からライフ＆キャリアを考える

（1）日本型雇用システムと定年退職

　日本社会の年齢規範の強さは，第1章で解説した日本的雇用慣行あるいは日本型雇用システムに端的に表われています。

　日本的雇用慣行の特徴として終身雇用ということがよくいわれますが，厳密にいうと終身（つまり生涯を通じて）雇用されるわけではありません。定年退職という形で特定の年齢に達したら雇用が終了します。ですが，よく考えると定年退職というのは不思議な制度です。英語ではmandatory retirement，つまり強制的な退職という意味です。あらかじめ定められた年になったら一律強制的に退職させられる。なぜなのでしょうか。

　1つの理由は，新卒採用で同じ年に入職してくる社員を「同期」と呼んで，集団的に管理する慣行が日本の大企業にあるからです。学校を卒業して同期入社した人は一律に仕事の初心者として扱われ，仕事を覚えながら勤続に応じて難易度の高い仕事を任されるようになっていきます。

　学校と同じように考えると分かりやすいでしょう。同じ年に1年生として入学したら，みんな同じ教科書で教育を受けますね。2年生，3年生と横並びで学習内容の難易度が上がっていきます。これと同じようなことが企業でも行われます。そして，小学校や中学校は特定の年齢になったら全員卒業しますね。同じように，定年退職は企業を卒業すると考えると分かりやすいと思います。

　学校の部活や生徒会活動は上級生が引退すると下級生に世代交代しますね。同じように企業の定年退職にも強制的な世代交代という意味合いがあります。第4章で解説したように，大企業が毎年のように新卒採用できるのは，定年退職によって強制的に職場を去る人がいるからです。企業の中には退職の前に役職を退く役職定年という制度があるところもあります。これも後輩に役職を譲るという強制的な世代交代です。

（2）定年退職制と年金

　定年によって一律強制的に退職させられたら，その後の生計費はどのように

確保したらよいのでしょうか。高齢者の場合は年金（老齢年金）を受け取ることができます。

　強制的な定年退職が正当化される２つ目の理由は、老齢年金の支給開始年齢に達したら企業は雇用責任を免れるというところにあります。反対に、年金支給開始年齢までは企業が雇用責任を負うことが期待されています。

　もともと日本では多くの企業が55歳定年制でしたが、年金支給開始年齢は60歳でした。定年退職から年金を受け取れるまで５年の空白期間があったのです。これを調整するために、1998年に60歳を下回る定年制が法律で禁止されました。その後、年金支給開始年齢が65歳に引き上げられると、60歳の定年後も65歳まで継続雇用する義務が企業に課されるようになりました。今後さらに年金支給開始年齢が引き上げられたら、会社が雇用責任を負う従業員の年齢も引き上げられることになるでしょう。

　このことは企業内のキャリアだけでなく、ライフの面つまり人生設計に大きく影響します。雇用と収入の安定は新卒採用によって始まる長期雇用と年功的な処遇によって保障されていますが、定年退職によって、それは失われます。年金を受け取れるといっても、現役時代よりは大きく収入が減ります。

　前田信彦［2006］は中年期に末子年齢が低いほど引退希望年齢が高いことを明らかにしていますが、職業から引退するときに子どもが独立していないとセーフティネットどころか老後の負担となるでしょう。

　かりに子どもが大学を卒業する22歳まで扶養すると想定した場合、60歳定年なら38歳までに生まれていないと定年退職後も子どもを養わないといけないことになります。つまり、大企業に就職をして、雇用と収入の安定した生活を送りたいと考えた場合、定年ということを視野に入れて、若いときから人生設計を考えておくことが重要になります。

（3）定年退職後というライフステージ

　もう１つ、定年退職をした後に何をして過ごすのかということも、考えておく必要があります。これは、就職したからといって仕事一辺倒にならずにワーク・ライフ・バランスを大切にしたほうがよいという考え方につながります。

　前田信彦［2006］は、定年退職をした男性正社員の調査データから、前向き

に高齢期を過ごすために，ボランティア等の無償労働も含めた広義の仕事の観点から多様な就業機会を提供することの重要性を指摘していました。

これは定年退職によって強制的に職業的地位を剥奪されるということと関連します。「職業社会学」という概念の生みの親である社会学者の尾高邦雄[1948] は「職業」を生計の手段，自己実現の契機，社会的連帯の契機という3つの側面をもつ概念として定義しました。自己実現というのは自分らしさの表現，社会的連帯は人とのつながりだと理解すれば分かりやすいでしょう。

定年退職は，強制的に職業と自分自身を引き離します。職業上の肩書きを失うと昨日まで立派な人として周りに扱われていたのが嘘のように，いきなり「ただの人」になります。職業を通じて人から認められて保っていた自尊心や自己肯定感を別のものから得なくてはならなくなります。

また，定年退職を機に，仕事を通じた人間関係は希薄になります。小学校や中学校の友人との付き合いと同じで，当時はあんなに仲良かったのに今は全く連絡を取り合っていないということは仕事上の人間関係でも起きることです。その一方で，パートナーや子どもと十分に向き合ってこなかったり，地域社会で関係性を築いてこなかった人が，定年退職を機にいきなり家族や地域に軸足を置こうとすることにも困難がともないます。

要するに，定年退職をすると「寂しい老後」が待っています。何もしないと寂しくなりますので，現役時代から仕事以外に人とかかわり，人から認められて自分らしさを感じられるような活動をしておくことは重要です。

3　超高齢社会のライフ&キャリア

（1）生涯現役という生き方の選択肢

日本はすでに全人口に占める65歳以上の高齢者の割合が25%を超えています。4人に1人を超えているということです。2042年には3人に1人が高齢者になると予想されています。日本の年金制度は現役世代が納付する年金で高齢者世代を支えるしくみですので，高齢者が増えると年金財政は苦しくなります。

そこで，就業による収入を得られる人には働いてもらうことで福祉に頼る人を減らし，財源不足を補おうとする動きが日本を含む先進各国でみられます。

　こうした政府主導の就業促進は，社会的に強いられた労働という見方もできるでしょう。強制連行されて労働に従事するわけではないですが，働かざるを得ない状況を政策的に作り出されて不本意な就業を強いられているという感覚を持つ人はいると思います。

　高齢者を雇用する企業にとっても，もともとは55歳で退職する予定で雇用していた従業員を60歳，65歳と５年も10年も長く雇用し続けるわけです。ですが，その従業員の能力に見合った仕事があるとは限りません。

　もちろん仕事が好きで65歳でも70歳でも健康なうちは働きたいという人もいるでしょう。企業としても65歳や70歳までいてほしいという従業員はいると思います。健康で意欲があるうちはずっと雇い続けることができるなら「生涯現役」も悪くないと思います。

　しかし，そうはいかない，いつか退職する日が来るのであれば，会社から離れる年齢が高いほど，新しい生活に適応するのは容易ではなくなります。その傾向は，仕事中心的な生活を送ってきた人ほど強いでしょう。

　高齢期のライフ＆キャリアの準備に早く取りかかるために，定年前に退職をするという選択肢もあります。

　定年退職制度も老齢年金制度も，本書でいう第１の時代（産業化の時代）に築かれた安定したライフ＆キャリアを支える制度ですが，高齢期においても自由で多様な生き方を求める動きがないわけではありません。ただし，その場合は，退職金があっても減額されますし，年金支給開始年齢まで収入は不安定になりますので，預貯金等の経済的な備えは必要です。

　もう１つ，生涯現役で働きたいという気持ちがある人は，最初から定年制がない企業で働くという選択肢もあります。定年退職は大企業を中心とした制度です。中小企業の中にも新卒採用をしている企業はありますが，従業員数が少なくなれば，採用は不定期になり，退職も不定期になりますので，何歳になっても働けるうちは働くという従業員を雇い続ける企業は珍しくなくなります。

　中小企業には厚生年金に加入していないところもありますので，年金による老後の経済的安定がそれほど期待できない面もあります。しかし，前述のように，職業には生計の手段に留まらない社会的な意味があります。元気なうちは何歳になっても働いていたいと思う仕事に巡り合えた人は定年制のない企業で

のライフ＆キャリアにメリットを感じるかもしれません。

（2）中高年がマジョリティの職場

　超高齢社会のライフ＆キャリアを考える上でもう1つ，現役層の年齢構成も高齢化していくことに留意する必要があります。

　本書でいう第1の時代（産業化の時代）の最盛期は，戦後の高度経済成長期から日本が経済大国としての地位を築いた1980年代頃までといえますが，その当時は39歳以下の年齢層が労働力のマジョリティでした。しかし，今は40〜50代がマジョリティになっており，60代の労働力人口も増加傾向にあります（労働政策研究・研修機構［2022]）。

　このような人口構造の変化にともなって40代後半から60代前半のライフ＆キャリアの発想を変えていくことが重要になります。かつて39歳以下の労働力がマジョリティだった時代は55歳定年でしたから，50歳になったら定年まであと5年。もうカウントダウンです。しかし，65歳や70歳まで働くことを考えると，50歳から65歳まで15年，70歳までは20年もあります。

　つまり高齢期だけでなく中年期も延びており，この中年期をどう生きるか考え直すことが重要になっています。そして，学び直しのために，もう一度大学や大学院に通う人も目立つようになっています。

　本書は若者の人生の選択を支援することを目的としていますが，中年期にライフ＆キャリアを考え直すことになる可能性があるということです。

（3）中年期以降のライフの問い直し

　中年期以降の生き方の問い直しは，キャリアの面においてのみ起こるものではありません。ライフの面においても，「これまでの延長」では済まないような新たな選択が生じることを予期しておく必要があります。

　その1つは，パートナーとの関係性です。平均余命の延びによって，人生後半にパートナーと過ごす時間は長くなる傾向があります。お互いのケアや経済面においてどこまで協力するのか，どこにどう住まうのかなど，あらためて考える必要があるかもしれません。場合によっては，パートナー関係の解消も選択肢となるかもしれません。さらに，パートナーと離別・死別したあとに，新

たなパートナー関係を形成することも含めて，誰とどこでどう生きるかを考えなければならない時もくるでしょう。

　子どもをもった人ならば，子どもとの関係性も徐々に再構築していく必要があります。現代の日本は親の子離れが難しい社会です。子世代の大学進学率の上昇，非正規雇用者率の増加は，家族主義的な規範の根強い日本社会においては，子が親に経済的に依存する期間を長期化させます。親のほうも少ない子どもに手をかけて育ててきたこともあり，子が成人してからも，ついつい住居や家事，金銭面での援助を続けがちです。けれどもそうした援助が子どもの自立をさまたげていないか，子に援助すること自体が親の生きがいになってはいないか，見直していく必要があるでしょう。

4　年齢にとらわれないライフ＆キャリアは可能か

　今日の日本社会は，産業化の時代に確立された生き方・働き方の標準形と，そこから脱却して多様な生き方・働き方を模索しようとする動きが交錯しています。しかし，老後という観点からみると，1つの会社で定年まで長期勤続し，結婚して持ち家に住み，子どもを育てるという標準形の働き方・生き方を選択した方が安心できるように見えるかもしれません。

　この標準形の働き方・生き方には年齢規範というものがあります。その規範に従って生きるか否かはライフ＆キャリアの選択において重要な問題の1つです。定年のない企業や定年後も働ける企業で，定年にとらわれずに働くということも選択肢の1つです。定年前に退職することも選択肢の1つです。

　秋山［2001］や前田［2006］が明らかにしたように，実態としてはすでに定年退職と職業からの引退との関係は希薄化し，人々の引退の仕方は多様化しています。今後は社会的な慣行としても定年の意義は薄れていくかもしれません。定年を人々が意識しなくなれば，今より年齢から自由な働き方と生き方ができる可能性があります。年齢を理由に引退しなくてよくなれば，結婚や育児や住宅購入についても年齢を気にしなくてよくなる面があるでしょう。

　しかし，年齢を理由に企業が雇用責任を負う必要がなくなったらどうでしょうか。定年の希薄化とは定年で引退することだけでなく，定年まで働くことも

自明でなくなることを意味します（秋山［2001］）。

「いつまで働き続けるのか」というイントロダクションの問いにどう答えることができるでしょうか。将来に不安がある限り働き続ける，という答えは定年がなくなっても存在し続けるかもしれません。しかし，不安だから働くというのは希望のない答えですね。年齢にとらわれないライフ＆キャリアをどのように楽しんで幸せな人生を歩めるか，自分自身で答えを探してみてください。

（池田心豪・西村純子）

📖 ブックガイド

前田信彦［2006］『アクティブエイジングの社会学―高齢者・仕事・ネットワーク』ミネルヴァ書房
　職業からの引退過程を総合的に分析した一冊です。

森山智彦・労働政策研究・研修機構編［2021］『70歳就業時代における高年齢者雇用』第4期プロジェクト研究シリーズNo.1
　高齢期の雇用による働き方について多角的に分析した一冊です。

\ 参考文献 /

秋山憲治［2001］「定年から超定年・脱定年へ」浜口晴彦・嵯峨座晴夫編著『定年のライフスタイル』コロナ社，25-44

尾高邦雄［1948］『職業社会学』岩波書店

浜口晴彦・嵯峨座晴夫編著［2001］『定年のライフスタイル』コロナ社

前田信彦［2006］『アクティブエイジングの社会学―高齢者・仕事・ネットワーク』ミネルヴァ書房

労働政策研究・研修機構［2022］『変わる雇用社会とその活力―産業構造と人口構造に対応した働き方の課題』労働政策研究報告書No.221.

Gratton, Lynda & Scott, Andrew［2016］*100-year life: living and working in an age of longevity*, Bloomsbury.（池村千夏訳著［2016］『ライフ・シフト―100年時代の人生戦略』東洋経済新報社）

索　引

［編著者紹介］

西村 純子（にしむら　じゅんこ）

お茶の水女子大学基幹研究院教授。
慶應義塾大学大学院社会学研究科修了，博士（社会学）。
専門は家族社会学。
主な著作に，『子育てと仕事の社会学—女性の働きかたは変わったか』（弘文堂，2014年），*Motherhood and Work in Contemporary Japan*（Routledge, 2016年），『ポスト育児期の女性と働き方—ワーク・ファミリー・バランスとストレス』（慶應義塾大学出版会，2009年），『日本の家族1999-2009—全国家族調査［NFRJ］による計量社会学』（共著，東京大学出版会，2016年）などがある。

池田 心豪（いけだ　しんごう）

労働政策研究・研修機構（JILPT）副統括研究員。
東京工業大学大学院社会理工学研究科博士課程単位取得退学。
専門は職業社会学。
主な著作に，『仕事と介護の両立（シリーズ ダイバーシティ経営）』（中央経済社，2021年），『労働・職場調査ガイドブック—多様な手法で探索する働く人たちの世界』（共編著，中央経済社，2019年），『介護離職の構造—育児・介護休業法と両立支援ニーズ（JILPT第4期プロジェクト研究シリーズ4）』（労働政策研究・研修機構，2023年，第46回労働関係図書優秀賞受賞）などがある。

［執筆者紹介］

西村　純子（にしむら じゅんこ）　　　　　　　プロローグ，第11章，エピローグ
　　編著者紹介参照

池田　心豪（いけだ しんごう）　　　　　プロローグ，第2章，第14章，エピローグ
　　編著者紹介参照

山下　　充（やました みつる）　　　　　　　　　　　　　　第1章，第2章
　　明治大学経営学部教授

竹ノ下弘久（たけのした ひろひさ）　　　　　　　　　　　　　　　　第3章
　　慶應義塾大学法学部教授

福井　康貴（ふくい やすたか）　　　　　　　　　　　　　第4章・第6章
　　名古屋大学・大学院環境学研究科准教授

佐野　嘉秀（さの よしひで）　　　　　　　　　　　　　　第5章・第7章
　　法政大学経営学部教授

森山　智彦（もりやま ともひこ）　　　　　　　　　　　　　　　　第8章
　　労働政策研究・研修機構研究員

土居　洋平（どい ようへい）　　　　　　　　　　　　　　　　　　第9章
　　跡見学園女子大学観光コミュニティ学部教授

大風　　薫（おおかぜ かおる）　　　　　　　　　　　　　　　　　第10章
　　千葉商科大学商経学部准教授

三部　倫子（さんべ みちこ）　　　　　　　　　　　　　　　　　　第12章
　　奈良女子大学研究院人文科学系准教授

藤間　公太（とうま こうた）　　　　　　　　　　　　　　　　　　第13章
　　京都大学大学院教育学研究科准教授

社会学で考えるライフ&キャリア

2023年9月25日　第1版第1刷発行
2024年11月10日　第1版第3刷発行

編著者　西　村　純　子
　　　　池　田　心　豪
発行者　山　本　　　継
発行所　㈱中　央　経　済　社
発売元　㈱中央経済グループ
　　　　パ ブ リ ッ シ ン グ

〒101-0051　東京都千代田区神田神保町1-35
電話　03 (3293) 3371(編集代表)
　　　03 (3293) 3381(営業代表)
https://www.chuokeizai.co.jp
印刷/㈱堀内印刷所
製本/㈲井上製本所

ⓒ 2023
Printed in Japan